A evolução criadora

FUNDAÇÃO EDITORA DA UNESP

Presidente do Conselho Curador
Mário Sérgio Vasconcelos

Diretor-Presidente
Jézio Hernani Bomfim Gutierre

Superintendente Administrativo e Financeiro
William de Souza Agostinho

Conselho Editorial Acadêmico
Danilo Rothberg
Luis Fernando Ayerbe
Marcelo Takeshi Yamashita
Maria Cristina Pereira Lima
Milton Terumitsu Sogabe
Newton La Scala Júnior
Pedro Angelo Pagni
Renata Junqueira de Souza
Sandra Aparecida Ferreira
Valéria dos Santos Guimarães

Editores-Adjuntos
Anderson Nobara
Leandro Rodrigues

HENRI BERGSON

A evolução criadora

Tradução
Adolfo Casais Monteiro

© 2009 Editora UNESP

Título do original em francês: *L'évolution créatrice*

Direitos de publicação reservados à:
Fundação Editora da UNESP (FEU)
Praça da Sé, 108
01001-900 – São Paulo – SP
Tel.: (0xx11) 3242-7171
Fax: (0xx11) 3242-7172
www.editoraunesp.com.br
www.livrariaunesp.com.br
atendimento.editora@unesp.br

CIP – Brasil. Catalogação na fonte
Sindicato Nacional dos Editores de Livros, RJ

B437e
Bergson, Henri, 1859-1941
    A evolução criadora / Henri Bergson ; tradução Adolfo Casais Monteiro. – São Paulo : Ed. UNESP, 2010.
    408p.

Tradução de: L'évolution créatrice
Inclui bibliografia
ISBN 978-85-393-0066-2

1. Vida. 2. Evolução. 3. Metafísica. 4. Filosofia francesa. I. Título.

10-3987.
                                                 CDD: 194
                                                 CDU: 1(44)

Editora afiliada:

Asociación de Editoriales Universitarias
de América Latina y el Caribe

Associação Brasileira de
Editoras Universitárias

Sumário

Introdução . *7*

Capítulo I. Sobre a evolução da
vida. Mecanismo e finalidade . *15*

Capítulo II. As direções divergentes
da evolução da vida. Torpor, inteligência, instinto . *115*

Capítulo III. Da significação da vida.
A ordem da natureza e a forma da inteligência . *207*

Capítulo IV. O mecanismo cinematográfico do
pensamento e a ilusão mecanicista.
Relance sobre a história dos
sistemas. O devir real e o falso evolucionismo . *297*

Referências bibliográficas . *403*

*Introdução**

A história da evolução da vida, por mais incompleta que ainda seja, deixa-nos entrever como a inteligência constituiu-se por um progresso ininterrupto, ao longo de uma linha que ascende, passando pela série dos Vertebrados, até ao homem. Ela nos mostra, na faculdade de compreender, um anexo da faculdade de agir, uma adaptação cada vez mais precisa, cada vez mais complexa e maleável, da consciência dos seres vivos quanto às condições de existência que lhes foram colocadas. Daí resultaria como consequência que a nossa inteligência, no sentido estrito da palavra, é destinada a assegurar a inserção perfeita de nosso corpo no seu meio, a representar as relações das coisas exteriores entre si e, enfim, a pensar a matéria. Tal será, com efeito, uma das conclusões do presente ensaio. Veremos que a inteligência humana sente-se em casa, por tanto permanecer entre os objetos inertes, mais especialmente entre os sólidos, nos quais nossa ação encontra ponto de apoio e nosso engenho, seus instrumentos de trabalho; que nossos

---

* Tradução de Angela das Neves.

conceitos foram formados à imagem dos sólidos; que nossa lógica é sobretudo a lógica dos sólidos e que, por isso mesmo, nossa inteligência triunfa na geometria, na qual se revela o parentesco do pensamento lógico com a matéria inerte e na qual a inteligência só tem de seguir seu movimento natural, depois do mais leve contato possível com a experiência, para ir de descoberta em descoberta, com a certeza de que a experiência caminha atrás dela e invariavelmente lhe dará razão.

Mas daí resultaria também que o nosso pensamento lógico, sob sua forma puramente lógica, é incapaz de representar a verdadeira natureza da vida, o significado profundo do movimento evolutivo. Criado pela vida, em determinadas circunstâncias, para agir sobre determinadas coisas, como o pensamento apreenderia a vida, do qual não é senão uma emanação ou um aspecto? Abandonado durante e pelo movimento evolutivo, como se aplicaria o pensamento ao longo do próprio movimento evolutivo? Da mesma forma se pretenderia que a parte iguale o todo, ou que o efeito possa fazer desaparecer em si sua causa, ou que a pedra deixada na praia desenhe a forma da onda que a trouxe. De fato, percebe-se que nenhuma das categorias de nosso pensamento, unidade, multiplicidade, causalidade, mecânica, finalidade inteligente etc., aplica-se exatamente às coisas da vida: quem dirá onde começa e onde termina a individualidade, se o ser vivo é uno ou múltiplo, se são as células que se associam no organismo ou se é o organismo que se dissocia em células? Em vão enquadramos o vivo em tais e tais molduras. Mas todas as molduras se quebram, pois são estreitas demais, rígidas demais, sobretudo para o que queremos colocar nelas. Aliás, nosso raciocínio, tão seguro de si quando circula por entre as coisas inertes, sente-se mal quando se depara nesse novo terreno. Teríamos dificuldades de citar uma descoberta biológica originada pelo puro raciocínio. E, o mais comum, quando a experiência acabou por nos mostrar como a vida consegue obter certo resultado, descobrimos que sua maneira de operar é precisamente aquela em que nunca teríamos pensado.

No entanto, sem hesitar, a filosofia evolucionista estende às coisas da vida os processos de explicação que obtiveram êxito para a matéria bruta. Ela começou mostrando-nos que há na inteligência um efeito local da evolução, um clarão, talvez acidental, que ilumina o vaivém dos seres vivos na estreita passagem aberta por sua ação; e eis que aqui, de repente, esquecendo-se do que acabou de nos dizer, faz dessa lanterna manobrada no fundo de uma passagem secreta um Sol que iluminaria o mundo. De forma astuciosa, ela atua somente com as forças do pensamento conceitual para a reconstrução ideal de todas as coisas, até mesmo da vida. É certo que, no caminho, ela se choca com dificuldades tão formidáveis, vê sua lógica ser levada a contradições tão estranhas que logo renuncia à sua ambição inicial. Não é mais à realidade em si, diz a filosofia evolucionista, que vai recompor, mas somente a uma imitação do real, ou melhor, uma imagem simbólica; a essência das coisas nos escapa e nos escapará sempre; movemo-nos por entre as relações; o absoluto não é da nossa alçada, detenhamo-nos diante do Incognoscível. Mas isso é, na verdade, para a inteligência humana, após tanto orgulho, uma humildade excessiva. Como não poderia ela nos legar alguma coisa da própria essência de que os corpos são feitos, se a forma intelectual do ser vivo modelou-se pouco a pouco por meio das ações e reações recíprocas de certos corpos e de seu entorno material? A ação não saberia se mover no irreal.

Poderíamos admitir que um espírito nascido para especular ou para sonhar permaneça alheio à realidade, que ele a deforma e a transforma, ou até mesmo que ele a cria, assim como criamos as figuras humanas ou de animais que a nossa imaginação recorta por entre as nuvens que passam. Mas uma inteligência inclinada para a ação que se realizará e para a reação que se seguirá à ação, tocando seu objeto para dele receber a todo momento a impressão de que se move, é uma inteligência que atinge algo do absoluto. Ter-nos-ia surgido a ideia de pôr em dúvida esse valor absoluto de nosso conhecimento se a filosofia não nos tivesse mostrado com quais contradições a especulação se choca e até que becos sem saída ela nos leva? Mas essas dificuldades, essas contradições nascem ao aplicarmos as formas habituais de nosso pensamento a objetos com os quais nosso engenho não está acostumado e para os quais, consequentemente, nossos moldes não foram feitos. O conhecimento intelectual, no que se refere a certo aspecto da matéria inerte, deve, pelo contrário, nos apresentar desta a impressão fiel, tendo sido impressa sobre este objeto particular. Ela só se torna relativa se pretender, tal como é, representar-nos a vida, isto é, o impressor.

É necessário, portanto, renunciar a aprofundar a natureza da vida? É preciso ater-se à representação mecanicista sempre oferecida pelo entendimento, representação necessariamente artificial e simbólica, visto que reduz a atividade total da vida a uma determinada atividade humana, a qual é somente uma manifestação parcial e local da vida, um efeito ou um resíduo da operação vital?

Isso seria necessário sim, se a vida tivesse empregado tudo o que ela contém de virtualidades psíquicas fazendo puros entendimentos, ou seja, preparando geômetras. Mas a linha de evolução que chega até o homem não é a única. Em outros caminhos, por sua vez divergentes, foram criadas outras formas da consciência, que não souberam libertar-se das limitações externas, nem reconquistar a si mesmas, conforme fez a inteligência humana, mas que tampouco exprimem menos qualquer coisa de imanente e de essencial ao movimento evolutivo. Aproximando-as e em seguida fundindo-as com a inteligência, não obteríamos assim uma consciência coextensiva da vida, que, ao voltar-se bruscamente para o impulso vital, o qual ela sente atrás de si, é capaz de obter uma visão integral dele, ainda que fugidia?

Diríamos que, mesmo assim, não ultrapassamos a nossa inteligência, uma vez que é com ela, por intermédio dela, que podemos olhar as outras formas da consciência. E teríamos razão de dizer isso se fôssemos puras inteligências, se não tivesse permanecido, em volta de nosso pensamento conceitual e lógico, uma nebulosidade vaga, feita da mesma substância com que se formou o núcleo luminoso a que chamamos inteligência. Nela residem certas forças complementares do entendimento, forças das quais temos apenas um sentimento confuso quando nos centramos em nós mesmos, mas que se tornarão mais claras e se distinguirão quando se derem conta de sua própria obra, se assim podemos dizer, na evolução da natureza. Saberão assim que esforço devem empregar para se intensificar e para se dilatar no próprio significado da vida.

Isso significa que a *teoria do conhecimento* e a *teoria da vida* parecem-nos inseparáveis. Uma teoria da vida que não seja acompanhada de uma crítica do conhecimento é obrigada a aceitar, exatamente como são, os conceitos que o entendimento coloca à sua disposição: ela só pode encerrar os fatos, por bem ou por mal, em moldes preexistentes e que ela considera como definitivos. Ela obtém assim um simbolismo cômodo, até mesmo necessário, talvez, à ciência positiva, mas não uma visão direta sobre o seu objeto. Por outro lado, uma teoria do conhecimento que não substitua a inteligência na evolução geral da vida não nos informará sobre como os moldes do conhecimento se constituíram, nem sobre como podemos alargá-los ou ultrapassá-los. É preciso que essas duas pesquisas, teoria do conhecimento e teoria da vida, se encontrem e que, por meio de um processo circular, impulsionem uma à outra indefinidamente.

Ambas poderão resolver os grandes problemas que a filosofia apresenta por um método mais seguro, mais próximo da experiência. Pois, se obtiverem sucesso em seu empreendimento comum, elas nos proporcionarão assistir à formação da inteligência e, dessa forma, à gênese dessa matéria cuja configuração geral é esboçada por nossa inteligência. Cavariam mesmo até a raiz da natureza e do espírito. Trocariam o falso evolucionismo de Spencer – que consiste em recortar a realidade atual, já evoluída, em pequenos pedaços, igualmente evoluídos; em seguida, recompô-la com esses fragmentos, oferecendo antecipadamente tudo o que se quer explicar – por um evolucionismo verdadeiro, no qual a realidade seria seguida em sua geração e em seu crescimento.

Mas uma tal filosofia não seria feita em um dia. Diferentemente dos sistemas propriamente ditos, em que cada um é obra de um homem de gênio e se apresenta como um conjunto a aceitar ou recusar, ela só poderá constituir-se num esforço coletivo e progressivo de muitos pensadores, muitos observadores também, que se completem, se auxiliem e se corrijam. O presente ensaio também não visa a resolver de imediato os maiores problemas, mas simplesmente definir o método e fazer entrever, em alguns pontos essenciais, a possibilidade de aplicá-lo.

O plano fora traçado pelo próprio assunto. No primeiro capítulo, experimentamos no progresso evolutivo as duas vestimentas prontas de que nosso entendimento dispõe: mecanismo e finalidade.[1] Mostramos como elas não servem, nem uma nem a outra, mas que uma das duas poderia ser cortada, recosturada e, apresentada nessa nova forma, vestir melhor do que a outra. Para ir além do ponto de vista do entendimento, no segundo capítulo, procuramos reconstituir as grandes linhas da evolução que a vida percorreu, lado a lado com as que conduziam à inteligência humana. A inteligência é assim

---

[1] A ideia de considerar a vida como transcendente tanto à finalidade quanto ao mecanicismo está, aliás, longe de ser uma ideia nova. Pode-se encontrá-la exposta com grande profundidade particularmente em três artigos de Charles Dunan sobre "O problema da vida" (*Revue philosophique*, 1892). No desenvolvimento dessa ideia, mais de uma vez concordamos com Dunan. Entretanto, a visão que apresentamos sobre esse ponto, bem como sobre as questões vinculadas a ele, é a mesma que manifestamos, já há muito tempo, no *Essai sur les donnés immédiates de la conscience* [Ensaio sobre os dados imediatos da consciência] (Paris, 1889). Um dos principais objetivos desse ensaio, de fato, era mostrar que a vida psicológica não é unidade nem multiplicidade, às quais ela transcende, e o *mecânico* e o *inteligente*, mecanicismo e finalismo, só têm sentido na medida em que há "multiplicidade distinta", "espacialidade" e, consequentemente, reunião de partes preexistentes: "duração real" significa, ao mesmo tempo, continuidade indivisa e criação. Neste livro, procedemos à aplicação dessas mesmas ideias à vida em geral, observada ela própria sob o ponto de vista psicológico.

posta na sua causa geradora, em que cabe agora se deter nela mesma e em seu movimento. É nisso que empregamos nossos esforços – de maneira muito incompleta – no terceiro capítulo. Uma quarta e última parte destina-se a mostrar como nosso entendimento, em si mesmo, submetendo-se a certa disciplina, poderia preparar uma filosofia que fosse além dele. Para tanto, um rápido olhar sobre a história dos sistemas tornar-se-ia necessário, assim como uma análise das duas grandes ilusões às quais se expõe o entendimento humano, no momento em que ele especula sobre a realidade em geral.

Capítulo I
Sobre a evolução da vida.
Mecanismo e finalidade

A existência de que estamos mais certos e que melhor conhecemos é incontestavelmente a nossa própria, visto que a respeito de todos os outros objetos temos noções que podem ser tidas como exteriores e superficiais, enquanto de nós próprios temos uma percepção interior e profunda. Que verificamos então? Qual é, nesse caso privilegiado, o exato sentido da palavra "existir"? Recordemos, em poucas palavras, as conclusões de um trabalho anterior.

Verifico em primeiro lugar que passo de um estado para outro. Sinto calor ou frio, estou alegre ou triste, estou trabalhando ou sem fazer nada, contemplo aquilo que me rodeia ou penso em outra coisa. Sensações, sentimentos, volições e representações são modificações entre as quais a minha existência se partilha e que a tingem ora de uma cor, ora de outra. Assim, mudo constantemente. Mas isso não é tudo. A modificação é muito mais radical do que pode parecer à primeira vista.

Com efeito, falo de cada um dos meus estados como se ele constituísse um bloco. Embora reconheça que mudo, a mudança parece-me residir na passagem de um estado para o estado seguinte: e quero crer que cada um desses estados permanece tal qual durante todo o tempo que dura. Todavia, um pequeno esforço de atenção me revelaria que uma afecção, uma representação, uma volição se modificam constantemente: se um estado de alma deixasse de variar, a sua duração deixaria de existir. Seja o mais estável dos estados internos, a percepção visual dum objeto externo imóvel: não obstante o objeto permanecer o mesmo, e eu contemplá-lo do mesmo lado, sob o mesmo ângulo, sob a mesma luz, nem por isso a visão que dele tenho deixa de ser diferente da que acabo de ter, quanto mais não fosse por ser já um instante mais envelhecida. A minha memória introduz alguma coisa do passado neste presente. O meu estado de alma, progredindo na estrada do tempo, cresce continuamente com a duração que acumula e faz, por assim dizer, uma bola de neve consigo mesmo. Com maior razão isso sucede com estados mais profundamente internos, sensações, afecções, desejos etc., que não correspondem, como sucede com a simples percepção visual, a um objeto exterior invariável. Mas é cômodo não prestar atenção a essa mudança ininterrupta, e só dar conta dela quando se torna suficientemente grande para fazer o corpo tomar nova atitude, e a atenção seguir nova direção. Nesse preciso instante nos damos conta de ter mudado de estado. A verdade é que estamos mudando sem cessar e que o próprio estado já é mudança.

Quer dizer que não há diferença essencial entre passar de um estado a outro e persistir no mesmo. Se o estado que "permanece o mesmo" é mais variado do que supomos, inversamente a passagem de um estado para outro é mais semelhante do que se imagina ao prolongamento de um único estado; a transição é contínua. Mas, precisamente porque fechamos os olhos à variação incessante de cada estado psicológico, somos obrigados, quando a variação se torna tão considerável que se impõe à nossa atenção, a falar como se um novo estado se tivesse vindo justapor ao anterior. E igualmente supomos este invariável, e assim indefinidamente. A aparente descontinuidade da vida psicológica resulta, portanto, de a nossa atenção se fixar sobre ela por meio de uma série de atos descontínuos: ali onde somente existe um plano levemente inclinado, a linha quebrada dos nossos atos de atenção faz-nos ver os degraus duma escada. Sem dúvida, a nossa vida psicológica é cheia de imprevistos. Mil incidentes surgem, parecendo destacar-se daquilo que os precede, e não se ligar ao que vem depois. Mas a descontinuidade com que surgem os faz destacar-se sobre um fundo contínuo em que se desenham e ao qual se devem os próprios intervalos que os separam: são como os tambores tocando de quando em quando em uma sinfonia. A nossa atenção fixa-se sobre eles porque a interessam mais, mas cada um deles é arrastado na massa fluida de toda a nossa existência psicológica. Cada um deles não é mais do que o ponto mais bem iluminado de uma zona movente que compreende tudo o que sentimos, pensamos, queremos, em suma, tudo o que somos num momento dado. É essa zona na sua totalidade que constitui, de fato, o nosso estado. Ora, de estados que se definem desse modo pode-se dizer não constituírem elementos distintos. Continuam-se uns aos outros numa corrente sem fim.

Mas, como a nossa atenção os distinguiu e separou artificialmente, é obrigada a reuni-los em seguida por meio de um laço artificial, imaginando assim um *eu* amorfo, indiferente, imutável, sobre o qual desfilariam e se enfileirariam os estados psicológicos que ela erigiu em entidades independentes. Onde existe uma fluidez de tonalidades evanescentes que se interpenetram, ela vê cores nítidas, e por assim dizer sólidas, que se justapõem como a diversidade de pérolas de um colar: necessário lhe é supor então um fio, não menos sólido, unindo as pérolas entre si. Mas se esse substrato incolor é a todo momento colorido por aquilo que o recobre, na sua indeterminação, é para nós como se não existisse. Ora, nós, precisamente, só temos percepção do que é colorido, isto é, dos estados psicológicos. Com efeito, esse substrato não é uma realidade: é, para a nossa consciência, um simples sinal destinado a recordar-lhe constantemente o caráter artificial da operação por meio da qual a atenção justapõe um estado a outro estado, na qual o que existe é o fluir de uma continuidade. Se a nossa existência fosse constituída por estados separados cuja síntese teria de ser feita por um "eu" impassível, não existiria para nós duração. Porque um eu que não muda não dura, e um estado psicológico que permanece idêntico a si próprio, enquanto não é substituído pelo estado seguinte, igualmente não tem duração. Em vão se alinharão esses estados uns ao lado dos outros sobre o "eu" que os suporta, jamais esse colar de sólidos poderá constituir uma duração que flui. A verdade é que se obtém assim uma imitação artificial da vida interior, um equivalente estático que se prestará melhor às exigências da lógica e da linguagem precisamente porque dela terá sido eliminado o tempo real. Mas, quanto à vida psicológica, tal como ela se desenrola sob os símbolos que a recobrem, facilmente nos damos conta de ser o tempo o seu próprio estofo.

Aliás, não há estofo mais resistente nem mais substancial. Porque a nossa duração não é um instante que substitui outro instante: se assim fosse, não haveria outra coisa senão o presente, não haveria prolongamento do passado no atual, não haveria evolução, nem duração concreta. A duração é o progresso contínuo do passado que rói o futuro e que incha avançando. Visto que o passado cresce incessantemente, também se conserva indefinidamente. A memória, conforme tentamos provar, não é a faculdade de classificar recordações numa gaveta ou de as inscrever num registro. Não há registro, não há gaveta, não há sequer, aqui, propriamente uma faculdade, porque uma faculdade age por intermitências, quando quer ou quando pode, ao passo que o amontoar-se do passado sobre o passado prossegue sem tréguas. Na realidade, o passado conserva-se por si próprio, automaticamente. Acompanha-nos, sem dúvida, por inteiro, a cada instante: aquilo que sentimos, pensamos e quisemos desde a nossa primeira infância ali está, inclinado sobre o presente que se lhe vai juntar, fazendo pressão sobre a porta da consciência, que pretenderia deixá-lo lá fora. O mecanismo cerebral é feito precisamente para o recalcar na sua quase totalidade no inconsciente, e só deixar introduzir-se na consciência aquilo que pela sua natureza pode esclarecer a situação atual, ajudar a ação em preparo, em suma, produzir um trabalho *útil*. Quando muito, conseguem entrar de contrabando, pela porta entreaberta, algumas recordações de luxo. Essas, mensageiras do inconsciente, advertem-nos daquilo que sem saber arrastamos atrás de nós. Mas, ainda que de tal não tivéssemos uma noção clara, sentiríamos vagamente que o nosso passado se nos conserva presente. Pois, que somos nós, o que é o nosso *caráter*, senão a condensação da história que vivemos desde o nosso nascimento, e até antes de termos nascido, já que trazemos conosco disposições pré-natais? Certamente, só pensamos com uma pequena parte do nosso passado; mas é com o nosso passado inteiro, até mesmo com a curvatura primordial da nossa alma, que desejamos, queremos e agimos. O nosso passado manifesta-se-nos, pois, integralmente pelo seu impulso e sob a forma de tendência, embora somente uma reduzida parte dele se torne representação.

Dessa sobrevivência do passado resulta a impossibilidade de uma consciência passar duas vezes pelo mesmo estado. Podem as circunstâncias ser as mesmas, mas já não será a mesma a pessoa sobre a qual elas agem, pois que a alcançam em novo momento da sua história. A nossa personalidade, que se constrói a cada momento com a experiência acumulada, muda sem cessar. E, mudando, impede que um estado, embora idêntico a si próprio na superfície, se repita jamais em profundidade. Eis porque a nossa duração é irreversível. Não nos seria possível reviver uma parcela sua, pois seria necessário começar por apagar a recordação de tudo o que se lhe seguiu. A rigor, poderíamos abolir essa recordação da nossa inteligência, mas nunca da nossa vontade.

Assim, a nossa personalidade se desenvolve, cresce, amadurece sem cessar. Cada um dos seus momentos é algo novo que se junta ao que havia antes. Vamos mais longe: não é apenas algo novo, mas algo imprevisível. Sem dúvida que o meu estado atual se explica pelo que estava em mim, e pelo que antes agira sobre mim. Ao analisá-lo não iria encontrar outros elementos. Mas uma inteligência, ainda que fosse sobre-humana, não teria podido prever a forma simples, indivisível, que dá a esses elementos, em si abstratos, a sua organização concreta. Porque prever consiste em projetar no futuro aquilo de que se teve no passado a percepção, ou em se representar para mais tarde uma nova combinação, em outra ordem, dos elementos já

A evolução criadora

percebidos. Mas aquilo de que nunca tivemos percepção, e que ao mesmo tempo é simples, será necessariamente imprevisível. Ora, esse é o caso de cada um dos nossos estados, considerado como momento de uma história que se desenvolve: é simples, e não pode ter sido anteriormente percebido, visto concentrar na sua indivisibilidade todo o percebido, mais tudo o que o presente acrescenta àquele. É um momento original de uma história não menos original.

O retrato terminado explica-se pela fisionomia do modelo, pela natureza do artista, pelas cores misturadas na paleta; mas, mesmo conhecendo aquilo que o explica, ninguém, nem sequer o artista, teria podido prever exatamente o que viria a ser o retrato, visto que predizê-lo teria sido produzi-lo antes de ele ter sido produzido, hipótese absurda que destrói a si mesma. O mesmo se passa com os momentos da nossa vida cujo artista é cada um de nós. Cada um deles é uma espécie de criação. E, da mesma forma como o talento do pintor se forma ou se deforma, e em todo o caso se modifica sob a influência das próprias obras que produz, igualmente cada qual dos nossos estados, ao mesmo tempo que sai de nós, modifica a nossa pessoa, visto ser a nova forma que acabamos de dar a nós próprios. Justifica-se, portanto, dizer que o que fazemos depende daquilo que somos; mas é necessário acrescentar que somos, em certa medida, aquilo que fazemos, e que criamos continuamente a nós próprios. Essa criação de cada um por si próprio é, aliás, tanto mais completa quanto mais se pensa sobre aquilo que se faz. Com efeito, a razão não procede aqui como em geometria, na qual as premissas são dadas de uma vez por todas, impessoais, e se impõe uma conclusão impessoal. Aqui, pelo contrário, as mesmas razões poderão ditar a pessoas diferentes, ou à mesma pessoa em momentos diferentes, atos profundamente diferentes, embora igualmente razoáveis. A bem-dizer, não são inteiramente as mesmas razões, visto não serem as da mesma pessoa, nem do mesmo momento. É por isso que não se pode operar sobre elas *in abstracto*, do exterior, como se faz na geometria, nem resolver para outrem os problemas que a vida lhe impõe. Cada qual tem de resolvê-los de dentro, por sua conta. Mas não temos necessidade de aprofundar esse ponto. Procuramos unicamente saber qual o sentido exato que a nossa consciência dá à palavra "existir", e achamos que, para um ser consciente, existir consiste em mudar; mudar em amadurecer; amadurecer em se criar indefinidamente. Poderá dizer-se o mesmo da existência em geral?

Um objeto material, tomado ao acaso, mostra caracteres opostos àqueles que acabamos de enumerar. Ou permanece aquilo que é ou, caso mude sob a influência de uma força exterior, representamo-nos essa mudança como um deslocamento de partes que não mudam. Caso essas partes se decidissem a mudar, então iríamos fragmentá-las a seu turno. Iremos descendo assim até às moléculas de que os fragmentos são constituídos, até aos átomos que constituem as moléculas, até aos corpúsculos geradores dos átomos, até ao "imponderável" no seio do qual teria origem o corpúsculo, num simples turbilhão. Enfim, levaremos a divisão ou a análise tão longe quanto seja necessário. Mas só nos deteremos perante o imutável.

Agora, dizemos que o objeto composto muda por via do deslocamento das suas partes. Mas quando uma parte abandonou a sua posição, nada impede que a retome. Um grupo de elementos que passou por determinado estado pode, portanto, voltar a ele, senão por si, pelo menos sob o efeito de uma causa exterior que torna a pôr tudo no seu lugar. O mesmo é dizer que um estado do grupo poderá repetir-se tantas vezes quantas se quiser, e que, consequentemente, o grupo não envelhece. Não tem história.

Isso quer dizer que, nele, nada se cria, quer se trate de forma, quer de matéria. Aquilo que o grupo será já se encontra presente naquilo que ele é, contanto que se inclua naquilo que ele é todos os pontos do universo com os quais supomos em relação. Uma inteligência sobre-humana poderia calcular, para qualquer momento do tempo, a posição de qualquer ponto do sistema no espaço. E como nada mais há, na forma do todo, além da disposição das partes, as futuras formas do sistema são teoricamente visíveis na sua presente configuração.

Toda a nossa crença nos objetos, todas as nossas operações sobre os sistemas que a ciência isola repousam, com efeito, na ideia de que o tempo não os atinge. Já tocamos nesse assunto num trabalho anterior, e a ele voltaremos no decurso deste estudo. Por ora, limitemo-nos a notar que o tempo abstrato t atribuído pela ciência a um objeto material, ou a um sistema isolado, consiste unicamente em um determinado número de *simultaneidades* ou, mais geralmente, de *correspondências*, e que esse número permanece o mesmo, seja qual for a natureza dos intervalos que separam as correspondências entre si. Nunca se faz referência a esses intervalos, quando se fala da matéria bruta; ou, no caso de se fazer, será para neles achar novas correspondências, entre as quais, a seu turno, poderá ainda passar-se tudo o que se quiser. O senso comum, que se ocupa unicamente de objetos em destaque, como faz aliás a ciência, que somente considera sistemas isolados, coloca-se nas extremidades dos intervalos e não ao longo dos próprios intervalos.

Eis porque se poderia supor que, o fluxo do tempo ganhando uma rapidez infinita, todo o passado, presente e futuro dos objetos materiais ou dos sistemas isolados seriam expostos duma só vez no espaço: nada haveria a modificar nas fórmulas do sábio, nem sequer na linguagem do senso comum. O número t continuaria a significar a mesma coisa, incluindo o mesmo número de correspondências entre os estados dos objetos ou dos sistemas e os pontos da linha previamente traçada que seria agora "o curso do tempo".

Todavia, a sucessão é um fato incontestável, mesmo no mundo material. Não importa que os nossos raciocínios sobre os sistemas isolados impliquem que a história passada, presente e futura de cada um deles se poderia desdobrar de uma vez, em leque; nem por isso essa história deixa de se desdobrar a par e passo, como se ocupasse uma duração análoga à nossa. Se eu quiser preparar um copo de água com açúcar não tenho outro remédio senão esperar que o açúcar se dissolva. Esse fato insignificante tem muito para nos ensinar. Porque o tempo que é necessário esperar já não é o tempo matemático que se aplicaria na mesma medida ao longo de toda a história do mundo material, caso ela se achasse exposta de uma só vez no espaço. É um tempo que coincide com a minha impaciência, isto é, com uma certa porção da minha própria duração, a qual não pode ser esticada nem encolhida a nosso bel-prazer. Não se trata já do pensado, mas do vivido. Não é uma relação, é o absoluto. Que poderemos dizer, senão que o copo de água, o açúcar e o processo de dissolução do açúcar na água são sem dúvida abstrações, e que o Todo no qual foram recortados pelos meus sentidos e o meu entendimento talvez progrida à maneira de uma consciência?

Sem dúvida a operação graças à qual a ciência isola e fecha um sistema não é uma operação inteiramente artificial. Se não tivesse um fundamento objetivo não se explicaria que em alguns casos fosse indicada, e em outros, impossível. Como veremos, a matéria tem uma tendência para constituir sistemas isoláveis, podendo ser considerados em termos de geometria. É precisamente por essa tendência que a definiremos. Mas é apenas uma tendência. A matéria não vai até o fim, e o isolamento nunca é total. Se a ciência vai até o fim e isola completamente, é por comodidade de estudo, subentendendo que o sistema, supostamente isolado, se conserva sujeito a certas influências exteriores. Limita-se a deixá-las de lado, quer as considere suficientemente débeis para se poderem desdenhar, quer decida vir a considerá-las mais tarde. Não obstante, essas influências são outros tantos fios que ligam o sistema a outro sistema mais vasto, este a um terceiro que os engloba a ambos, e assim sucessivamente até se chegar ao sistema mais objetivamente isolado e independente de todos, o conjunto do sistema solar. Mesmo aqui, porém, o isolamento não é absoluto. O nosso sol irradia calor e luz para além do mais longínquo planeta. E, por outro lado, move-se, arrastando consigo os planetas e respectivos satélites, numa determinada direção. O fio que o liga ao resto do universo é sem dúvida muito tênue. Contudo, é por meio desse fio que se transmite, até a menor parcela do mundo em que vivemos, a duração imanente ao todo do universo.

O universo dura. Quanto mais aprofundarmos a natureza do tempo, melhor compreenderemos que duração quer dizer invenção, criação de formas, elaboração contínua do inteiramente novo. Os sistemas delimitados pela ciência só duram porque se acham indissoluvelmente ligados ao resto do universo. Sem dúvida, é necessário distinguir, no próprio universo, como adiante diremos, dois movimentos opostos, um de "descida" e outro de "subida". O primeiro limita-se a desenrolar um rolo já preparado. Em princípio, poderia realizar-se de uma maneira quase instantânea, como sucede à mola que se distende. Mas o segundo, que corresponde a um trabalho interior de maturação ou de criação, dura essencialmente e impõe o seu ritmo ao primeiro, que dele é inseparável.

Nada, portanto, impede que se atribua uma duração aos sistemas que a ciência isola e, assim, uma forma de existência análoga à nossa, se os reintegrarmos no Todo. Mas, para isso, é necessária a reintegração. E o mesmo se poderia dizer, *a fortiori*, dos objetos delimitados pela nossa percepção. Os contornos nítidos que atribuímos a um objeto, e que lhe conferem individualidade, são apenas o desenho de um certo gênero de *influência* que poderíamos exercer em certo ponto do espaço: é o plano das nossas ações eventuais que é reenviado aos nossos olhos, como que por um espelho, quando percebemos as superfícies e as arestas das coisas. Suprima-se essa ação e, por consequência, as grandes estradas que ela abre antecipadamente, por meio da percepção, no emaranhado do real, e a individualidade do corpo será reabsorvida na universal interação, que é sem dúvida a própria realidade.

Consideramos até aqui objetos materiais tomados ao acaso. Mas não haverá objetos privilegiados? Dizíamos que a matéria bruta é cortada no próprio tecido da natureza por meio de uma *percepção* cujas tesouras seguem, por assim dizer, as linhas pontilhadas que a *ação* seguiria. Mas o corpo que realizará tal ação, o corpo que, antes de levar a cabo ações reais, projeta já sobre a matéria o desenho das suas ações virtuais, o corpo ao qual basta dirigir os seus órgãos sensoriais sobre o fluxo do real para fazê--lo cristalizar em formas definidas e, assim, criar todos os outros corpos, o corpo *vivo*, em suma, será um corpo como os outros? Não há dúvida de que também ele consiste em uma porção de extensão ligada ao resto da extensão, solidária do Todo, submetida às mesmas leis físicas e químicas que governam qualquer porção da matéria. Mas, ao passo que a subdivisão da matéria em corpos isolados é relativa à nossa percepção, ao passo que a constituição de sistemas fechados de pontos materiais é relativa à nossa ciência, o corpo vivo foi isolado e fechado pela própria natureza. Ele compõe-se de partes heterogêneas que se completam umas às outras. Efetua funções diversas que se implicam umas às outras. É um *indivíduo*, e de nenhum outro objeto, nem sequer do cristal, se pode dizer tanto, visto que um cristal não tem heterogeneidade de partes nem diversidade de funções. É sem dúvida difícil determinar, mesmo no mundo organizado, o que é indivíduo e o que não é. A dificuldade já é grande no reino animal, e torna-se quase invencível quando se trata de vegetais. A dificuldade provém, aliás, de *causas* profundas, sobre as quais insistiremos adiante. Ver-se-á que a individualidade comporta uma infinidade de graus e que em nenhuma parte, nem sequer no homem, se acha plenamente realizada. Mas isso não é razão para que se recuse ver nela uma propriedade característica da vida. O biólogo que procede como geômetra triunfa aqui demasiado facilmente sobre nossa impotência de dar uma definição precisa e geral da individualidade. Uma definição perfeita somente se aplica a uma realidade feita: ora, as propriedades vitais não se acham nunca inteiramente realizadas, estão sempre em vias de realização; são menos *estados* do que *tendências*. E uma tendência só alcança aquilo a que visa se não for contrariada por qualquer outra tendência: e como se daria tal caso no domínio da vida, na qual há sempre, conforme iremos mostrar, implicação recíproca de tendências antagônicas? Em particular no caso da individualidade, pode-se dizer que, se a tendência para a individuação se acha presente em todo o mundo organizado, em todo ele é combatida pela tendência para se reproduzir. Para que a individualidade fosse perfeita, seria necessário que nenhuma parte isolada do organismo pudesse viver separadamente. Mas então a reprodução seria impossível. O que é ela, com efeito, senão a reconstituição dum organismo novo com um fragmento separado do antigo? Assim, a individualidade instala o inimigo em sua própria casa. A própria necessidade de se perpetuar que ela sente condena-a a nunca se achar completa no espaço. Ao biólogo compete estabelecer, em cada caso, a parte que cabe às duas tendências. Inútil seria, portanto, pedir-lhe uma definição da individualidade formulável duma vez por todas, e automaticamente aplicável.

Mas reflete-se com demasiada frequência sobre as coisas da vida como se fossem modalidades da matéria bruta. A confusão nunca é tão visível como nas discussões sobre a individualidade. Mostram-nos os pedaços de um *lumbriculus*, cada um formando nova cabeça e vivendo doravante como outros tantos indivíduos independentes; uma hidra, cujos pedaços se tornam outras tantas hidras novas; um ovo de ouriço-do-mar, cujos fragmentos produzem embriões completos: onde estaria pois, perguntam-nos, a individualidade do ovo, da hidra ou do verme? Mas, pelo fato de existirem agora várias individualidades, não resulta que antes não tenha havido uma única. Reconheço que, depois de ter visto diversas gavetas caírem de um móvel, já não tenho o direito de dizer que o móvel seja uma só peça. Mas é que não pode haver nada a mais no presente desse móvel do que no seu passado, e que, se ele é agora feito de várias partes heterogêneas, já o era quando foi fabricado. Mais genericamente, os corpos inorganizados, que são aqueles de que temos necessidade para agir e sobre os quais modelamos a nossa maneira de pensar, são regidos por esta lei simples: "o presente não contém nada mais do que o passado, e aquilo que se encontra no efeito já estava na sua causa". Mas suponhamos que o corpo organizado tenha como caráter distintivo crescer e multiplicar-se sem cessar, como, aliás, se verifica à mais superficial observação, nada teria de estranho que primeiro fosse *um* e depois *vários*. A reprodução dos organismos unicelulares consiste nisso mesmo, o ser vivo divide-se em duas metades, cada uma das quais é um indivíduo completo. É certo que, nos animais mais complexos, a natureza localiza nas chamadas células sexuais, que são quase independentes, o poder de produzir novamente o todo. Mas alguma coisa desse poder permaneceria difusa no resto do organismo, como se prova pelos fatos de regeneração, e concebe-se que, em certos casos privilegiados, essa faculdade subsista integralmente em estado latente e se manifeste na primeira oportunidade. Na verdade, para que se tenha o direito de falar em individualidade, não é necessário que o organismo não se possa cindir em fragmentos viáveis. Basta que esse organismo tivesse possuído, antes de ser fragmentado, uma certa sistematização de partes, e que esta tenda a reproduzir-se nos fragmentos separados. Ora, é isso precisamente o que observamos no mundo organizado. Concluamos, portanto, que a individualidade nunca é perfeita, e que é frequentemente difícil, e às vezes impossível, dizer o que é e o que não é indivíduo, mas que a vida nem por isso deixa de manifestar uma procura da individualidade, e que tende a constituir sistemas naturalmente isolados, naturalmente fechados.

    Nisso, um ser vivo distingue-se de tudo quanto a nossa percepção ou a nossa ciência isolam ou fecham artificialmente. Seria portanto errado compará-lo a um *objeto*. Se quisermos procurar no inorganizado um termo de comparação, não deverá ser um objeto material determinado, mas antes a totalidade do universo material que deveremos assimilar ao organismo vivo. Sem dúvida, a comparação não teria grande utilidade, porque um ser vivo é um ser observável, ao passo que o todo do universo é construído ou reconstruído pelo pensamento. Mas, pelo menos, a nossa atenção seria levada a incidir sobre o caráter essencial da organização. Tal como o universo no seu conjunto, tal como cada ser consciente de *per si*, o organismo vivo é algo que dura. O seu passado prolonga-se inteiro no seu presente, e aí permanece atual e agindo. Como se poderia compreender, se assim não fosse, que atravessasse fases bem reguladas, que mudasse de idade e, em suma, que tivesse uma história? Se considero o meu corpo em particular, dou conta de que, tal como a minha consciência, vai amadurecendo pouco a pouco, da infância à velhice; como eu, ele envelhece. Aliás, maturidade e velhice não são, a bem-dizer, senão atributos do meu corpo; é metaforicamente que designo com o mesmo nome as mudanças correspondentes da minha pessoa consciente. Ora, se me transporto agora de cima a baixo da escala dos seres vivos, se passo de um dos mais diferenciados a um dos menos diferenciados, do organismo pluricelular do homem ao organismo unicelular do infusório, vou encontrar, nessa simples célula, o mesmo processo de envelhecimento.

O infusório esgota-se ao cabo de certo número de divisões, e embora se possa, modificando o meio, retardar o momento em que se torna necessário um rejuvenescimento por conjugação, não seria possível adiá-lo indefinidamente. É certo que, entre esses dois casos extremos, em que o organismo se acha inteiramente individualizado, se encontraria uma multidão de outros casos em que a individualidade é menos acentuada e nos quais, embora haja sem dúvida envelhecimento em algum lugar, não se poderia dizer ao certo o que envelhece. Insistamos em que não existe lei biológica universal que se possa aplicar tal qual, automaticamente, a qualquer ser vivo. Há apenas *direções* em que a vida lança as espécies em geral. Cada espécie em particular, no próprio ato pelo qual se constitui, afirma a sua independência, segue o seu capricho, se desvia mais ou menos da linha, e até, por vezes, volta atrás e parece voltar as costas à direção primitiva. Não será difícil mostrar-nos que uma árvore não envelhece, porque os seus ramos terminais se conservam sempre tão jovens, tão capazes de engendrar, de estaca, novas árvores. Mas em tais organismos – que são antes sociedades do que indivíduos – algo envelhece, quando mais não sejam as folhas e o interior do tronco. E cada célula, tomada à parte, evolui de uma determinada maneira. *Em todo o lugar onde alguma coisa vive, existe, aberto em alguma parte, um registro onde o tempo se inscreve.*

Dir-se-á que isso não passa de uma metáfora. Com efeito, está na essência do mecanicismo considerar metafórica qualquer expressão que atribua ao tempo uma ação eficaz e uma realidade própria. Em vão a observação imediata nos mostra que o próprio fundo da nossa existência consciente é a memória, ou seja, prolongamento do passado no presente, isto é, em suma, duração ativa e irreversível. Em vão o raciocínio nos prova que, quanto mais nos afastamos dos objetos recortados e dos sistemas isolados pelo senso comum e pela ciência, tanto mais defrontamos uma realidade que muda em bloco com respeito às suas disposições internas, como se uma memória acumuladora do passado lhe tornasse impossível voltar atrás. O instinto mecanicista do espírito tem mais força do que o raciocínio e do que a observação imediata. O metafísico que temos dentro de nós sem o saber, e cuja presença se explica, como veremos mais adiante, pelo próprio lugar que o homem ocupa no conjunto dos seres vivos, tem as suas exigências estabelecidas, as suas explicações feitas, as suas teses irredutíveis: todas elas se resumem na negação da duração concreta. *É preciso* que a mudança se reduza a um arranjo ou a um desarranjo de partes, que a irreversibilidade do tempo seja uma aparência relativa à nossa ignorância, que a impossibilidade de voltar atrás seja apenas a incapacidade do homem para repor as coisas no seu lugar. Assim, o envelhecimento não poderá ser senão a aquisição progressiva ou a perda gradual de certas substâncias, ou porventura ambas as coisas ao mesmo tempo. O tempo não terá mais realidade para um ser vivo do que para uma ampulheta, na qual o reservatório superior se esvazia enquanto o de baixo se enche, e na qual só pode fazer voltar as coisas aos seus lugares invertendo a posição do aparelho.

É certo não existir acordo a respeito do que se ganha e do que se perde entre o dia do nascimento e o da morte. Insiste-se no acréscimo contínuo de volume do protoplasma, desde o nascimento da célula até à sua morte. Mais verossímil e mais profunda é a teoria que atribui a diminuição à quantidade de substância nutritiva contida no "meio interno" em que o organismo se renova, e o aumento à quantidade de substâncias residuais não evacuadas que, acumulando-se no corpo, acabam por fazer "crosta". Contudo, será necessário admitir, de acordo com um eminente microbiólogo, a insuficiência de qualquer explicação do envelhecimento que não tenha em conta a fagocitose? Não somos qualificados para decidir sobre tal problema. Mas o fato de as duas teorias coincidirem em afirmar a constante acumulação ou a perda constante de uma certa espécie de matéria, ao passo que, na determinação daquilo que se ganha e se perde, já quase nada têm em comum, mostra suficientemente que o esquema da explicação foi fornecido *a priori*. O que se nos tornará cada vez mais patente à medida que progredirmos no nosso estudo: não é fácil, quando se pensa no tempo, fugir à imagem da ampulheta.

A causa do envelhecimento deve ser mais profunda. Calculamos que haja continuidade ininterrupta entre a evolução do embrião e a do organismo completo. O impulso em virtude do qual o ser vivo cresce, se desenvolve e envelhece é o mesmo que lhe faz atravessar as fases da vida embrionária. O desenvolvimento do embrião é uma mudança constante de forma. Quem pretendesse anotar-lhe todos os aspectos sucessivos perder-se-ia num infinito, como acontece quando nos achamos perante uma continuidade. A vida é o prolongamento dessa evolução pré-natal. O fato de ser impossível dizer se estamos ante um organismo que envelhece ou um embrião que continua a evoluir prova que assim é: estão nesse caso as larvas de insetos e de crustáceos, por exemplo. Por outro lado, num organismo como o nosso, crises como a puberdade ou a menopausa, que implicam a transformação completa do indivíduo, podem comparar-se inteiramente às mudanças que se efetuam no decurso da vida larvar ou embrionária; e, contudo, são parte integrante do nosso envelhecimento. Ninguém pretenderá que, pelo fato de se darem numa determinada idade e num espaço de tempo que pode ser muito breve, se dão *ex abrupto*, de fora, simplesmente por se ter alcançado uma certa idade, como a hora do alistamento no Exército chega para aqueles que fazem 18 anos. É evidente que uma mudança como a puberdade é preparada a todos os instantes desde o nascimento, e até antes do nascimento, e que o envelhecimento do ser até essa crise consiste, pelo menos em parte, nessa preparação gradual. Em suma, o que há de propriamente vital no envelhecimento é a continuação insensível, infinitamente dividida, da mudança de forma. Esta é, aliás, acompanhada, sem dúvida, por fenômenos de destruição orgânica. A estes se apegará uma explicação mecanicista do envelhecimento. Registrará os fatos de esclerose, a acumulação gradual das substâncias residuais, a crescente hipertrofia do protoplasma da célula. Mas sob esses efeitos visíveis dissimula-se uma causa interna. A evolução do ser vivo, tal como a do embrião, implica um registro contínuo da duração, uma persistência do passado no presente, e, consequentemente, pelo menos uma aparência de memória orgânica.

O estado atual de um corpo bruto depende exclusivamente do que se passava no instante anterior. A posição dos pontos materiais de um sistema definido e isolado pela ciência é determinada pela posição desses mesmos pontos no momento imediatamente anterior. Em outras palavras, as leis que regem a matéria inorgânica podem ser em princípio expressas por equações diferenciais, nas quais o tempo (no sentido que o matemático dá à palavra) teria o papel de variável independente. Dar-se-á o mesmo quanto às leis da vida? O estado de um corpo vivo terá a sua explicação completa no estado imediatamente anterior? Sim, no caso de se admitir, *a priori*, a assimilação do corpo vivo aos outros corpos da natureza, e a sua identificação, pela necessidade da causa, com os sistemas artificiais sobre os quais operam o químico, o físico e o astrônomo. Mas, em astronomia, em física e em química, a proposição tem sentido nitidamente determinado: significa que certos aspectos do presente, importantes para a ciência, podem ser calculados em função do passado imediato. Nada semelhante existe no domínio da vida. Neste, o cálculo abrange, quando muito, certos fenômenos de *destruição* orgânica. Mas quanto à *criação* orgânica, aos fenômenos evolutivos que constituem propriamente a vida, pelo contrário, nem sequer vislumbramos como os poderíamos submeter a um tratamento matemático. Poderá dizer-se que tal fraqueza se deve apenas à nossa ignorância. Mas pode também querer dizer que o momento atual de um corpo vivo não tem a sua razão de ser no momento imediatamente anterior, que é necessário juntar-lhe todo o passado do organismo, a sua hereditariedade, em suma, o conjunto de uma história muito longa. Na realidade, é a segunda dessas hipóteses que exprime o estado atual das ciências biológicas e até a sua direção. A ideia de que o corpo vivo poderia ser submetido, por qualquer calculador sobre-humano, ao mesmo tratamento matemático que o nosso sistema solar surgiu pouco a pouco de certa metafísica que ganhou forma mais definida desde as descobertas físicas de Galileu, mas que – como mostraremos – sempre foi a metafísica natural do espírito humano. A sua aparente clareza, o nosso impaciente desejo de a achar verdadeira, o açodamento com que tantos excelentes espíritos a aceitam sem prova, em suma, todas as seduções que exercem sobre o nosso pensamento deveriam pôr-nos de sobreaviso contra ela. A atração que exerce sobre nós é prova suficiente de que satisfaz uma inclinação inata. Mas, como veremos adiante, as tendências intelectuais, hoje inatas, que a vida deve ter criado ao longo da sua evolução são feitas para coisa muito diferente do que nos fornecer uma explicação da vida.

É com a resistência oposta por essa tendência que entramos em choque ao querer distinguir entre um sistema artificial e um sistema natural, entre o morto e o vivo. Por causa dela, sente-se igual dificuldade em pensar que o organizado dura e que o inorganizado não dura. Pois quê!, dir-se-á; ao afirmar que o estado de um sistema artificial depende exclusivamente do seu estado no momento precedente, não se está fazendo intervir o tempo, não se está incluindo o sistema na duração? E, por outro lado, esse passado que, segundo vós, faz corpo com o momento atual do ser vivo, não o contrai inteiro a memória orgânica no momento imediatamente anterior, o qual se torna assim a causa única do estado presente? Falar assim será ignorar a diferença capital que separa o tempo concreto, ao longo do qual se desenvolve um sistema real, e o tempo abstrato, que intervém nas nossas especulações sobre os sistemas artificiais. Quando dizemos que o estado de um sistema artificial depende daquilo que ele era no momento imediatamente anterior, que significa isso? Não há, não pode haver instante imediatamente anterior a um instante, como tampouco há ponto matemático contíguo a um ponto matemático. O instante "imediatamente anterior" é, na realidade, aquele que está ligado ao instante presente pelo intervalo dt. Tudo quanto queremos dizer é, portanto, que o estado presente do sistema é definido por equações em que entram coeficientes diferenciais tais como $\frac{de}{dt}$, $\frac{dv}{dt}$, isto é, no fundo, velocidades *presentes* e acelerações *presentes*. Em suma, é, portanto, unicamente do presente que se trata, de um presente tomado, é certo, com a sua *tendência*. E, de fato, os sistemas sobre os quais a ciência opera acham-se num presente instantâneo que se renova sem cessar, e nunca na duração real, concreta, em que o passado faz corpo com o presente. Quando o matemático calcula o estado futuro de um sistema ao fim do tempo t, nada o impede de supor que, até lá, o universo material se desvaneça para reaparecer de súbito. O único momento que importa é o t' – algo que será um puro instantâneo. O que decorrerá no intervalo, isto é, o tempo real, não conta e não pode entrar no cálculo. Pois se o matemático declarar que se coloca nesse intervalo, será sempre a um certo ponto, a um certo momento, quero dizer, à extremidade de um tempo t' que ele se transporta, e deixará então de estar em questão o intervalo que vai até T'. Se ele dividir o intervalo em partes infinitamente pequenas, pela consideração da diferencial dt, exprime desse modo, simplesmente, que considerará acelerações e velocidades, quer dizer, números que registram tendências e que permitem calcular o estado do sistema num dado momento; mas é sempre de um dado momento que se trata, quero dizer, de um momento parado, e não do tempo que corre. Em suma, o *mundo sobre o qual opera o matemático é um mundo que morre e renasce a cada instante, aquele mesmo em que Descartes pensava ao falar na criação contínua*. Mas, no tempo assim concebido, como poderemos representar uma evolução, isto é, o sinal característico da vida? A evolução implica uma continuação real do passado pelo presente, uma duração que seja *um hífen, um traço de união*. Por outras palavras, o conhecimento de um ser vivo ou *sistema natural* é um conhecimento que incide sobre o próprio intervalo de duração, ao passo que o conhecimento de um *sistema artificial* ou matemático incide apenas sobre a extremidade.

Continuidade de mudança, conservação do passado no presente, duração verdadeira, o ser vivo parece assim partilhar esses atributos com a consciência. Poder-se-á ir mais longe e dizer que a vida é invenção, tal como a atividade consciente, e como ela criação incessante?

Não está nas nossas intenções enumerar aqui as provas do transformismo. Queremos apenas explicar em poucas palavras porque no presente trabalho o aceitaremos como tradução suficientemente exata e precisa dos fatos conhecidos. A ideia do transformismo encontra-se já em germe na classificação natural dos seres organizados. O naturalista, com efeito, aproxima uns dos outros os organismos que se assemelham, dividindo depois o grupo em subgrupos, no interior dos quais a semelhança é ainda maior, e assim sucessivamente: em toda a extensão da operação, os caracteres do grupo aparecem como temas gerais sobre os quais cada um dos subgrupos executaria as suas variações particulares. Ora, essa é precisamente a relação que vamos encontrar, no mundo animal e no mundo vegetal, entre o que engendra e o que é engendrado: sobre o esboço que o antepassado transmite aos seus descendentes, e que estes possuem em comum, cada qual tece o seu desenho original. É certo que as diferenças entre o descendente e o ascendente são reduzidas, e que se pode perguntar se a mesma matéria viva terá plasticidade suficiente para revestir sucessivamente formas tão diferentes como as de um peixe, de um réptil e de uma ave. Mas a observação dá uma resposta peremptória a essa pergunta. Ela nos mostra que, até um certo período do seu desenvolvimento, o embrião da ave mal se distingue do embrião do réptil, e que o indivíduo desenvolve, em geral, ao longo da vida embrionária, uma série de transformações comparáveis àquelas por que, segundo o evolucionismo, se passaria de uma espécie para outra. Uma célula única, obtida pela combinação das duas células macho e fêmea, efetua esse trabalho, dividindo-se. Todos os dias, sob os nossos olhos, as mais elevadas formas da vida saem de uma forma muito elementar. A experiência estabelece assim que o mais complexo pode ter saído do mais simples por via evolutiva. Mas terá efetivamente saído?

A paleontologia, apesar da insuficiência dos seus documentos, convida-nos a admiti-lo, pois que, onde quer que possa estabelecer com certa precisão a ordem de sucessão das espécies, essa ordem é precisamente aquela que razões tiradas da embriogenia e da anatomia comparadas teriam feito supor, e cada nova descoberta paleontológica traz nova confirmação ao transformismo. Assim, a prova tirada da pura e simples observação ganha cada vez mais força, enquanto, por outro lado, a experimentação afasta as objeções uma por uma: assim é que as curiosas experiências de H. de Vries, por exemplo, mostrando que podem dar-se repentinamente importantes variações e transmitir-se regularmente, desfazem algumas das maiores dificuldades que a tese levantava, permitindo-nos reduzir muito o tempo que a evolução biológica parecia exigir, e também nos tornam menos exigentes em relação à paleontologia. De modo que, em resumo, a hipótese transformista aparece cada vez mais como uma expressão pelo menos aproximada da verdade. Não pode ser demonstrada com rigor; mas, abaixo da certeza dada pela demonstração teórica ou experimental, existe esta probabilidade indefinidamente crescente que supre a evidência, e, como que tende para o seu limite: tal é o gênero de probabilidade que nos oferece o transformismo.

Admitamos, contudo, que se prove o erro do transformismo. Suponhamos que se chegue a estabelecer, por inferência ou por experiência, que as espécies nasceram graças a um processo descontínuo, do qual não temos hoje a menor ideia. Seria a doutrina prejudicada naquilo que tem de mais interessante e mais importante para nós? A classificação subsistiria sem dúvida nas suas linhas gerais. Os dados atuais da embriologia subsistiriam também. Subsistiria igualmente a correspondência entre a embriogenia comparada e a anatomia comparada. Assim, a biologia poderia e deveria continuar estabelecendo entre as formas vivas as mesmas relações, o mesmo parentesco que supõe hoje o transformismo. Já não seria, é certo, uma filiação material, mas um parentesco ideal. Mas, como os dados atuais da paleontologia subsistiriam também, necessário seria admitir ainda que as formas entre as quais se revela um parentesco ideal apareceram sucessivamente, e não simultaneamente. Ora, a teoria evolucionista, naquilo que tem de importante aos olhos do filósofo, não exige mais do que isso, pois consiste sobretudo em verificar relações de parentesco ideal e em afirmar que, onde existe essa relação de filiação por assim dizer *lógica* entre formas, existe também uma relação de sucessão *cronológica* entre as espécies em que essas formas se materializam. Essa dupla tese subsistiria em quaisquer circunstâncias. E, portanto, não se poderia deixar de admitir ainda uma evolução em alguma parte – quer num Pensamento criador em que as ideias das diversas espécies se teriam engendrado umas às outras, exatamente como o transformismo pretende que as próprias espécies se engendraram na Terra; quer num plano de organização vital imanente à natureza, que se explicitaria pouco a pouco, no qual as relações de filiação lógica e cronológica entre as formas puras seriam precisamente aquelas que o transformismo nos apresenta como relações de filiação real entre indivíduos vivos; quer ainda em alguma causa desconhecida da vida, que desenvolveria os seus efeitos *como se* uns engendrassem os outros. Ter-se-ia assim *transportado* somente a evolução, fazendo-a passar do visível para o invisível. Quase tudo quanto o transformismo nos diz hoje se conservaria, apenas interpretado de outra maneira. E, portanto, não seria preferível atermo-nos à letra do transformismo, tal como a professa a quase totalidade dos sábios? Se pusermos de reserva o problema de saber em que medida esse evolucionismo descreve os fatos e em que medida os simboliza, nada há nele que não se possa pôr de harmonia com as doutrinas que pretendeu substituir, mesmo com a das criações separadas, à qual em geral se contrapõe. Entendemos por isso que a linguagem do transformismo se impõe hoje a toda a filosofia, tal como a afirmação dogmática do transformismo se impõe à ciência.

Mas então se deveria deixar de falar da *vida em geral* como de uma abstração, ou como de uma simples rubrica sob a qual se inscrevessem todos os seres vivos. Em certo momento, em certos pontos do espaço, teve nascença uma corrente bem visível: essa corrente de vida, atravessando os corpos que sucessivamente organizou, passando de geração em geração, dividiu-se entre as espécies e dispersou-se entre os indivíduos sem nada perder da sua força, antes se intensificando à medida que avançava. É sabido que, segundo a tese da "continuidade do plasma germinativo", defendida por Weismann, os elementos sexuais do organismo gerador transmitiriam diretamente as suas propriedades aos elementos sexuais do organismo engendrado. Apresentada sob essa forma extrema, a tese pareceu contestável, pois é somente em casos excepcionais que ocorre às glândulas sexuais esboçarem-se logo que se dá a segmentação do óvulo fecundado. Mas, se, em geral, as células geradoras dos elementos sexuais não aparecem logo no começo da vida embrionária, não é menos verdade que se formam sempre à custa de tecidos do embrião que não sofreram ainda nenhuma diferenciação funcional em particular, e cujas células se compõem de protoplasma não modificado. Por outras palavras, o poder genético do óvulo fecundado enfraquece à medida que se reparte pela massa crescente dos tecidos do embrião; mas, enquanto se dilui assim, concentra novamente algo de si próprio num certo ponto especial, em células das quais nascerão os óvulos ou os espermatozoides. Poderia assim dizer-se que, se o plasma germinativo não é contínuo, existe pelo menos continuidade de energia genética, energia consumida apenas durante alguns instantes, precisamente durante o tempo de dar o impulso à vida embrionária, refazendo-se o mais depressa possível em novos elementos sexuais em que, mais uma vez, esperará a sua hora. Considerada desse ponto de vista, *a vida manifesta-se como uma corrente que vai de germe a germe por intermédio de um organismo desenvolvido*. Tudo acontece como se o próprio organismo não passasse de uma excrescência, um botão produzido pelo germe antigo no seu esforço para continuar num novo germe. O essencial é a continuidade de progresso que permanece indefinidamente, progresso invisível sobre o qual cada organismo visível cavalga durante o breve intervalo de tempo que lhe é dado viver.

Ora, quanto mais se atenta nesta continuidade da vida, melhor se vê a evolução orgânica aproximar-se de uma consciência, em que o passado exerce pressão sobre o presente e dele faz surgir uma nova forma, incomensurável com os seus antecedentes. Ninguém contestará que o aparecimento de uma espécie animal ou vegetal se deva a causas precisas. Mas é necessário entender por isso que, caso se viessem a conhecer depois em pormenor essas causas, se conseguiria explicar por elas a forma que se produziu: mas não poderia ser questão de a prever. Dir-se-á que seria possível prevê-la caso se conhecessem pormenorizadamente as condições em que ela se produzirá? Mas essas condições fazem corpo com ela, e nem dela se podem distinguir, sendo características do momento da sua história em que a vida se acha então: como supor conhecida antecipadamente uma situação que é única no seu gênero, que ainda não se deu e que jamais se repetirá? Do futuro só pode prever-se aquilo que se assemelha ao passado ou que pode ser recomposto com elementos semelhantes aos do passado. Estão nesse caso os fatos astronômicos, físicos, químicos e todos aqueles que fazem parte de um sistema no qual se justapõem simplesmente elementos que se têm como imutáveis, em que se produzem somente mudanças de posição, em que não é um absurdo teórico imaginar que as coisas voltem ao seu lugar, em que, por consequência, o mesmo fenômeno total, ou pelo menos os mesmos fenômenos elementares podem se repetir. Mas como se poderia supor dada, antes de se ter produzido, uma situação original, que comunica algo da sua originalidade aos seus elementos, isto é, aos pontos de vista parciais que se têm dela? O máximo que se pode dizer é que se explica, uma vez produzida, pelos elementos que a análise nela descobre. Mas aquilo que é verdade acerca da produção de uma nova espécie é igualmente verdade de um novo indivíduo e, mais geralmente, de qualquer momento de qualquer forma viva. Com efeito, se para dar origem a uma nova espécie é necessário que a variação tenha alcançado certa importância e certa generalidade, é a todo o momento contínua e insensível que se produz em cada ser vivo. E as próprias mutações bruscas de que nos falam hoje não seriam possíveis, evidentemente, sem um trabalho de incubação, ou melhor, de maturação, levado a cabo ao longo de uma série de gerações que parecem não mudar. Nesse sentido, poderia dizer-se da vida, como da consciência, que a cada instante cria alguma coisa.

Mas toda a nossa inteligência se insurge contra essa ideia da originalidade e da imprevisibilidade absolutas das formas. A nossa inteligência, tal como a evolução da vida a modelou, tem como função essencial iluminar o nosso comportamento, preparar a nossa ação sobre as coisas, prever, para uma dada situação, os acontecimentos favoráveis ou desfavoráveis que poderão sobrevir. Assim isola instintivamente, numa dada situação, aquilo que se assemelha ao já conhecido; procura o mesmo, para poder aplicar o seu princípio de que "o mesmo produz o mesmo". Consiste nisso a previsão do futuro para o senso comum. A ciência leva essa operação ao mais alto grau possível de exatidão e de precisão, mas não altera o caráter essencial dela. Tal como o conhecimento usual, a ciência só retém das coisas o aspecto *repetição*. Se o todo é original, arranja maneira de o analisar em elementos ou em aspectos que sejam *mais ou menos* a reprodução do passado. Só pode operar sobre aquilo que se considera suscetível de repetição, isto é, sobre aquilo que, por hipótese, não está sujeito à ação da duração. Escapa-lhe o que há de irredutível e irreversível nos momentos sucessivos de uma história. É necessário, para se ter a representação dessa irredutibilidade e dessa irreversibilidade, pôr de parte hábitos científicos que correspondem às exigências fundamentais do pensamento, violentar o espírito, contrariar a inclinação natural da inteligência. Mas é precisamente esse o papel da filosofia.

 Eis por que em vão a vida evolui debaixo dos nossos olhos como uma criação contínua de forma imprevisível: subsiste sempre a ideia de forma, imprevisibilidade e continuidade serem puras aparências, refletindo outras tantas ignorâncias. O que se oferece aos sentidos como uma história contínua decompor-se-ia, segundo nos afirmam, em estados sucessivos. Aquilo que nos dá a impressão de ser estado original seria, à análise, redutível a fatos elementares, cada um deles repetindo um fato conhecido. O que chamamos uma forma imprevisível seria apenas novo arranjo de elementos antigos. As causas elementares cujo conjunto determinou esse arranjo não seriam senão causas antigas que se repetem, adotando uma nova ordem. O conhecimento dos elementos e das causas elementares teria permitido desenhar antecipadamente a forma viva, que constituiria a soma e o resultado daqueles. Depois de ter reduzido o aspecto biológico dos fenômenos a fatores físico-químicos, saltaremos, sendo necessário, por cima da física e da química: iremos das massas às moléculas, das moléculas aos átomos, dos átomos aos corpúsculos, e acabaremos sempre por chegar a alguma coisa que possa ser tratada como uma espécie de sistema solar, astronomicamente. Se não admitirmos isso, estaremos contestando o próprio princípio do mecanismo científico e declarando arbitrariamente que a matéria viva não é constituída dos mesmos elementos que a outra. Responderemos que não contestamos a identidade fundamental da matéria bruta e da matéria organizada. O único problema é saber se os sistemas naturais a que damos o nome de seres vivos devem ser assimilados aos sistemas artificiais que a ciência recorta na matéria bruta, ou se não deveriam ser antes comparados a esse sistema natural que é o todo do universo. Admitamos que a vida seja uma espécie de mecanismo. Mas será o mecanismo das partes artificialmente isoláveis no todo do universo, ou o do todo real? O todo real poderia muito bem ser, como dizíamos, uma continuidade indivisível: os sistemas que nela recortamos não seriam então partes propriamente ditas; seriam vistas parciais do todo. E, com essas vistas parciais postas a seguir umas às outras, não se obteria sequer um começo de recomposição do conjunto, da mesma forma que multiplicando as fotografias de um objeto, sob mil aspectos diversos, não se obtém a reprodução da sua materialidade. Estão no mesmo caso a vida e os fenômenos físico-químicos nos quais se pretenderia resolvê-los. A análise descobrirá sem dúvida nos processos de criação orgânica cada vez maior número de fenômenos físico-químicos. E a isso se limitariam químicos e físicos. Mas daí não se conclui que se possa esperar da física e da química que nos deem a chave da vida.

Um elemento muito pequeno de uma curva é quase uma linha reta. Quanto mais reduzido for, mais se assemelhará a uma reta. No limite, poderá dizer-se, conforme se quiser, que pertence a uma linha reta ou a uma linha curva. Com efeito, em cada um dos seus pontos a curva confunde-se com a sua tangente. Do mesmo modo, a "vitalidade" é tangente em qualquer ponto às forças físicas e químicas; mas esses pontos não são, em suma, senão os pontos de vista de um espírito que imagina paragens em um ou noutro momento do movimento gerador da curva. Na realidade, a vida é tão pouco feita de elementos físico-químicos como uma curva de linhas retas.

De uma maneira geral, o progresso mais radical que uma ciência possa realizar consiste em fazer entrar os resultados já adquiridos em um novo conjunto, em relação ao qual se tornam vistas instantâneas e imóveis tiradas de quando em quando sobre a continuidade de um movimento. Tal é, por exemplo, a relação em que a geometria dos modernos está para a dos antigos. Esta, puramente estática, operava sobre figuras já descritas; aquela estuda a variação de uma função, quer dizer, a continuidade do movimento que a figura descreve. É possível, sem dúvida, para maior rigor, eliminar dos nossos processos matemáticos qualquer consideração de movimento; a verdade é, porém, que a introdução do movimento na gênese das figuras se acha na origem da matemática moderna. Entendemos que, se a biologia pudesse vir a circunscrever o seu objeto tão estreitamente como a matemática o seu, estaria, para a físico-química dos corpos organizados, como a matemática dos modernos está para a geometria antiga. Os deslocamentos meramente superficiais de massas e de moléculas, que a física e a química estudam, tornar-se-iam, em relação a esse movimento vital que se produz em profundidade, que já não é translação, mas transformação, aquilo que a imobilidade de um móvel é ao movimento desse móvel no espaço. E, tanto quanto o podemos pressentir, o processo por meio do qual se passaria da definição de um certo ato vital ao sistema de fatos físico-químicos por ele implicados não deixaria de ter analogia com a operação por meio da qual se passa da função à sua derivada, da equação da curva (isto é, da lei do movimento contínuo pela qual é engendrada a curva) à equação da tangente que estabelece a sua situação instantânea. Tal ciência seria uma *mecânica da transformação*, da qual a nossa *mecânica da translação* se tornaria um caso particular, uma simplificação, uma projeção no plano da quantidade pura. E, tal como existe uma infinidade de funções com o mesmo diferencial, diferindo essas funções entre si por uma constante, assim também, porventura, a integração dos elementos físico-químicos de um ato propriamente vital só em parte determinaria tal ato: uma parte seria deixada à indeterminação. Mas, quando muito, poderemos sonhar tal integração; não pretendemos que o sonho venha jamais a tornar-se realidade. Quisemos apenas, desenvolvendo tanto quanto possível uma certa comparação, mostrar aquilo em que a nossa tese se aproxima do puro mecanicismo e como se distingue dele.

Poderia, aliás, levar-se bastante longe a imitação do vivo pelo inorgânico. Não somente a química opera sínteses orgânicas, como se chega a reproduzir artificialmente o desenho exterior de certos fatos de organização, como seja a divisão indireta da célula e da circulação protoplásmica. Como se sabe, o protoplasma da célula efetua movimentos variados no interior do seu invólucro. Por outro lado, a divisão chamada indireta da célula faz-se por meio de operações de extrema complicação, algumas das quais dizem respeito ao núcleo e outras ao citoplasma. Estas últimas começam pelo desdobramento do centríolo, pequeno corpo esférico situado ao lado do núcleo. Os dois centríolos assim obtidos afastam-se um do outro, atraem os pedaços cortados, e assim desdobrados, do filamento que constituía essencialmente o primitivo núcleo, e acabam por formar dois novos núcleos em volta dos quais se constituem as duas novas células que sucederão à primeira. Ora, conseguiu-se imitar, nas linhas gerais e na aparência exterior, pelo menos algumas dessas operações. Pulverizando-se sal de cozinha ou açúcar, juntando-lhe azeite muito velho e olhando no microscópio uma gota da mistura distingue-se uma espuma de estrutura alveolar cuja configuração se assemelha, segundo alguns teóricos, à do protoplasma, e na qual pelo menos se efetuam movimentos que lembram muito os da circulação protoplásmica. Se, de uma espuma desse gênero, se extrair o ar de um alvéolo, vemos desenhar-se um cone de atração análogo aos que se formam em volta dos centríolos e acabam na divisão do núcleo. Até os movimentos exteriores de um organismo unicelular, ou, pelo menos, de uma ameba, se julga poder explicar mecanicamente. Os deslocamentos da ameba em uma gota de água seriam comparáveis ao vaivém de um grão de poeira em um quarto onde portas e janelas abertas fazem circular correntes de ar. A sua massa absorve incessantemente certas matérias solúveis contidas na água ambiente e devolve-lhe algumas outras; essas trocas contínuas, semelhantes às que se efetuam entre dois recipientes separados por uma divisão porosa, criariam em volta do pequeno organismo um turbilhão que se modifica constantemente. Quanto aos prolongamentos temporários, ou pseudópodes, que a ameba parece produzir, não seriam tanto emitidos por ela como atraídos para fora dela por uma espécie de aspiração ou sucção do meio ambiente. Sucessivamente, alargar-se-á essa forma de explicação aos movimentos mais complexos que o próprio infusório executa com os seus cílios vibráteis, os quais não serão aliás, provavelmente, senão pseudópodes consolidados.

Todavia, os sábios estão muito longe de ter chegado a um acordo acerca do valor de explicações e esquemas desse gênero. Certos químicos fizeram notar que, mesmo tendo-se unicamente em conta o orgânico, e sem ir até o inorgânico, a ciência somente reconstituiu, até hoje, os resíduos da atividade vital; as substâncias realmente ativas, plásticas, permanecem refratárias à síntese. Um dos mais notáveis naturalistas da nossa época insistiu na oposição das duas ordens de fenômenos que se verificam nos tecidos vivos, *anagênese*, de um lado; *catagênese*, do outro. A função das energias anagenéticas consiste em elevar as energias inferiores até o seu próprio nível, pela assimilação das substâncias inorgânicas. Estas constroem os tecidos. Pelo contrário, o próprio funcionamento da vida (à exceção, todavia, da assimilação, do crescimento e da reprodução) é de ordem catagenética, descida, e não subida de energia. A físico-química somente teria domínio sobre os fatos de ordem catagenética, isto é, em suma, sobre o morto, e não sobre o vivo. E a verdade é que os fatos do primeiro gênero parecem refratários à análise físico-química, mesmo quando não são, no sentido exato da palavra, anagenéticos. Quanto à imitação artificial do aspecto exterior do protoplasma, deveremos nós atribuir-lhe real importância teórica, quando ainda não se tem a certeza de qual seja a configuração física dessa substância? E ainda menos se pode esperar, por enquanto, recompô-la quimicamente. Finalmente, uma explicação físico-química dos movimentos da ameba, e com maior razão ainda, do comportamento de um infusório, parece impossível a muitos daqueles que observaram de perto esses organismos rudimentares. Mesmo nessas manifestações mais humildes da vida distinguem vestígios de uma atividade psicológica eficaz. Mas o mais instrutivo de tudo é verificar como o estudo em profundidade dos fenômenos histológicos desanima frequentemente, em vez de fortalecer, a tendência para tudo explicar pela física e pela química. Tal é a conclusão do livro realmente admirável que o histologista E. B. Wilson dedicou ao desenvolvimento da célula: "O estudo da célula parece, em suma, ter antes alargado do que diminuído a enorme lacuna que separa do mundo inorgânico mesmo as formas mais inferiores da vida".[1]

Em resumo, aqueles que se ocupam unicamente com a atividade funcional do ser vivo são levados a crer que a física e a química nos darão a chave dos processos biológicos. Acham-se sobretudo em contato, efetivamente, com os fenômenos que se *repetem* sem parar no ser vivo, como numa retorta, o que explica em parte as tendências mecanicistas da fisiologia. Pelo contrário, aqueles cuja atenção se concentra sobre a delicada estrutura dos tecidos vivos, sobre sua gênese e sua evolução, histologistas e embriogenistas, por um lado, e por outro os naturalistas, têm diante de si a própria retorta, e não apenas o seu conteúdo. Consideram que essa enorme retorta cria a sua própria forma ao longo de uma série *única* de atos que constituem uma verdadeira história. Todos esses, histologistas, embriogenistas ou naturalistas, estão muito longe de ter a mesma inclinação que os fisiologistas para admitir o caráter físico-químico dos atos vitais.

Na realidade, nenhuma das duas teses, nem aquela que afirma, nem aquela que nega a possibilidade de algum dia se produzir quimicamente um organismo elementar, pode invocar a autoridade da experiência. Ambas são inverificáveis: a primeira, porque a ciência ainda não deu sequer um passo para a síntese química de uma substância viva; a segunda, porque não existe nenhum meio pensável de provar experimentalmente a impossibilidade de um fato. Mas nós expusemos as razões teóricas

---

[1] "The study of the cell has on the whole seemed to widen rather than to narrow the enormous gap that separates even the lowest forms of life from the inorganic world." WILSON, E. B. *The Cell in Development and Inheritance*. New York: Macmillan, 1897, p.330.

que nos impedem de assimilar o ser vivo, sistema fechado pela natureza, aos sistemas que a nossa ciência isola. Essas razões têm menos força, devemos reconhecê-lo, quando se trata de um organismo rudimentar, como a ameba, que evolui com dificuldades. Mas elas ganham mais força quando se considera um organismo mais complexo, que efetua um ciclo regulado de transformações. Quanto mais a duração põe a sua dedada no ser vivo, mais evidentemente o organismo se distingue de um mecanismo puro e simples, sobre o qual a duração deslizaria sem o penetrar. E a demonstração ganha a sua maior força quando incide sobre a evolução integral da vida desde as suas mais humildes origens até as suas mais elevadas formas atuais, na medida em que essa evolução constitui, pela unidade e a continuidade da matéria animada que a sustém, uma história única e indivisível. Por isso não podemos compreender que a hipótese evolucionista seja considerada, em geral, como afim à concepção mecanicista da vida. Sem dúvida, não pretendemos apresentar uma refutação matemática e definitiva dessa concepção. Mas a refutação que tiramos das considerações de duração, e que é, em nossa opinião, a única refutação possível, ganha tanto maior rigor e torna-se tanto mais probatória quanto mais decididamente optamos pela hipótese evolucionista. Precisamos insistir sobre esse ponto. Mas indicaremos primeiro, em termos mais claros, qual a concepção da vida para a qual nos encaminhamos.

As explicações mecanicistas, dizíamos, são válidas para os sistemas que o nosso pensamento isola artificialmente do todo. Mas não se pode admitir *a priori*, acerca do próprio todo e dos sistemas que nesse todo se constituem naturalmente à sua imagem, que sejam explicáveis mecanicamente, pois sendo assim o tempo seria inútil e até irreal. A essência das explicações mecânicas está efetivamente em se considerar o futuro e o passado calculáveis em função do presente, e em pretender, portanto, que *tudo é dado*. Nessa hipótese, passado, presente e futuro seriam visíveis no seu todo por uma inteligência sobre-humana que fosse capaz de efetuar o cálculo. Por isso os sábios que acreditaram na universalidade e na total objetividade das explicações mecânicas formularam, consciente ou inconscientemente, uma hipótese desse gênero. Já Laplace a estabelecera com a maior precisão:

> Uma inteligência que, relativamente a um dado instante, conhecesse todas as forças que animam a natureza e a situação respectiva dos seres que a constituem, se fosse, aliás, suficientemente vasta para submeter esses dados à Análise, reuniria na mesma fórmula os movimentos dos maiores corpos do universo e os do mínimo átomo: nada para ela seria incerto, e tanto o passado como o futuro estariam presentes aos seus olhos.[2]

E Du Bois-Reymond:

> Pode-se imaginar o conhecimento da natureza chegado a um ponto em que o processo universal do mundo seria representado por uma fórmula matemática única, por um só e imenso sistema de equações diferenciais simultâneas, do qual se tiraria, para cada momento, a posição, a direção e a velocidade de cada átomo do mundo.[3]

---

2 LAPLACE. *Introduction à la théorie analytique des probabilités*. *Oeuvres complètes*. Paris: [s. n.], 1886. v.VII. p.VI.
3 DU BOIS-REYMOND, E. H. *Über die Grenzen des Naturerkennens*. Leipzig: [s. n.], 1892.

Huxley, por sua vez, exprimiu, sob forma mais concreta, a mesma ideia:

> Se a afirmação fundamental da evolução é verdadeira, isto é, que o mundo inteiro, animado e inanimado, resulta da interação mútua, segundo leis definidas, das forças que possuem as moléculas de que era composta a nebulosidade primitiva do universo, não seria então menos certo que o mundo atual já existia potencialmente no vapor cósmico, e que uma inteligência suficiente teria podido, se conhecesse as propriedades das moléculas desse vapor, predizer, por exemplo, o estado da fauna da Grã-Bretanha em 1868, com tanta certeza como quando se diz o que acontecerá ao vapor da respiração durante uma noite fria de inverno.[4]

Em semelhante doutrina fala-se ainda no tempo, pronuncia-se a palavra, mas não se pensa nele. Porque o tempo é destituído de eficácia em uma tal hipótese, e, como nada faz, nada é. O mecanicismo radical implica uma metafísica em que a totalidade do real é dada em bloco, na eternidade, e em que a duração aparente das coisas exprime simplesmente as deficiências de um espírito incapaz de tudo conhecer ao mesmo tempo. Mas a duração é, para a nossa consciência, isto é, para o que é mais indiscutível na nossa experiência, coisa muito diferente. Percebemos a duração como um curso que não pode inverter-se. É o fundo do nosso ser e, bem o sentimos, a própria substância das coisas com as quais estamos em comunicação. Em vão se faz brilhar diante dos nossos olhos a perspectiva de uma matemática universal; não podemos sacrificar a experiência às

---

4 HUXLEY, T. H. The Natural History of Creation. In: HAECKEL, Ernst. *The Academy*. 1868, t.I. p.13.

exigências de um sistema. Eis porque recusamos o mecanicismo radical.

Mas o finalismo radical também nos parece inaceitável, e pela mesma razão. A doutrina finalista, sob a sua forma extrema, tal como a encontramos em Leibniz, por exemplo, implica um programa traçado de uma vez para sempre, que é realizado pelas coisas e pelos seres. Mas, se nada é imprevisto, se não há invenção e criação no universo, o tempo é igualmente inútil. Como na hipótese mecanicista, também aqui se supõe que *tudo é dado*. O finalismo assim entendido não é mais do que um mecanicismo invertido. Inspira-se no mesmo postulado, com a única diferença de que, no curso das nossas inteligências finitas ao longo da sucessão meramente aparente das coisas, coloca à frente de nós a luz com que pretende guiar-nos, em vez de a colocar atrás. Substitui a atração do futuro pelo impulso do passado. Mas nem por isso a sucessão deixa de ser pura aparência, como aliás o próprio curso. Na doutrina de Leibniz, o tempo reduz-se a uma percepção confusa, relativa do ponto de vista humano, e que se desvaneceria, como um nevoeiro que desce, para um espírito instalado no centro das coisas.

Todavia, o finalismo não é, como o mecanicismo, uma doutrina de linhas definidas. Comporta tantas variantes quantas se lhe queiram dar. A filosofia mecanicista ou se aceita ou se recusa: e mais valeria recusá-la, se o mais leve grão de poeira, desviando-se da trajetória prevista pela mecânica, manifestasse o mínimo sinal de espontaneidade. Pelo contrário, a doutrina das causas finais nunca será definitivamente refutada. Se a recusamos sob uma forma, ela adota outra. O seu princípio, que é de essência psicológica, é muito maleável. E de tal maneira extensível, e por isso mesmo tão largo, que, só por se recusar o puro mecanicismo, já se está aceitando alguma coisa dele. A tese que vamos expor neste livro participará assim em certa medida, forçosamente, do finalismo. Por isso é necessário indicar com precisão com que parte dele ficamos e qual recusamos.

Devemos começar por dizer que pretender atenuar o finalismo leibniziano, fracionando-o ao infinito, nos parece ser um caminho errado. Foi, contudo, essa a direção tomada pela doutrina da finalidade. Damos perfeitamente conta de que, se o universo no seu conjunto é a realização de um plano, só seria possível demonstrar isso empiricamente. Sabemos também que, mesmo tendo apenas em conta o mundo organizado, não se torna mais fácil provar que tudo nele seja harmonia. Inquiridos, os fatos diriam igualmente o contrário. A natureza põe os seres vivos em luta uns com os outros. Por toda a parte nos mostra a desordem ao lado da ordem, a regressão ao lado do progresso. Mas não seria verdadeiro a respeito de cada organismo tomado à parte aquilo que não pode ser afirmado nem da matéria em geral, nem da vida em geral? Não se observa naquele uma admirável divisão do trabalho, uma maravilhosa solidariedade entre as partes, a perfeita ordem na infinita complicação? Nesse sentido, não realiza cada ser vivo um plano imanente à sua substância? Essa tese consiste, no fundo, em reduzir a pedaços a antiga concepção da finalidade. Não se aceita, não se hesita sequer em ridicularizar a ideia de uma finalidade *externa*, em virtude da qual os seres vivos se achariam coordenados uns aos outros: é absurdo, diz-se, supor que a erva tenha sido feita para a vaca, o cordeiro para o lobo. Mas haveria uma finalidade *interna*: cada ser é feito para si mesmo, todas as suas partes se combinam para o maior bem do conjunto e se organizam inteligentemente tendo esse fim em vista. Tal é a concepção da finalidade que foi clássica durante muito tempo. O finalismo reduziu-se a ponto de não dizer respeito senão a um indivíduo de cada vez. Tornando-se menor, contava porventura oferecer uma superfície menor aos ataques. A verdade é que se expunha muito mais a eles. Por muito radical que a nossa tese possa parecer, ou a finalidade é externa ou não é nada. Consideremos, com efeito, o organismo mais complexo e o mais harmonioso. Todos os elementos, segundo se afirma, conspiram em favor do maior bem do conjunto. Assim seja; mas não esqueçamos que, em alguns casos, cada um desses elementos pode ser ele próprio um organismo, e que, ao subordinar a existência desse pequeno organismo à vida do grande, estamos admitindo o princípio de uma finalidade exterior. A concepção de uma finalidade sempre interna destrói-se, desse modo, a si mesma. Um organismo é composto de tecidos, cada um dos quais vive por si próprio. As células de que os tecidos são constituídos têm também uma certa independência. A rigor, se a subordinação de todos os elementos do indivíduo ao próprio indivíduo fosse completa, poderia não se admitir para eles a condição de organismos, reservar este nome ao indivíduo e falar apenas em finalidade interna. Mas todos sabem que esses elementos podem ter verdadeira autonomia. Sem falar nos fagócitos, que levam a independência a ponto de atacar o organismo que os alimenta; sem falar nas células germinais, que têm a sua vida própria ao lado das células somáticas; bastará mencionar os fatos de regeneração: aqui um elemento ou um grupo de elementos torna de súbito patente que se em condições normais consentia em ocupar apenas um pequeno lugar e realizar apenas uma função especial, podia fazer muito mais, e mesmo, em certos casos, considerar-se o equivalente do todo.

É aí que falham as teorias vitalistas. Não as criticaremos, como é hábito fazer-se, por responderem à pergunta com a própria pergunta. Sem dúvida, o "princípio vital" não explica grande coisa: mas tem pelo menos a vantagem de ser uma espécie de rótulo aposto à nossa ignorância, e que quando necessário fará que o não esqueçamos, ao passo que o mecanicismo nos leva a esquecê-lo. Mas a verdade é que a posição do vitalismo resulta muito difícil pelo fato de não haver nem finalidade puramente interna, nem individualidade totalmente separada na natureza. Os elementos organizados que entram na composição do indivíduo têm eles próprios uma certa individualidade, e cada qual reivindicará o seu princípio vital, se o indivíduo o tem. Mas, por outro lado, o próprio indivíduo não tem independência suficiente, não se acha suficientemente isolado do resto para lhe podermos conceder um "princípio vital" próprio. Um organismo como o do vertebrado superior é o mais individualizado de todos os organismos: contudo, se notarmos que ele é apenas o desenvolvimento de um óvulo que fazia parte do corpo da mãe e de um espermatozoide que pertencia ao corpo do pai, que o ovo (isto é, o óvulo fecundado) é um autêntico traço de união entre os dois progenitores, visto ser comum às substâncias de ambos, verifica-se ser cada organismo individual, até o do homem, um simples broto que cresceu no corpo combinado de seus dois pais. Então, onde começa, onde termina o princípio vital do indivíduo? Progressivamente, recuar-se-á até aos seus mais longínquos antepassados: verificar-se-á que é solidário de cada um deles, solidário dessa pequena massa protoplásmica gelatinosa que se acha sem dúvida na raiz da árvore genealógica da vida. Fazendo corpo, em certa medida, com esse primitivo antepassado, é igualmente solidário com tudo quanto dele se desligou por via de descendência divergente: nesse sentido, pode dizer-se que permaneceu unido por laços invisíveis à totalidade dos seres vivos. Assim, é inútil procurar reduzir a finalidade à individualidade do ser vivo. A haver finalidade no mundo da vida, esta reunirá a vida inteira em um só e indivisível amplexo. Essa vida comum a todos os seres vivos mostra, é certo, muitas incoerências e lacunas, e não é tão *una*, matematicamente, que impeça cada ser vivo de se individualizar em certa medida. Nem por isso deixa de formar um todo; e é necessário optar entre a negação pura e simples da finalidade e a hipótese que não só coordena as partes de um organismo ao próprio organismo, como também cada ser vivo ao conjunto de todos os outros.

Não será pulverizando a finalidade que se poderá torná-la mais facilmente aceitável. Ou terá de se rejeitar em bloco a hipótese de uma finalidade imanente à vida, ou teremos de modificá-la, segundo creio, em sentido muito diferente.

O erro do finalismo radical, como aliás o do mecanicismo radical, consiste em levar demasiado longe a aplicação de certos conceitos que são naturais à nossa inteligência. Originariamente, só pensamos para agir. Foi no molde da ação que se moldou a nossa inteligência. A especulação é um luxo, ao passo que a ação é uma necessidade. Ora, para agir, começarmos por nos propor um fim; fazemos um plano, em seguida passamos ao pormenor do mecanismo que o realizará. Esta última operação só é possível se soubermos com que podemos contar. Precisamos ter extraído da natureza semelhanças que nos permitam antecipar o futuro. É, portanto, necessário que tenhamos aplicado, consciente ou inconscientemente, a lei da causalidade.

Aliás, quanto melhor se delineia no nosso espírito a ideia da causalidade eficiente, tanto mais a causalidade eficiente toma a forma de uma causalidade mecânica. Esta última relação, por sua vez, é tanto mais matemática quanto mais rigorosa a necessidade que exprime. Eis porque basta seguir a inclinação do nosso espírito para nos tornarmos matemáticos. Mas, por outro lado, essa matemática natural é apenas o suporte inconsciente do nosso hábito consciente de ligar as mesmas causas aos mesmos efeitos; e este hábito tem ele mesmo por objeto comum guiar ações inspiradas por intenções ou, o que vem a dar no mesmo, de dirigir movimentos combinados tendo em vista a execução de um modelo: nascemos artífices, tal como nascemos geômetras, e, aliás, somente somos geômetras porque somos artífices. Assim a inteligência humana, na medida em que se amolda às exigências da ação humana, é uma inteligência que procede ao mesmo tempo por intenção e por cálculo, pela coordenação de meios para um fim e pela representação de mecanismos de formas cada vez mais geométricas. Quer se imagine a natureza como imensa máquina regida por leis matemáticas, quer se veja nela a realização de um plano, em ambos os casos não se faz mais do que seguir até o fim duas tendências do espírito complementares uma da outra, e que têm como origem as mesmas necessidades vitais.

Por isso o finalismo radical se acha muito próximo do mecanicismo radical sobre a maior parte dos pontos. A ambas as doutrinas repugna ver no curso das coisas, ou, sequer, no desenvolvimento da vida, uma criação imprevisível de forma. O mecanicismo só tem em conta o aspecto semelhança ou repetição da realidade. Acha-se, portanto, dominado pela lei segundo a qual não existe na natureza senão o mesmo reproduzindo o mesmo. Quanto melhor se distingue a geometria que contém, tanto menos ele podia admitir que algo se crie, ainda que seja apenas forma. Assim, na medida em que somos geômetras, repelimos o imprevisível. Poderíamos aceitá-lo, certamente, na medida em que somos artistas, porque a arte vive de criação e implica uma crença latente na espontaneidade da natureza. Mas a arte desinteressada é um luxo, como a pura especulação. Muito antes de sermos artistas, somos artífices. E toda a fabricação, por muito rudimentar que seja, assenta em semelhanças e repetições, como a geometria natural que constitui o seu ponto de apoio. Trabalha sobre modelos que se propõe reproduzir. E, quando inventa, procede, ou imagina proceder por meio de novo arranjo de elementos conhecidos. O seu princípio é que "o mesmo é necessário para se obter o mesmo". Em suma, a aplicação rigorosa do princípio da finalidade, tal como a do princípio de causalidade mecânica, leva à conclusão de que "tudo é dado". Os dois princípios dizem a mesma coisa nas suas respectivas línguas, porque correspondem à mesma necessidade.

É por isso que estão de acordo em fazer tábula rasa do tempo. A duração real é aquela que morde as coisas e nelas deixa a marca dos dentes. Se tudo está no tempo, tudo muda interiormente, e a mesma realidade concreta nunca se repete. Portanto, a repetição só é possível no abstrato: o que se repete é este ou aquele aspecto que os nossos sentidos e, sobretudo, a nossa inteligência desligaram da realidade, precisamente porque a nossa atividade, para a qual se acha voltado todo o esforço da inteligência, só pode mover-se entre as repetições. Assim, concentrada sobre aquilo que se repete, unicamente preocupada com soldar o mesmo ao mesmo, a inteligência desvia-se da visão do tempo. Repugna-lhe o fluente e solidifica tudo aquilo que toca. Nós não *pensamos* o tempo real. Mas o vivemos, porque a vida transborda da inteligência. O sentimento que temos da nossa evolução e da evolução de todas as coisas na pura duração está presente, delineando em torno da representação intelectual propriamente dita uma franja indecisa que vai perder-se na noite. Mecanicismo e finalismo estão de acordo em desdenhar tudo o que não seja o núcleo luminoso que brilha no centro. Esquecem que esse núcleo se constituiu à custa do resto, por via de condensação, e que seria necessário servir-se de tudo, pelo menos tanto mais do fluido que do condensado, para recuperar o movimento interior da vida.

Na verdade, se essa franja existe, mesmo que seja indistinta e vaga, deve ter para o filósofo maior importância ainda do que o núcleo luminoso que ela rodeia. Porque é a sua presença que nos permite afirmar ser o núcleo um núcleo, e a pura inteligência uma diminuição, por condensação, de um poder mais vasto. E, precisamente por não nos ser esta vaga intuição da menor utilidade para dirigir a nossa ação sobre as coisas, ação que se localiza por inteiro à superfície do real, pode presumir-se que ela já não se exerce simplesmente à superfície, mas em profundidade.

Logo que saímos dos quadros em que o mecanicismo e o finalismo radical encerram o nosso pensamento, a realidade surge-nos com um jorrar ininterrupto de novidades, cada uma das quais, mal acaba de surgir para fazer o presente, logo recua para o passado: nesse preciso instante cai sob o olhar da inteligência, cujos olhos se acham eternamente voltados para trás. É o que sucede com a nossa vida interior. Não será difícil encontrar para cada um dos nossos atos antecedentes de que eles seriam, de certo modo, a resultante mecânica. E da mesma forma se poderá dizer que cada ato é o cumprimento de uma intenção. Em tal sentido, o mecanismo estará em toda a parte, assim como a finalidade, na evolução do nosso comportamento. Mas, por pouco que a ação interesse ao conjunto da nossa pessoa e seja verdadeiramente nossa, não poderia ter sido prevista, mesmo quando os seus antecedentes a expliquem, depois de efetuada. E, mesmo realizando uma intenção, difere, como realidade presente e nova, da intenção, que não podia ser mais do que um projeto de recomeço ou de recomposição do passado. Mecanicismo e finalismo não são, portanto, aqui, mais do que pontos de vista exteriores sobre a nossa conduta, da qual extraem a intelectualidade. Mas o nosso comportamento desliza entre ambos e estende-se até muito mais longe. Não quer isso dizer, insistamos, que o ato livre seja o ato caprichoso, sem razão. Ser conduzido pelo capricho consiste em oscilar mecanicamente entre duas ou mais soluções já *feitas* e acabar finalmente pela escolha de uma delas: não é ter amadurecido uma situação interior, não é ter evoluído; é, por mais paradoxal que esta asserção possa parecer, ter dobrado a vontade a imitar o mecanismo da inteligência. Pelo contrário, um comportamento verdadeiramente nosso é o de uma vontade que não procura imitar a inteligência e que, permanecendo ela própria, isto é, evoluindo, chega por via de maturação gradual a atos que a inteligência poderá resolver indefinidamente em elementos inteligíveis sem, contudo, nunca o conseguir inteiramente: o ato livre é incomensurável com a ideia, e a sua "racionalidade" deve ser definida por essa mesma incomensurabilidade, que permite achar nele toda a inteligibilidade que se queira. Assim se caracteriza a nossa evolução interior. E o mesmo se deve passar, sem dúvida, com a evolução da vida.

A nossa razão, incuravelmente presunçosa, imagina possuir por direito de nascença ou de conquista, inato ou adquirido, todos os elementos essenciais do conhecimento da verdade. E mesmo quando confessa desconhecer o objeto que lhe é apresentado, julga que a sua ignorância diz apenas respeito à questão de saber qual das suas antigas categorias convirá ao novo objeto. Em que gaveta pronta a abrir-se o faremos entrar? Com que vestuário já cortado o iremos vestir? Será ele isto, aquilo ou outra coisa? E "isto", "aquilo" e "outra coisa" nunca são para nós senão o já concebido, o já conhecido. A ideia de que poderíamos ter de criar inteiramente, para o novo objeto, um novo conceito, e porventura um novo método de pensamento, repugna-nos profundamente. E, todavia, a história da filosofia mostra-nos o eterno conflito dos sistemas, a impossibilidade em se fazer entrar definitivamente o real nessas roupas de confecção que são os nossos conceitos já formados, e a necessidade de as fazer por medida. Mas, de preferência a chegar a tal extremo, a nossa razão opta por anunciar, de uma vez por todas, com orgulhosa modéstia, que só conhece o relativo, e que o absoluto não é do seu pelouro: declaração preliminar que lhe permite aplicar sem escrúpulos o seu método habitual de pensar, e, a pretexto de que ela não toca o absoluto, fazer afirmações absolutas sobre todas as coisas. Platão foi o primeiro a erigir em teoria que conhecer o real consiste em encontrar-lhe a ideia, isto é, em fazê-lo entrar num molde preexistente que já se acharia à nossa disposição, como se possuíssemos implicitamente a ciência universal. Mas essa crença é natural à inteligência humana, sempre dominada pela preocupação de saber sob que antiga rubrica poderá catalogar qualquer novo objeto, e seria lícito dizer-se que, em certo sentido, todos nascemos platônicos.

A evolução criadora

Desse modo, a impotência torna-se sobretudo patente em relação às teorias da vida. Se, evoluindo em direção dos vertebrados em geral, do homem e da inteligência em particular, a Vida teve de deixar pelo caminho elementos incompatíveis com essa forma particular de organização, e de os confiar, conforme mostraremos, a outras linhas de desenvolvimento, teremos de procurar, e fundir com a inteligência propriamente dita, a totalidade desses elementos, para apreender a verdadeira natureza da atividade vital. Aliás, sem dúvida nos ajudará a franja de representação confusa que rodeia a nossa representação clara, isto é, intelectual: que pode ser essa franja inútil, com efeito, senão a parte do princípio evolutivo que não foi reduzida à forma especial da nossa organização, e que passou de contrabando? É, portanto, aí que deveremos procurar as indicações para dilatar a forma intelectual do nosso pensamento; é daí que poderemos tirar o impulso necessário para nos elevarmos acima de nós próprios. A representação do conjunto da vida não pode consistir na combinação entre si das ideias simples em nós depositadas pela própria vida no decurso da sua evolução: como poderia a parte equivaler ao todo, o conteúdo ao continente, um resíduo da operação vital à própria operação? Tal é, contudo, a nossa ilusão quando definimos a evolução da vida como "a passagem do homogêneo ao heterogêneo", ou por meio de qualquer outro conceito obtido pela composição entre si dos fragmentos de inteligência. Colocamo-nos em um dos pontos de chegada da evolução, sem dúvida o principal, mas não o único. Mesmo desse ponto não tomamos senão parte do que aí se encontra, pois que só retemos da inteligência um ou dois dos conceitos em que ela se exprime: e é a essa parte de uma parte que declaramos representativa do todo, igualmente de algo que ultrapassa o todo consolidado, isto é, o movimento evolutivo do qual esse "todo" é apenas a fase atual! A verdade é que não seria demasiado, que não seria suficiente empregar aqui a inteligência inteira. Seria, além disso, necessário aproximar dela aquilo que encontramos em cada um dos pontos terminais da evolução. E seria preciso considerar esses elementos diversos e divergentes como outros tantos extratos que são, ou que, pelo menos, foram, sob a sua forma mais humilde, complementares uns dos outros. Só então pressentiríamos a natureza real do movimento evolutivo – e não faríamos nada mais do que pressenti-la, pois continuaríamos lidando apenas com o evoluído, que é um resultado, e não com a própria evolução, quer dizer, com o ato pelo qual o resultado se obtém.

Tal é a filosofia da vida para a qual nos encaminhamos, e que pretende ultrapassar, ao mesmo tempo, o mecanicismo e o finalismo; mas, conforme de início anunciamos, ela aproxima-se mais da segunda do que da primeira daquelas doutrinas. Não será inútil insistir nesse ponto, e mostrar em termos mais precisos em que se aproxima do finalismo tal filosofia da vida, e em que dele diverge.

Como o finalismo radical, embora sob uma forma mais vaga, ela representar-nos-á o mundo organizado como um conjunto harmonioso. Mas essa harmonia está longe de ser tão perfeita quanto se diz. Admite numerosas discordâncias, porque cada espécie, e até cada indivíduo, não retém do impulso global da vida senão um certo ímpeto, e tende a utilizar essa energia no seu próprio interesse; nisso consiste a *adaptação*. Assim, a espécie e o indivíduo só pensam neles próprios, e daí uma possibilidade de conflito com as outras formas da vida. Portanto, a harmonia não existe de fato; antes existe de direito, isto é: o impulso original é um impulso comum e, quanto mais elevadas as formas, melhor se vê serem as diversas tendências complementares uma das outras, assim como o vento que, chegando a um cruzamento de ruas, se divide em correntes de ar diferentes, as quais são todas um sopro único. A harmonia, ou melhor, a complementaridade, somente se revela em bloco, mais nas tendências do que nos estados. Sobretudo (e é sobre este ponto que o finalismo se enganou mais gravemente), a harmonia encontra-se mais antes do que depois. Está em uma identidade de impulso, e não em uma comum aspiração. Inútil pretender atribuir à vida uma finalidade, no sentido humano da palavra. Falar de uma finalidade é pensar em um modelo preexistente, ao qual só falta realizar-se. É portanto supor, no fundo, que tudo é dado, que o futuro poderia ser lido no presente. É crer que a vida, no seu movimento e na sua totalidade, procede como a nossa inteligência, a qual não é mais do que um ponto de vista imóvel e fragmentário sobre ela, e que se situa sempre naturalmente fora do tempo. Mas a vida progride e dura. É certo que sempre será possível, lançando os olhos ao caminho já percorrido, assinalar-lhe a direção, notá-la em termos psicológicos e falar como se houvesse uma finalidade em vista. E assim também nós falaremos. Mas, do caminho que ia ser percorrido, o espírito humano nada tem a dizer, porque o caminho foi criado *pari passu* do ato que o percorria, não sendo senão a direção desse mesmo ato. Portanto, a evolução deve comportar a todo o momento uma interpretação psicológica que seja, do nosso ponto de vista, a sua melhor explicação, mas tal explicação só tem valor, e até significação, em sentido retroativo. Em caso nenhum a interpretação finalista, tal como a vamos propor, deverá ser tomada como antecipação do futuro. É uma certa visão do passado à luz do presente. Em suma, a concepção clássica da finalidade postula, ao mesmo tempo, demasiado e demasiado pouco. É larga demais e estreita demais. Explicando a vida pela inteligência, reduz excessivamente a significação da vida; a inteligência, pelo menos tal como a encontramos em nós, foi moldada pela evolução no decorrer do trajeto; foi recortada em algo mais vasto, ou melhor: é a projeção forçosamente plana de uma realidade dotada de relevo e de profundidade. Essa realidade é mais compreensiva que o verdadeiro finalismo deveria reconstituir, ou antes, apreender, se possível, em uma visão simples. Mas, por outro lado, precisamente por transbordar da inteligência, que é a faculdade de ligar o mesmo ao mesmo, de perceber e também de produzir repetições, essa realidade é, sem dúvida, criadora, isto é, produtora de efeitos nos quais se dilata e ultrapassa a si própria. Esses efeitos não eram, portanto, dados nela por antecipação, e por consequência ela não podia tomá-los como fins, embora, uma vez produzidos, comportem uma interpretação racional, como a do objeto fabricado que realizou um modelo. Em suma, a teoria das causas finais não vai suficientemente longe quando se limita a pôr inteligência na natureza, e vai demasiado longe quando supõe uma preexistência do futuro no presente, sob a forma de ideia. A segunda tese, que peca por excesso, é, aliás, consequência da primeira, que peca por carência. É necessário substituir à inteligência propriamente dita a realidade mais compreensiva da qual a inteligência é apenas a redução. O futuro aparece então como dilatação do presente. Não estava, pois, contido no presente sob a forma de fim representado. E não obstante, uma vez realizado, explicará o presente, da mesma forma que o presente o explicava, e mesmo mais; deverá ser tido tanto e mais como fim do que como resultado. A nossa inteligência tem o direito de o considerar abstratamente, do seu ponto de vista habitual, sendo ela própria uma abstração operada sobre a causa da qual ele emana. É certo que a causa se afigura então inapreensível. Já a teoria finalista da vida foge a qualquer verificação precisa. O que será, poderá dizer-se, se formos mais longe do que ela em uma das suas direções? Eis-nos de novo, com efeito, após uma necessária digressão, perante o problema que temos como essencial: poderá provar-se pelos fatos a insuficiência do mecanicismo? Anunciávamos que, se tal demonstração fosse possível, seria sob a condição de nos colocarmos francamente na hipótese evolucionista. Chegou o momento de estabelecer que, se o mecanicismo não basta para explicar a evolução, o meio de provar tal insuficiência não será ficarmos na concepção clássica da finalidade, e ainda menos reduzi-la ou atenuá-la, mas, pelo contrário, ir mais longe do que ela.

Indiquemos de imediato qual o princípio da nossa demonstração. Dizíamos que a vida é, desde as suas origens, a continuação de um único e mesmo impulso, que se dividiu em linhas de evolução divergentes. Alguma coisa cresceu, alguma coisa se desenvolveu, por uma série de adições que foram outras tantas criações. Foi esse mesmo desenvolvimento que levou à dissociação de tendências que não podiam crescer para além de um certo ponto sem se tornarem mutuamente incompatíveis. A rigor, nada impediria que se imaginasse um indivíduo único no qual, graças a transformações repartidas por milhares de séculos, se teria efetuado a evolução da vida. Ou então, na falta de um indivíduo único, poderia supor-se uma pluralidade de indivíduos sucedendo-se em uma série unilinear. Em ambos os casos, a evolução teria tido apenas, se quisermos exprimir-nos assim, uma só dimensão. Mas a evolução fez-se, na realidade, por intermédio de milhões de indivíduos em linhas divergentes, cada uma das quais conduziu por sua vez a uma encruzilhada da qual irradiavam novas vias, e assim indefinidamente. Se a nossa hipótese tem fundamento, se as causas essenciais que operam ao longo desses diversos caminhos são de natureza psicológica, devem conservar algo de comum, malgrado a divergência dos seus efeitos, como colegas, há muito separados, que conservam as mesmas recordações da infância. Podem ter surgido bifurcações, terem-se aberto vias laterais, nas quais elementos dissociados se desenvolviam de forma independente; nem por isso deixa de ser por meio do impulso primitivo do todo que o movimento das partes continua. Portanto, alguma coisa do todo deve subsistir nas partes. E esse elemento comum poderá tornar-se sensível aos olhos de uma certa maneira, talvez pela presença de órgãos idênticos em organismos muito diferentes. Suponhamos, por um instante, que o mecanicismo seja a verdade: a evolução ter-se-ia dado por meio de uma série de acidentes acrescentando-se uns aos outros, conservando-se, por seleção, cada novo acidente no caso de ser vantajoso para essa série de acidentes vantajosos anteriores que a forma atual do ser vivo representaria. Que probabilidade poderá haver de, em duas séries diferentes de acidentes que se adicionam, duas evoluções inteiramente diferentes conduzirem a resultados semelhantes? Quanto mais duas linhas de evolução divergirem, menos probabilidades haverá para que influências acidentais exteriores ou variações acidentais internas tenham determinado sobre elas a construção de aparelhos idênticos, sobretudo no caso de não haver vestígios desses aparelhos no momento

A evolução criadora

em que se produziu a bifurcação. Pelo contrário, tal semelhança seria natural em uma hipótese como a nossa: deveria encontrar-se, mesmo nos mais reduzidos veios de água, algo do impulso provindo da nascente. *O puro mecanicismo seria portanto refutável, e a finalidade, no sentido particular em que a entendemos, demonstrável sob um certo aspecto, caso se pudesse estabelecer que a vida fabrica certos aparelhos idênticos, por meios diferentes, em linhas de evolução divergentes. A força da prova seria, aliás, proporcional ao grau de afastamento das linhas de evolução escolhidas, e ao grau de complexidade das estruturas similares que nelas fossem encontradas.*

Poderá alegar-se que a semelhança de estrutura se deve à identidade das condições gerais em que a vida evoluiu. Essas condições exteriores duradouras teriam imprimido a mesma direção às forças construtoras deste ou daquele aparelho, apesar da diversidade das influências exteriores passageiras e das variações acidentais internas. Com efeito, não ignoramos o papel representado pelo conceito de *adaptação* na ciência contemporânea. Sem dúvida, nem todos os biólogos fazem dele o mesmo uso. Para uns, as condições exteriores são capazes de causar diretamente a variação dos organismos num sentido definido, pelas modificações físico-químicas que determinam na substância viva: tal é, por exemplo, a hipótese de Eimer. Para outros, mais fiéis ao espírito do darwinismo, a influência das condições exerce-se unicamente de forma indireta, favorecendo, na concorrência vital, aqueles representantes de uma espécie que o acaso do nascimento adaptou melhor ao meio. Em outras palavras, uns atribuíam às condições externas uma influência positiva, outros, uma ação negativa: na primeira hipótese, essa causa suscitaria variações; na segunda, apenas as eliminaria. Mas, em ambos os casos, considera-se que ela determina um ajustamento preciso do organismo às suas condições de existência. Tentar-se-á sem dúvida explicar mecanicamente, por essa adaptação comum, as semelhanças de estrutura de que julgamos se poderia tirar o mais poderoso argumento contra o mecanicismo. É por isso que devemos apontar imediatamente, em termos gerais, antes de passarmos ao pormenor, a razão por que nos parecem insuficientes as explicações que se tirariam aqui da "adaptação".

Notemos desde logo que, das duas hipóteses que acabamos de formular, somente a segunda não se presta a equívoco. A ideia darwiniana de uma adaptação efetuando-se pela eliminação automática dos inadaptados é simples e clara. Em compensação, e precisamente porque atribui à causa exterior, dirigente da evolução, uma influência inteiramente negativa, já se lhe torna difícil dar conta do desenvolvimento progressivo e retilíneo de aparelhos complexos como aqueles que vamos examinar. O que não será, quando quiser explicar a identidade estrutural de órgãos extraordinariamente complicados, em linhas de evolução divergentes? Uma variação acidental, por mínima que seja, implica a ação de uma multidão de pequenas causas físicas e químicas. Um acúmulo de variações acidentais, tal como é necessária para produzir uma estrutura complicada, exige o concurso de número por assim dizer infinito de causas infinitesimais. Como poderiam essas causas, totalmente acidentais, reaparecer tais quais, e na mesma ordem, em pontos diferentes do espaço e do tempo? Ninguém o afirmará, e o próprio darwinista se limitará, sem dúvida, a dizer que de causas idênticas podem sair efeitos diferentes, que mais de um caminho conduz ao mesmo lugar. Mas não nos deixemos iludir por uma metáfora. O lugar aonde se chega não desenha a forma do caminho que se seguiu para lá chegar, ao passo que uma estrutura orgânica é o próprio acúmulo das pequenas diferenças que a evolução teve de atravessar para a alcançar. Concorrência vital e seleção natural não podem nos dar o menor auxílio na solução dessa parte do problema, porque não estamos considerando aqui o que desapareceu, mas unicamente o que se conservou. Ora, vemos que, em linhas de evolução independentes, se desenharam estruturas idênticas por meio de uma acumulação gradual de efeitos que se juntaram uns aos outros. Como admitir que causas acidentais, apresentando-se em uma ordem acidental, tenham levado por várias vezes ao mesmo resultado, sendo as causas infinitamente numerosas e o efeito infinitamente complicado?

O princípio do mecanicismo é que "as mesmas causas produzem os mesmos efeitos". É certo que esse princípio nem sempre implica que os mesmos efeitos tenham as mesmas causas; implica, porém, tal consequência no caso particular de as causas permanecerem visíveis no efeito que produzem, e serem os seus elementos constitutivos. Se dois passeantes, partindo de pontos diferentes e divagando pelo campo ao sabor da sua fantasia, acabam por se encontrar, nada há nisso que não seja comum. Mas que, assim caminhando, desenhem curvas idênticas, que se sobreponham exatamente uma à outra, é inteiramente inverossímil. A inverossimilhança será, aliás, tanto maior quanto mais complicadas forem as voltas dos caminhos percorridos. E tornar-se-á impossibilidade, se os zigue-zagues dos dois passeantes forem de infinita complexidade. Ora, que é tal complexidade de zigue-zagues, comparada à de um órgão em que se acham dispostas em uma certa ordem milhares de células diferentes, cada uma das quais é uma espécie de organismo?

Passemos, pois, à segunda hipótese, e vejamos de que modo ela resolveria o problema. A adaptação já não consistirá aqui, unicamente, na eliminação dos inadaptados. Será devida à influência positiva das condições exteriores que terão dado a sua forma própria ao organismo. Dessa vez, será a semelhança da causa que explicará a semelhança dos efeitos. Aparentemente, será puro mecanicismo. Mas olhemos mais atentamente. Verificaremos que a explicação é puramente verbal, que uma vez mais somos iludidos pelas palavras e que o artifício da solução consiste em tomar o termo "adaptação" ao mesmo tempo, em duas acepções inteiramente diferentes.

Se eu verter alternadamente, no mesmo copo, água e vinho, ambos os líquidos tomarão nele a mesma forma, e a semelhança da forma será devida à identidade da adaptação do conteúdo ao continente. Adaptação significará, aí, inserção mecânica. É que a forma à qual a matéria se adapta estava previamente feita, e impôs à matéria a sua configuração. Mas quando se fala da adaptação de um organismo às condições nas quais ele deve viver, onde está a forma preexistente que espera a sua matéria? As condições não são um molde no qual a vida irá inserir-se e do qual receberá a sua forma: ao raciocinar assim, é-se iludido por uma metáfora. A forma ainda não existe, e à vida caberá criar ela própria uma forma apropriada às condições que lhe são dadas. Terá de tirar partido dessas condições, neutralizar--lhes os inconvenientes e utilizar-lhes as vantagens, em suma, responder às ações externas construindo uma máquina que não possui nenhuma semelhança com elas. Aqui, adaptar-se já não significará *repetir*, mas sim *replicar*, o que é totalmente diverso. Se ainda existe adaptação, será no sentido em que, por exemplo, se poderia dizer, sobre a solução de um problema de geometria, que ela se adapta às condições do enunciado. Admito que a adaptação assim entendida explique por que processos evolutivos diferentes conduzem a formas semelhantes; com efeito, o mesmo problema pede a mesma solução. Mas será então necessário fazer intervir, como para a solução de um problema de geometria, uma atividade inteligente ou, pelo menos, uma causa que se comporte da mesma maneira. E a finalidade será reintroduzida, mas uma finalidade agora demasiado carregada de elementos antropomórficos. Em resumo, se a adaptação de que se fala é passiva, simples repetição em alto-relevo daquilo que as condições apresentam em baixo-relevo, nada construirá daquilo que se pretende fazê-la construir. E se fosse uma adaptação ativa, capaz de corresponder com uma solução calculada ao problema posto pelas condições, isso será ir ainda mais longe do que nós, e mesmo demasiado longe, em nossa opinião, na direção que indicávamos de início. Mas a verdade é que se passa sub-repticiamente de um ao outro desses dois sentidos, procurando-se refúgio no primeiro todas as vezes que se está em risco de ser pego em flagrante delito de finalismo no emprego do segundo. É o segundo que serve verdadeiramente à prática corrente da ciência, mas é o primeiro que lhe fornece na maior parte das vezes a sua filosofia. Fala-se, em cada caso particular, como se o processo de adaptação fosse um esforço do organismo para construir uma máquina capaz de tirar das condições exteriores o melhor partido possível. Em seguida, fala-se da adaptação em geral como se ela fosse a própria marca deixada pelas circunstâncias e passivamente recebida por uma matéria indiferente.

Mas passemos aos exemplos. Em primeiro lugar, seria interessante estabelecer aqui uma comparação geral entre as plantas e os animais. Como poderiam deixar de nos impressionar os progressos paralelos que se deram, em uns e em outros, no sentido da sexualidade? Não só a própria fecundação é idêntica nas plantas superiores ao que é no animal, visto consistir, tanto naquelas como neste, na união de dois meios-núcleos que diferiam pelas suas propriedades e estrutura antes da sua conjunção e que se tornam, imediatamente depois, equivalentes um ao outro, mas também a preparação dos elementos sexuais prossegue dos dois lados em condições semelhantes, consistindo essencialmente na redução do número dos cromossomos e na expulsão de certa quantidade de matéria cromática. Contudo, vegetais e animais seguiram linhas diferentes de evolução, favorecidas por circunstâncias dessemelhantes, contrariadas por obstáculos diferentes. Eis duas grandes séries que seguiram direções diferentes. Ao longo de cada uma delas, milhares de milhares de causas entraram em composição para lhes determinar a evolução morfológica e funcional. E contudo essas causas infinitamente complicadas somaram-se, em uma e em outra, no mesmo efeito. Desse efeito, aliás, mal se ousará dizer que seja um fenômeno de "adaptação": como falar em adaptação, como apelar para a pressão das circunstâncias exteriores, quando a própria utilidade da geração sexuada não é aparente, e pôde ser interpretada nos mais diversos sentidos, vendo muitos excelentes espíritos na sexualidade da planta pelo menos um luxo que a natureza poderia ter dispensado? Mas não queremos insistir sobre fatos tão controvertidos. A ambiguidade do termo "adaptação", a necessidade de ultrapassar tanto o ponto de vista da causalidade mecânica como o da finalidade antropomórfica serão mais claramente visíveis por meio de exemplos mais simples. A doutrina da finalidade tirou sempre partido da maravilhosa estrutura dos órgãos dos sentidos para assimilar o trabalho da natureza ao de um operário inteligente. Como esses órgãos se acham, aliás, em estado rudimentar nos animais inferiores, como a natureza nos oferece todos os intermediários entre a mancha de pigmento dos mais simples organismos e o olho infinitamente complicado dos vertebrados, também se poderá admitir aqui o jogo inteiramente mecânico da seleção natural, determinando uma perfeição crescente. Em suma, se há um caso no qual pareça haver o direito de invocar a adaptação, é este. Com efeito, pode-se discutir o papel e a significação da geração sexuada, e a relação que a liga às condições em que ela se efetua; mas a relação do olho à luz é manifesta, e, quando a tal respeito se fala em adaptação, deve-se saber o que se pretende dizer. Assim, se nos fosse possível mostrar, nesse caso privilegiado, a insuficiência dos princípios invocados de um e de outro lado, a nossa demonstração teria alcançado imediatamente um grau bastante elevado de generalidade.

Consideremos o exemplo sobre o qual sempre insistiram os defensores da finalidade: a estrutura de um olho tal como o do ser humano. Não lhes foi difícil mostrar que, nesse aparelho tão complicado, todos os elementos se encontram maravilhosamente coordenados uns aos outros. Para que se efetue a visão, diz o autor de um livro muito conhecido sobre as "Causas finais", é necessário

> que a esclerótica se torne transparente em um ponto da sua superfície, a fim de permitir que os raios luminosos a atravessem [...]; é necessário que a córnea corresponda exatamente à própria abertura da órbita do olho [...]; é necessário que atrás dessa

abertura transparente se achem meios convergentes [...]; é necessário que na extremidade da câmara escura se ache a retina [...]; é necessário que haja, perpendicularmente à retina, uma quantidade inumerável de cones transparentes que só deixam chegar à membrana nervosa a luz dirigida no sentido do seu eixo etc.

Ao que se respondeu convidando o defensor das causas finais a colocar-se na hipótese evolucionista. Tudo parece maravilhoso, com efeito, ao considerar-se um olho como o nosso, no qual milhares de elementos se acham coordenados à unidade da função. Mas seria necessário tomar a função na sua origem, no infusório, quando ela se reduz à simples impressionabilidade (quase puramente química) de um ponto de pigmento à luz. Essa função, que de início era apenas um fato acidental, pôde – quer diretamente, por meio de um mecanismo desconhecido, quer indiretamente, pelo simples efeito das vantagens que dava ao ser vivo e as probabilidades que oferecia desse modo à seleção natural – provocar uma leve complicação do órgão, a qual terá dado origem a um aperfeiçoamento da função. Assim, graças a uma série indefinida de ações e reações entre a função e o órgão, e sem fazer intervir uma causa extramecânica, se explicaria a formação progressiva de um olho tão bem combinado como é o nosso.

A questão é difícil de decidir, com efeito, se a colocamos logo entre a função e o órgão, como fazia a doutrina finalista, e como faz o próprio mecanicismo. Porque órgão e função são termos heterogêneos, que se condicionam tão bem entre si que se torna impossível dizer *a priori* se, no enunciado da sua relação, será melhor começar pelo primeiro, como pretende o mecanicismo, ou pelo segundo, como exigiria a tese da finalidade. Mas, segundo cremos, a discussão tomaria feição inteiramente diferente se começássemos por comparar dois termos de mesma natureza, um órgão com outro órgão, e não um órgão com a sua função. Dessa maneira seria possível caminhar-se pouco a pouco para uma solução cada vez mais plausível. E as probabilidades de sucesso seriam tanto maiores quanto deste modo nos colocaríamos decididamente dentro da hipótese evolucionista.

Eis, ao lado do olho de um vertebrado, o de um molusco como o pente. Tanto em um como no outro, as partes essenciais são as mesmas, compostas por elementos análogos. O olho do pente contém uma retina, uma córnea, um cristalino de estrutura celular como o nosso. Observa-se nele também essa particular inversão dos elementos retinianos que não se verifica geralmente na retina dos Invertebrados. Ora, se não há dúvida de que é discutida a origem dos moluscos, está-se de acordo, seja qual for a opinião que se adote, que moluscos e vertebrados se separaram do seu tronco comum muito antes de aparecer um olho tão complexo como o do pente. De onde vem então a analogia de estrutura?

Interroguemos a tal respeito, sucessivamente, os dois sistemas opostos de explicação evolucionista, a hipótese das variações puramente acidentais, e a de uma variação dirigida em um sentido definido sob a influência das condições externas.

Pelo que diz respeito à primeira, é sabido que ela se apresenta hoje sob duas formas muito diferentes. Darwin falara em variações muito reduzidas, que se adicionariam umas às outras em resultado da seleção natural. Não ignorava os fatos da variação brusca; mas esses *sports*, conforme lhes chamava, só produziam, em seu entender, monstruosidades incapazes de se perpetuarem, e era pelo acúmulo de variações insensíveis que explicava a gênese das espécies. Ainda é essa a opinião de numerosos naturalistas. Tende ela, contudo, a ceder o lugar à ideia oposta: seria de repente, pelo aparecimento simultâneo de vários novos caracteres, bastante diferentes dos antigos, que se constituiria uma nova espécie. Esta última hipótese, já emitida por diversos autores, sobretudo por Bateson em notável livro, ganhou profunda significação e adquiriu grande força depois das belas experiências de Hugo de Vries. Este botânico, operando sobre a *Œnothera Lamarckiana*, conseguiu obter, depois de algumas gerações, certo número de novas espécies. A teoria por ele formulada com base nessas experiências é do maior interesse. As espécies passariam por períodos alternados de estabilidade e de transformação. Quando chegasse o período de "mutabilidade", produziriam formas inesperadas. Não nos vamos arriscar a tomar partido entre essa hipótese e a das variações insensíveis. Queremos unicamente mostrar que as variações invocadas, pequenas ou grandes, são incapazes, se são acidentais, de explicar uma semelhança de estrutura como aquela que assinalamos.

Aceitemos como válida, de início, a tese darwinista das variações insensíveis. Suponhamos pequenas diferenças devidas ao acaso, e que se vão adicionando umas às outras. Não se esqueça de que todas as partes de um organismo se acham necessariamente condicionadas entre si. Pouco importa que a função seja o efeito ou a causa do órgão: o ponto incontestável é que o órgão só prestará serviço e só permitirá a seleção caso funcione. Se a fina estrutura da retina se desenvolver e complicar, tal progresso, em vez de favorecer a visão, irá sem dúvida perturbá-la, no caso de os centros visuais não se desenvolverem ao mesmo tempo, assim como diversas partes do próprio órgão visual. Sendo as variações acidentais, é por demais evidente que não se harmonizarão entre si para o efeito de se produzirem em todas as partes do órgão simultaneamente, de forma a ele continuar desempenhando a sua missão. Darwin compreendeu-o muito bem, e essa é uma das razões que o levaram a admitir as variações insensíveis. A diferença que surja acidentalmente em um ponto do aparelho visual, sendo muito pequena, não perturbará o funcionamento do órgão; e, dessa maneira, essa primeira variação acidental pode, de certo modo, *esperar* que se venham juntar-lhes variações acidentais que levem a visão a um grau superior de perfeição. Admitamos que assim seja: mas, se a variação insensível não perturba o funcionamento do olho, também não lhe será útil, enquanto não se tiverem dado as variações complementares; e, sendo assim, como poderia ela conservar-se por efeito da seleção? Quer se queira, quer não, raciocinar-se-á como se a pequena variação fosse uma pedra de espera deixada pelo organismo, de reserva para uma ulterior construção. Tal hipótese, tão pouco conforme aos princípios de Darwin, já parece difícil de evitar quando se considera um órgão que se desenvolveu em uma única linha geral de evolução, como, por exemplo, o olho dos vertebrados. Mas impor-se-á totalmente se observarmos a semelhança de estrutura entre o olho dos vertebrados e o dos moluscos. Como se poderá supor, com efeito, que as mesmas pequenas variações, em número incalculável, se tenham produzido na mesma ordem de duas linhas de evolução independentes, sendo puramente acidentais? E como poderiam ter-se conservado por seleção e acumulado, em uma e na outra, as mesmas e na mesma ordem, não sendo cada uma delas, de *per si*, de nenhuma utilidade?

Passemos, pois, à hipótese das variações bruscas, e vejamos se ela pode resolver o problema. É fora de dúvida que atenua a dificuldade quanto a certo ponto. Em compensação, em um outro agrava-a muito. Se foi graças a um número relativamente pequeno de saltos bruscos que o olho dos moluscos se elevou, tal como o dos vertebrados, até a sua forma atual, terei menos dificuldade em compreender a semelhança dos dois órgãos do que se ela se compusesse de um número incalculável de semelhanças infinitesimais sucessivamente adquiridas: ambas as semelhanças são obra do acaso, mas não se pede a este, na segunda hipótese, o milagre que teria de realizar na primeira. Não só diminui o número de semelhanças que teriam de se acumular, mas compreende-se melhor que cada uma se tenha conservado para se acrescentar às outras, porque a variação elementar é, aqui, suficientemente considerável para garantir ao ser vivo uma vantagem, e prestar-se, portanto, ao jogo da seleção. Eis, porém, que outro problema, não menos assustador, nos surge: como podem todas as partes do aparelho visual permanecer tão bem coordenadas entre si, ao modificarem-se de súbito, que o olho continue a exercer a sua função? Porque a variação isolada de uma parte tornará impossível a visão, se a variação não for infinitesimal. Seria necessário que todas as partes mudassem ao mesmo tempo e que cada uma delas consultasse as outras. Admito que um grande número de variações não coordenadas entre si possam ter surgido em indivíduos menos felizes, que a seleção natural as tenha eliminado e que somente a combinação viável, isto é, capaz de conservar e melhorar a visão, tenha sobrevivido. Mesmo assim, ainda seria necessário que tal combinação se tivesse produzido. E, a admitir que o acaso tivesse concebido por uma vez esse favor, como admitir que o repetisse no decurso da história de uma espécie, de forma a suscitar de cada vez, bruscamente, novas combinações, maravilhosamente reguladas umas sobre as outras, situadas no prolongamento das complicações anteriores? Sobretudo, como supor que, graças a uma série de simples "acidentes", tais variações bruscas se tenham produzido as mesmas, na mesma ordem, implicando de cada vez um perfeito acordo de elementos cada vez mais numerosos e complexos, ao longo de duas linhas de evolução independentes?

Poderá invocar-se, é certo, a lei de correlação, para a qual já Darwin apelava. Poderá alegar-se que uma modificação não fica restrita a um único ponto do organismo, tendo sobre outros pontos a necessária repercussão. Os exemplos citados por Darwin ficaram clássicos: os gatos brancos que têm os olhos azuis são em geral surdos, os cães sem pelo têm dentição imperfeita etc. Seja, mas não joguemos agora sobre o sentido da palavra "correlação". É outra coisa um conjunto de modificações *solidárias*, é outra coisa um sistema de modificações *complementares*, isto é, coordenadas umas às outras de forma a manter e até a aperfeiçoar o funcionamento de um órgão em condições mais complicadas. O fato de uma anomalia do sistema piloso ser acompanhada por uma anomalia da dentição em nada exige um princípio de explicação especial: pelos e dentes são formações similares, e a mesma alteração química do germe que entrava a formação dos pelos prejudicará sem dúvida a dos dentes. É provavelmente a causa do mesmo gênero que se deverá atribuir a surdez dos gatos brancos de olhos azuis. Nesses diversos exemplos, as modificações "correlativas" são apenas modificações solidárias (além de serem na realidade *lesões*, quer dizer, diminuição ou supressão de alguma coisa, e não adições, o que é muito diferente). Mas quando nos falam de modificações "correlativas" que se dão bruscamente nas diversas partes do olho, a palavra é tomada em um sentido inteiramente novo: trata-se agora de um conjunto de modificações, não só simultâneas, não só ligadas entre si por uma comunidade de origem, mas além disso coordenadas entre si de tal maneira que o órgão continua a desempenhar a mesma função simples, e até a desempenhá-la melhor. Posso admitir que, a rigor, uma modificação do germe, que influencia a formação da retina, vá agir ao mesmo tempo sobre a da córnea, da íris, do cristalino, dos centros visuais etc., embora sejam formações muito mais heterogêneas entre si do que sem dúvida o são os pelos e os dentes. Mas que todas essas variações simultâneas se façam no sentido de um aperfeiçoamento, ou até, simplesmente, de uma manutenção da visão, é o que não posso admitir na hipótese da variação brusca, a não ser que se faça intervir um princípio misterioso que tivesse o papel de velar pelos interesses da função. No entanto, isso seria renunciar à ideia de uma variação "acidental". Na realidade, esses dois sentidos da palavra "correlação" interferem muitas vezes conjuntamente no espírito do biólogo, tal como os do termo "adaptação". E a confusão é quase legítima em botânica, já que aí, precisamente, a teoria da formação das espécies por variação brusca tem a mais sólida base experimental. Com efeito, nos vegetais a função está longe de se achar tão estreitamente ligada à forma como no animal. Profundas diferenças morfológicas, tais como uma modificação na forma das folhas, não exercem influência apreciável sobre o exercício da função e não exigem, por consequência, um sistema completo de remodelações complementares para a planta permanecer viável. Mas já com o animal assim não acontece, particularmente se considerarmos um órgão como o olho, que não só tem uma estrutura muito complexa, como também um funcionamento muito delicado. Inútil seria tentar, aqui, identificar juntamente variações apenas solidárias e variações que são, além disso, complementares. Os dois sentidos da palavra "correlação" devem ser cuidadosamente distinguidos: seria cometer autêntico paralogismo adotar um deles nas premissas do raciocínio e o outro na conclusão. É, todavia, isso o que se faz quando se invoca o princípio de correlação nas explicações de pormenor, para dar conta das variações complementares, e se fala em seguida da correlação em geral, como se esta não fosse senão um conjunto qualquer de variações provocado por uma variação qualquer do germe. Começa-se por utilizar a ideia de correlação na ciência corrente, como o poderia fazer um defensor da finalidade; diz-se que se trata apenas de uma maneira cômoda de falar, que será corrigida, e que se voltará ao puro mecanicismo quando se passar à explicação da natureza dos princípios, e se passar da ciência para a filosofia. Volta-se então ao mecanicismo, efetivamente, mas é sob a condição de se tomar a palavra "correlação" em um sentido novo, dessa vez inaplicável ao pormenor das explicações.

Em resumo, se as variações acidentais que determinam a evolução forem variações insensíveis, será necessário apelar para uma fada benfazeja – a fada da espécie futura – para conservar e adicionar essas variações, pois não é a seleção que se encarregará disso. Se, por outro lado, as variações acidentais forem bruscas, a antiga função só continuará a exercer-se, ou uma nova função só a substituirá, se todas as modificações acontecidas ao mesmo tempo se completarem tendo em vista a realização do mesmo ato. Também será necessário recorrer à fada, dessa vez para se obter a *convergência* das modificações simultâneas, como no outro caso para se garantir a *continuidade de direção* das sucessivas variações. Quer em um caso, quer no outro, o desenvolvimento paralelo das estruturas complexas idênticas em linhas de evolução independentes não poderá resultar de uma simples acumulação de variações acidentais. Consideremos agora a segunda das duas grandes hipóteses que tínhamos para examinar. Suponhamos que as variações se devam, não mais a causas acidentais e internas, mas à influência direta das condições externas. Vejamos como se poderia explicar a semelhança de estrutura do olho em séries independentes do ponto de vista filogenético.

Embora moluscos e vertebrados tenham evoluído separadamente, uns e outros permaneceram expostos à influência da luz. E a luz é uma causa física que engendra determinados efeitos. Agindo de forma contínua, pode ter produzido uma variação contínua em uma direção constante. É evidentemente inverossímil que o olho dos vertebrados e o dos moluscos se tenham constituído graças a uma série de variações devidas ao mero acaso. Se admitirmos que a luz intervenha então como instrumento de seleção, para só deixar subsistir as variações úteis, não há a menor probabilidade de que o jogo do acaso conduza, nos dois casos, à mesma justaposição de elementos coordenados da mesma maneira. Mas o caso seria diferente na hipótese de a luz agir diretamente sobre a matéria organizada para lhe modificar a estrutura e adaptá-la, por assim dizer, à sua própria forma. A semelhança dos dois efeitos explicar-se-ia nesse caso simplesmente pela identidade da causa. O olho cada vez mais complexo seria assim como a marca cada vez mais profunda deixada pela luz sobre uma matéria que, sendo organizada, possui uma aptidão *sui generis* para a receber.

Mas poderá comparar-se uma estrutura orgânica com uma marca? Já assinalamos a ambiguidade do termo "adaptação". Uma coisa é a complicação gradual de uma forma que se insere cada vez melhor no molde das condições externas, e outra, a estrutura cada vez mais complexa de um instrumento que tira de tais condições proveito cada vez maior. No primeiro caso, a matéria limita-se a receber uma marca, mas, no segundo, reage ativamente, resolve um problema. Desses dois sentidos da palavra, é o segundo que evidentemente se utiliza ao dizer que o olho se adaptou cada vez melhor à influência da luz. Mas passa-se mais ou menos inconscientemente do segundo ao primeiro sentido, e uma biologia puramente mecanicista esforçar-se-á por fazer coincidir entre si a adaptação passiva de uma matéria inerte, que sofre a influência do meio, e a adaptação ativa de um organismo, que tira dessa influência um proveito apropriado. Reconhecemos, aliás, que a própria natureza parece convidar o nosso espírito a confundir os dois gêneros de adaptação, pois começa habitualmente por uma adaptação passiva ali onde irá construir mais tarde um mecanismo que reagirá ativamente. Assim, no caso que estamos considerando, é incontestável que o primeiro rudimento do olho é a mancha de pigmento dos organismos inferiores: essa mancha pode muito bem ter sido produzida fisicamente pela ação da própria luz, e observa-se uma multidão de intermediários entre a simples mancha de pigmento e um olho complicado como o dos vertebrados. Mas, se se passa gradualmente de uma coisa à outra, não quer isso dizer que as duas coisas sejam da mesma natureza. Do fato de um orador começar por adotar as paixões do seu auditório para acabar por o dominar, não se conclui que *seguir* seja a mesma coisa que *dirigir*. Ora, a matéria viva parece não ter outro meio de tirar partido das circunstâncias senão começar por se adaptar passivamente a elas: em toda a parte onde virá a tomar a direção de um movimento, começa por adotá-lo. A vida procede por insinuação. Em vão nos mostrarão todos os intermediários entre uma mancha de pigmento e um olho; não deixará de haver, entre os dois, o mesmo intervalo que há entre uma fotografia e uma máquina fotográfica. A fotografia infletiu-se, sem dúvida, pouco a pouco, no sentido de uma máquina fotográfica; mas teria a luz sozinha, força física, podido provocar só por si essa inflexão, e converter uma impressão deixada por ela em uma máquina capaz de a utilizar?

Poderá alegar-se que fazemos intervir injustificadamente razões de utilidade, que o olho não é feito para ver, mas que vemos porque temos olhos, que o órgão é aquilo que é, e que a "utilidade" é uma palavra pela qual designamos os efeitos funcionais da estrutura. Mas, quando digo que o olho "tira partido" da luz, não quero dizer apenas com isso que o olho é capaz de ver; faço alusão às relações bem definidas que existem entre esse órgão e o aparelho de locomoção. A retina dos vertebrados prolonga-se em um nervo óptico, que por sua vez se prolonga em centros cerebrais ligados a mecanismos motores. O nosso olho tira partido da luz na medida em que nos permite utilizar graças a movimentos de reação os objetos que vemos serem vantajosos, e evitar os que vemos serem nocivos. Ora, não será difícil mostrar que, se a luz produziu fisicamente uma mancha de pigmento, também pode determinar fisicamente os movimentos de certos organismos: assim, por exemplo, os infusórios ciliados reagem à luz. Ninguém afirmará, todavia, que a influência da luz tenha causado fisicamente a formação de um sistema nervoso, de um sistema muscular, de um sistema ósseo, coisas que, nos vertebrados, se acham todas elas na continuidade do aparelho da visão. Na realidade, já quando se fala da formação gradual do olho, e mais justificadamente ainda quando se relaciona o olho com aquilo que dele é inseparável, faz-se intervir coisa muito diferente da ação direta da luz. Atribui-se implicitamente à matéria organizada uma certa capacidade *sui generis*, o misterioso poder de montar maquinismos muito complicados para tirar partido da excitação simples da qual sofre a influência.

Mas é isso precisamente o que se pretende dispensar. Presume-se que a física e a química nos deem a chave de tudo. A obra capital de Eimer é instrutiva a esse respeito. Sabe-se como foi penetrante o esforço feito por esse biólogo para demonstrar que a transformação se opera, graças a uma influência contínua do exterior sobre o interior, em um sentido bem definido, e não, como afirmava Darwin, em razão de variações acidentais. A sua tese assenta em observações do maior interesse, que têm como ponto de partida o estudo do caminho seguido pela variação da coloração da pele em certos lagartos. Por outro lado, as experiências já antigas de Dorfmeister mostram como a mesma crisálida, conforme é submetida ao frio ou ao calor, dá origem a borboletas bastante diferentes, que tinham sido consideradas durante muito tempo como espécies independentes, *vanessa levana* e *vanessa prorsa*: uma temperatura intermediária produz uma forma intermediária. Poderiam ser aproximadas desses fatos as transformações importantes que se verificam em um pequeno crustáceo, *artemia salina*, quando se aumenta ou diminui a salinidade da água em que ele vive. Nessas diferentes experiências, o agente externo dir-se-ia comportar-se como uma causa de transformação. Mas em que sentido deverá entender-se aqui a palavra causa? Sem empreendermos uma análise exaustiva da ideia de casualidade, faremos notar apenas que se confundem geralmente três sentidos desse termo que são totalmente diversos. Uma causa pode agir por *impulso*, por *deflagração* ou por *desenrolamento*. A bola de bilhar lançada de encontro a outra determina o movimento desta por *impulso*. A faísca que provoca a explosão da pólvora age por *deflagração*. O desenrolar gradual da mola que faz girar o fonógrafo *desenrola* a melodia gravada no cilindro: se eu considerar efeito a melodia tocada e causa o desenrolar da mola, direi que a causa procede nesse caso por desenrolamento. O que distingue os três casos entre si é a maior ou menor solidariedade entre a causa e o efeito. No primeiro, a quantidade e a qualidade do efeito variam segundo a quantidade e a qualidade da causa. No segundo, nem a qualidade nem a quantidade do efeito variam segundo a qualidade e a quantidade da causa: o efeito é invariável. Finalmente, no terceiro, a quantidade do efeito depende da quantidade da causa, mas a causa não influi na qualidade do efeito: quanto mais o cilindro girar, sob a ação da mola, mais longa será a porção da melodia que escutarei, mas a natureza da melodia ouvida, ou da porção dela que ouvir, não depende da ação da mola. Na realidade, somente no primeiro caso a causa *explica* o seu efeito; nos outros dois, o efeito é mais ou menos dado por antecipação, e o antecedente invocado — embora, sem dúvida, em graus diversos — antes lhe dá ocasião do que é causa dele. Ora, será no primeiro sentido que se toma a palavra causa ao dizer-se que a salinidade da água é a causa das transformações da artêmia, ou que o grau de temperatura determina a cor e os desenhos das asas que adquirirá uma certa crisálida ao tornar-se borboleta? Evidentemente que não: causalidade tem aqui um sentido intermediário entre os de desenrolamento e deflagração. É precisamente assim, aliás, que entende Eimer, ao falar no caráter "caleidoscópico" da variação, ou ao dizer que a variação da matéria organizada se efetua num sentido definido como quando, em direções definidas, cristaliza a matéria inorgânica. E pode conceder-se, a rigor, que se trate de um processo puramente físico-químico, quando se trata de modificações na coloração da pele. Mas se alargarmos essa forma de explicação ao caso da formação gradual do olho dos vertebrados, por exemplo, será necessário supor à físico-química do organismo a capacidade para, sob o efeito da luz, construir uma série progressiva de aparelhos visuais, todos extremamente complexos, e todos eles, todavia, capazes de ver, e vendo cada vez melhor. Poderia dizer mais do que isso, para caracterizar esta físico-química tão especial, o mais decidido partidário da doutrina finalista? E a posição de uma filosofia mecanicista não se tornaria ainda mais difícil, se lhe fizéssemos observar que o ovo de um molusco não pode ter a mesma composição química que o de um vertebrado, que a substância orgânica que evoluiu para a primeira das duas formas não poderia ter sido quimicamente idêntica àquela que tomou a outra direção, e que, não obstante, foi o mesmo órgão que se construiu sob a influência da luz, em ambos os casos?

Quanto mais se refletir sobre isso, melhor se verá como essa produção do mesmo efeito por duas acumulações diversas de um número enorme de pequenas causas é contrário aos princípios invocados pela filosofia mecanicista. Concentramos todo o esforço da nossa discussão sobre um exemplo tirado da filogênese. Mas a ontogênese poderia ter-nos fornecido fatos tão probatórios como aqueles. A todo o instante, sob os nossos olhos, a natureza leva a resultados idênticos, em espécies por vezes vizinhas umas das outras, por meio de processos embriogênicos inteiramente diferentes. As observações de "heteroblastia"[5] multiplicaram-se nestes últimos anos, e foi necessário pôr de parte a teoria quase clássica da especificidade das folhas embrionárias. Recorrendo, uma vez mais, à nossa comparação entre o olho dos vertebrados e o dos moluscos, faremos notar que a retina dos vertebrados é produzida por uma expansão que, no jovem embrião, emite o seu esboço de cérebro. É um verdadeiro centro nervoso, que se teria deslocado para a periferia. Nos moluscos, pelo contrário, a retina deriva diretamente do ectoderma, e não indiretamente por intermédio do encéfalo embrionário. Trata-se, portanto, de processos evolutivos diferentes conduzindo, no homem e no pente, ao desenvolvimento da mesma retina. Mas, mesmo sem irmos até a comparação entre dois organismos tão afastados um do outro, chegar-se-ia a idêntica conclusão estudando, em um só organismo, certos fenômenos bem curiosos de regeneração. Se extirparmos o cristalino de um tritão, verificar-se-á a regeneração do cristalino pela íris. Ora, o cristalino primitivo constituíra-se à base do ectoderma, ao passo que a íris é de origem mesodérmica. Mais: se tirarmos o cristalino da *salamandra maculata*, respeitando a íris, também a regeneração será feita pela parte superior da íris; mas, suprimindo-se esta parte superior da íris, a regeneração do cristalino esboça-se na camada inferior ou retiniana da região restante. Assim, partes

---

5 Salensky criou esta palavra para designar os casos em que se formam nos mesmos pontos, em animais parentes entre si, órgãos equivalentes cuja origem embriológica é, contudo, diferente.

diferentemente situadas, diferentemente constituídas, desempenhando em condições normais funções diferentes, são capazes de ter as mesmas funções supletivas e de fabricar, quando necessário, as mesmas peças da máquina. Temos aqui, portanto, o mesmo efeito obtido por combinações diversas de causas.

Quer se queira ou não, será necessário recorrer a um princípio interno de direção para explicar essa convergência de efeitos. Ora, a possibilidade de tal convergência não aparece nem na tese darwinista, e sobretudo neodarwinista, das variações acidentais insensíveis, nem na hipótese das variações acidentais bruscas, nem sequer na teoria que atribui direções definidas à evolução dos diversos órgãos por meio de uma espécie de composição mecânica entre as forças externas e as forças internas. Vejamos então a única das atuais formas do evolucionismo de que nos resta falar, o neolamarckismo.

Como é sabido, Lamarck atribuía ao ser vivo a faculdade de variar em consequência do uso ou não uso dos seus órgãos, e também a de transmitir aos seus descendentes a variação assim adquirida. Certo número de biólogos defende hoje uma doutrina do mesmo gênero. A variação conducente à produção de uma nova espécie não seria uma variação acidental inerente ao próprio gênero. Tampouco seria regulada por um determinismo *sui generis*, que desenvolvesse caracteres determinados em um sentido determinado, independentemente de qualquer preocupação de utilidade. Nasceria, sim, do próprio esforço do ser vivo para se adaptar às condições em que tem de viver. Tal esforço poderia não ser, aliás, mais do que o exercício mecânico de certos órgãos, mecanicamente provocado pela pressão das circunstâncias externas. Mas poderia implicar também consciência e vontade, e parece ser nesse último sentido que o entende um dos mais eminentes representantes dessa doutrina, o naturalista americano Cope. Portanto, o neolamarckismo é a única das formas atuais do evolucionismo capaz de admitir um princípio interno e psicológico de desenvolvimento, embora a ele não recorra necessariamente. E é também o único evolucionismo que nos parece ter uma explicação válida para a formação de órgãos complexos idênticos em linhas independentes de desenvolvimento. Pode-se, com efeito, conceber que o mesmo esforço para tirar partido das mesmas circunstâncias conduza ao mesmo resultado, sobretudo se o problema suscitado pelas circunstâncias externas for daqueles que admitem apenas uma única solução. Resta saber se o termo "esforço" não deverá então ser tomado em um sentido mais profundo, ainda mais psicológico do que o admitido por qualquer neolamarckista.

Uma coisa é, de fato, uma simples variação de grandeza, e outra uma mudança de forma. Ninguém contestará que um órgão possa fortalecer-se e aumentar em resultado do exercício. Mas muito diferente disso é o desenvolvimento progressivo de um olho como o dos moluscos e dos vertebrados. Se atribuirmos esse efeito à influência prolongada da luz, passivamente recolhida, caímos novamente na tese que acabamos de criticar. Se, pelo contrário, se invoca uma atividade interna, tratar-se-á então de coisa muito diversa daquilo que vulgarmente chamamos esforço, porque jamais o esforço produziu diante de nós a menor complicação de um órgão, e foi contudo necessária uma quantidade enorme dessas complicações, admiravelmente coordenadas entre si, para se passar da mancha de pigmento do infusório ao olho do vertebrado. Admitamos, entretanto, esta concepção do processo evolutivo para os animais: mas como poderia ela incluir também o mundo das plantas? Aqui, as variações de forma não parecem implicar nem produzir sempre modificações funcionais, e, se a causa da variação é de carácter psicológico, será difícil continuar a chamar-lhe esforço, a não ser que se alargue singularmente o sentido da palavra. A verdade é que se torna necessário buscar, abaixo do próprio esforço, uma causa mais profunda.

E tal será necessário sobretudo, segundo cremos, para que se possa chegar a uma causa de variações regularmente hereditárias. Não entraremos aqui no pormenor das controvérsias relativas à transmissibilidade dos caracteres adquiridos: muito menos quereríamos tomar partido demasiado declarado em uma questão que está fora da nossa competência. Não podemos, contudo, desinteressar-nos completamente dela. Em nenhum outro caso se faz sentir mais a impossibilidade em que se encontram hoje os filósofos de se limitarem a vagas generalidades, considerada a obrigação que têm de acompanhar os sábios no pormenor das experiências e de discutir com eles os respectivos resultados. Se Spencer tivesse começado por levantar o problema da hereditariedade dos caracteres adquiridos, é fora de dúvida que o seu evolucionismo teria tomado outra forma. Se (conforme nos parece provável) um hábito contraído pelo indivíduo somente em casos muitos excepcionais se transmitisse aos seus descendentes, toda a psicologia de Spencer teria de ser refeita, e uma boa parte da sua filosofia desmoronar-se-ia. Digamos, pois, de que maneira nos parece formular-se o problema, e em que sentido nos parece que se poderia tentar resolvê-lo.

Depois de ter sido afirmada como um dogma, a transmissibilidade dos caracteres adquiridos foi negada não menos dogmaticamente, por motivos tirados *a priori* da suposta natureza das células germinais. Sabe-se como Weismann foi levado, pela sua hipótese da continuidade do plasma germinativo, a considerar as células germinais – óvulos e espermatozoides – quase independentes das células somáticas. Partindo daí, pretendeu-se, e muitos pretendem ainda, que a transmissão hereditária de um caráter adquirido seria inconcebível. Mas se, por acaso, a experiência mostrasse que os caracteres adquiridos são transmissíveis, provaria, por isso mesmo, que o plasma germinativo não é tão independente como se pretende do meio somático, e a transmissibilidade dos caracteres adquiridos tornar-se-ia *ipso facto* concebível. Quer dizer, nesse caso, ser ou não concebível não tem a menor significação, e a questão pertence tão só ao campo da experiência. Mas aqui começa precisamente a dificuldade. Os caracteres adquiridos de que se fala são quase sempre hábitos, ou efeitos do hábito. E é raro que na base de um hábito contraído não exista uma aptidão natural. De modo que podemos nos perguntar se o que se transmite é o hábito adquirido pelo *soma* do indivíduo, e se não será antes uma aptidão natural, anterior ao hábito contraído: tal aptidão teria permanecido inerente ao germe que o indivíduo contém em si, como era já inerente ao indivíduo e, portanto, ao seu germe. Assim, nada prova que a toupeira se tenha tornado cega por ter ganho o hábito de viver sob a terra: foi talvez porque os seus olhos estavam em vias de se atrofiar que a toupeira se viu obrigada à vida subterrânea. Nesse caso, a tendência para perder a vista ter-se-ia transmitido de germe em germe, sem que o *soma* da própria toupeira tivesse ganho ou perdido fosse o que fosse. Pelo fato de o filho de um mestre de armas se tornar, muito mais depressa do que se tornara o pai, excelente esgrimista, não se pode concluir que o hábito paterno se tenha transmitido ao filho, pois que certas disposições naturais em vias de aumento podem ter passado do germe produtor do pai ao germe produtor do filho, crescer em caminho sob o efeito do impulso primitivo e garantir ao filho maior agilidade que a do pai, sem, por assim dizer, se preocupar com o que o pai fazia. O mesmo se verifica em muitos exemplos tirados da domesticação progressiva dos animais. É difícil saber se o que se transmite é o hábito contraído, ou se não será antes uma certa tendência natural, aquela mesma que leva a escolher para a domesticação esta ou aquela espécie em particular ou alguns dos seus representantes. De fato, quando se eliminam todos os casos duvidosos, todos os fatos suscetíveis de várias interpretações, somente restam, como exemplos totalmente incontestáveis de particularidades adquiridas e transmitidas, as famosas experiências de Brown-Séquard, aliás repetidas e confirmadas por diversos fisiologistas. Seccionando a medula espinhal ou o nervo ciático das cobaias, Brown-Séquard determinava nelas um estado epiléptico que se transmitia aos descendentes. Lesões desse mesmo nervo ciático, do corpo restiforme etc., provocavam nas cobaias perturbações variadas, que a sua progênie podia herdar, por vezes sob forma bastante diversa: exoftalmia, perda dos dedos do pé etc. Mas não ficou demonstrado que, nesses diferentes casos de transmissão hereditária, tivesse havido verdadeira influência do *soma* do animal sobre o seu germe. Já Weismann objetava que a operação de Brown-Séquard teria podido introduzir no corpo da cobaia certos micróbios especiais, que achariam o seu meio de nutrição nos tecidos nervosos, e transmitiriam a doença penetrando nos elementos sexuais. Tal objeção foi afastada pelo próprio Brown-Séquard; mas poder-se-ia ser apresentada outra, mais plausível. Com efeito, das experiências de Voisin e Peron resulta que aos acessos de epilepsia se segue a eliminação de um corpo tóxico, capaz de produzir nos animais, por injeção, acidentes convulsivos. Talvez as perturbações tróficas, resultantes das lesões nervosas que Brown-Séquard provocava, se traduzam precisamente pela formação desse veneno de efeitos convulsivos. Sendo assim, a toxina passaria da cobaia ao seu espermatozoide ou ao seu óvulo, determinando no desenvolvimento do embrião uma perturbação geral, que poderia contudo só ter efeitos visíveis sobre um ou outro ponto em especial do organismo depois deste evoluído. Tudo se passaria, em tal caso, como nas experiências de Charrin, Delamare e Moussu. Cobaias em gestação, às quais se deteriorava o fígado ou o rim, transmitiam essa lesão à sua descendência, simplesmente porque a deterioração do órgão materno engendrara "citotoxinas" específicas, que agiam sobre o órgão homólogo do feto. É certo que, nessas experiências, como aliás em uma observação anterior dos mesmos fisiologistas, é o feto já formado que sofre a influência das toxinas. Mas outras investigações de Charrin acabaram por mostrar que o mesmo efeito pode ser produzido, por um mecanismo análogo, sobre os espermatozoides e os óvulos. Em suma, a hereditariedade de uma particularidade adquirida poderia ser explicada, nas experiências de Brown-Séquard, por uma intoxicação do germe. A lesão, por mais bem localizada que possa parecer, transmitir-se-ia pelo mesmo processo que a tara alcoólica, por exemplo. Mas não aconteceria o mesmo com qualquer particularidade adquirida que se torne hereditária?

Há efetivamente um ponto a respeito do qual se acham de acordo aqueles que afirmam e aqueles que negam a transmissibilidade dos caracteres adquiridos: é que certas influências

A evolução criadora

podem, como a do álcool, exercer-se ao mesmo tempo sobre o ser vivo e sobre o plasma germinativo de que ele é detentor. Em semelhante caso, há hereditariedade de uma tara, e tudo se passa *como se o soma* do pai tivesse agido sobre o seu germe, embora, na realidade, germe e *soma* tenham simplesmente sofrido ambos a ação da mesma causa. Isso posto, admitamos que o *soma* possa influenciar o germe, como se supõe quando se admite a transmissibilidade dos caracteres adquiridos. A hipótese mais natural não consistirá então em supor que as coisas se passem neste segundo caso como no primeiro, e que o efeito direto dessa influência do *soma* será uma alteração *geral* do plasma germinativo? Se assim fosse, só por exceção e, de certo modo, por acidente, a modificação do descendente seria a mesma que a do pai. Seria como na hereditariedade da tara alcoólica: não há dúvida que passa do pai aos filhos, mas pode tomar em cada um destes uma forma diferente, e não se assemelhar em nenhum ao que era no pai. Chamemos C à modificação ocorrida no plasma, podendo aliás C ser positivo ou negativo, isto é, representar ganho ou perda de certas substâncias. O efeito não reproduzirá exatamente a sua causa. A modificação do germe, resultante de uma certa modificação de certa parte do *soma*, somente determinará a mesma modificação da mesma parte do novo organismo em vias de formação se todas as outras partes nascidas deste gozarem, em relação a C, de uma espécie de imunidade: a mesma parte será então modificada no novo organismo, porque a formação dela terá sido a única sensível à nova influência – e poderia, aliás, ser modificada em sentido muito diferente da parte correspondente do organismo gerador.

Proporíamos, pois, o estabelecimento de uma distinção entre a hereditariedade do *afastamento* e a do *caráter*. Um indivíduo que adquire um caráter novo *afasta-se* desse modo da forma que tinha e que teriam reproduzido, ao desenvolver-se, os germes ou, mais frequentemente, os semigermes de que é detentor. Se essa modificação não implicar a produção de substâncias capazes de modificar o germe, ou uma alteração geral da nutrição suscetível de o privar de alguns dos seus elementos, não terá nenhum efeito sobre a descendência do indivíduo. É sem dúvida o que sucede com mais frequência. E se, pelo contrário, tiver algum efeito, será provavelmente por intermédio de uma modificação química que ela terá determinado no plasma germinativo. Tal modificação química poderá, excepcionalmente, transportar a modificação original para o organismo que o germe vai desenvolver, mas, segundo todas as probabilidades, fará outra coisa. Nesse último caso, o organismo engendrado talvez se afaste do tipo normal *tanto quanto* o organismo gerador, mas afastar-se-á dele *de uma maneira diferente*. Terá herdado o afastamento e não o caráter. Assim, em geral os hábitos contraídos por um indivíduo não têm provavelmente nenhuma repercussão sobre a sua descendência; e, quando a têm, a modificação suscitada nos descendentes pode não oferecer nenhuma semelhança visível com a modificação original. Tal é, pelo menos, a hipótese que nos parece mais verossímil. Em todo o caso, até prova em contrário, e enquanto não se tiverem realizado as experiências decisivas reclamadas por um eminente biólogo, devemos ater-nos aos resultados atuais da observação. Ora, na hipótese mais favorável à tese da transmissibilidade dos caracteres adquiridos e considerando que o suposto caráter adquirido não seja, na maior parte dos casos, o desenvolvimento mais ou menos tardio de um caráter inato, os fatos mostram-nos que a transmissão hereditária constitui exceção e não regra. Como esperar que dela possa resultar a formação de um órgão como o olho? Quando se pensa na enorme quantidade de variações, todas dirigidas no mesmo sentido, cujo acúmulo é necessário supor para a passagem da mancha de pigmento do infusório ao olho do molusco e do vertebrado, perguntamo-nos como poderia a hereditariedade, tal como a observamos, ter determinado esse acúmulo de diferenças, a admitir que cada uma delas em particular pudesse ter sido produzida por esforços individuais. Isso quer dizer que o neolamarckismo não nos parece mais capacitado do que as outras formas de evolucionismo para resolver o problema.

Ao submeter assim as diversas formas atuais do evolucionismo à mesma prova, mostrando que todas elas falham perante a mesma dificuldade invencível, não tivemos de forma alguma a intenção de as opor entre si. Pelo contrário, cada uma delas, apoiada em considerável número de fatos, deve ser verdadeira a seu modo. Cada uma delas deve corresponder a um certo ponto de vista sobre o processo evolutivo. Aliás, é bem possível que uma teoria precise se ater exclusivamente a um ponto de vista em particular para se conservar científica, quer dizer, para dar uma direção bem definida às investigações de pormenor. Mas é necessário que a realidade sobre a qual cada uma dessas teorias em particular tem incidência parcial as ultrapasse. E essa realidade é o objeto específico da filosofia, a qual não se acha obrigada à precisão da ciência, visto não ter em vista nenhuma aplicação. Indiquemos, pois, em poucas palavras, aquilo que cada uma das três grandes formas atuais do evolucionismo nos parece trazer de positivo para a solução do problema, aquilo que cada uma delas deixa de lado, e sobre que ponto seria necessário fazer convergir, em nosso entender, esse esforço tríplice para a obtenção de uma ideia mais compreensiva, embora por isso mesmo mais vaga, do processo evolutivo.

Os neodarwinistas têm provavelmente razão, segundo cremos, ao ensinar serem as diferenças inerentes ao germe de que o indivíduo é portador, e não o comportamento desse indivíduo no decurso da sua carreira, as causas essenciais da variação. No que temos dificuldade em seguir esses biólogos, é quando consideram puramente acidentais e individuais as diferenças inerentes ao germe. Não podemos deixar de pensar que elas são o desenvolvimento de um impulso que passa de germe para germe por meio dos indivíduos e que, por consequência, não são meros acidentes, e podiam muito bem aparecer ao mesmo tempo, sob a mesma forma, em todos os representantes de uma mesma espécie, ou pelo menos em certo número deles. Aliás, já a teoria das *mutações* modifica profundamente o darwinismo nesse ponto. Segundo ela, em um dado momento, depois de ter decorrido longo período, a espécie inteira é dominada por uma tendência para mudar. Quer dizer, portanto, que a *tendência para mudar* não é acidental. Acidental seria, é certo, a própria mudança, se a mutação se desse, conforme pretende De Vries, em sentidos diferentes nos diversos representantes da espécie. Mas, em primeiro lugar, será necessário ver se a teoria se confirma em muitas outras espécies vegetais (De Vries verificou-a somente na *œnothera lamarckiana*). Em segundo lugar, não é impossível, como explicaremos mais adiante, que a parte do acaso seja bem maior na variação das plantas do que na dos animais, porque, no mundo vegetal, a função não depende tão estreitamente da forma. Seja como for, os neodarwinistas estão em vias de admitir que os períodos de mutação são determinados.

A evolução criadora

O sentido da mutação poderia portanto sê-lo também, pelo menos nos animais, e na medida em que teremos de indicar. Chegar-se-ia assim a uma hipótese como a de Eimer, segundo a qual as variações dos diversos caracteres prosseguiriam, de geração em geração, em sentidos definidos. Essa hipótese afigura-se-nos plausível, nos limites a que se atém o próprio Eimer. Sem dúvida, a evolução do mundo orgânico não deve ser predeterminada no seu conjunto. Pretendemos, pelo contrário, que a espontaneidade da vida se manifeste naquela por meio de uma criação contínua de formas que sucedem a outras formas. Mas essa indeterminação não pode ser completa: deve deixar uma certa parte à determinação. Por exemplo, um órgão como o olho ter-se-ia constituído precisamente por meio de uma variação contínua em um sentido definido. Não vemos sequer como de outro modo se poderia explicar a semelhança de estrutura do olho em espécies que não têm de forma nenhuma a mesma história. Onde nos afastamos de Eimer, é quando ele pretende serem suficientes, para assegurar o resultado, causas físicas e químicas. Tentamos mostrar, pelo contrário, baseando-nos no exemplo concreto do olho, que se existe aqui ortogênese é graças a uma causa psicológica.

É precisamente a uma causa de ordem psicológica que recorrem certos neolamarckistas. Esse é, em nosso entender, um dos pontos mais sólidos do neolamarckismo. Mas se essa causa é apenas o esforço consciente do indivíduo, só poderá operar em um número muito restrito de casos; quando muito, intervirá no animal, e não no mundo vegetal. E, no próprio animal, só agirá sobre os pontos direta ou indiretamente submetidos à influência da vontade. E mesmo onde possa agir, não se vê como poderia obter mudança tão profunda quanto seria um acréscimo de complexidade: quando muito, seria concebível se os caracteres adquiridos se transmitissem regularmente, de forma a adicionarem-se uns aos outros; mas essa transmissão parece antes ser exceção do que regra. Uma mudança hereditária e de sentido definido, que se vai acumulando e compondo consigo mesma de forma a construir uma máquina cada vez mais complicada, deve sem dúvida depender de alguma espécie de esforço, mas de esforço bem mais profundo do que o esforço individual, muito mais independente das circunstâncias, comum à maior parte dos representantes de uma mesma espécie, inerente aos germes que eles transportam e não apenas à sua substância, sendo garantida portanto a sua transmissão aos descendentes.

Voltamos assim, após esse longo desvio, à ideia da qual tínhamos partido, a de um *impulso originário* da vida, passando de uma geração de germes à geração seguinte por intermédio dos organismos desenvolvidos que constituem o traço de união entre os germes. Esse impulso, mantendo-se nas linhas de evolução entre as quais se partilha, é a causa profunda das variações, pelo menos daquelas que se transmitem regularmente, que se adicionam umas às outras, que criam novas espécies. Em geral, as espécies que começaram a diferenciar-se a partir de uma raiz comum acentuam as divergências à medida que a sua evolução progride. Todavia, em relação a determinados aspectos, poderão e deverão mesmo evoluir de modo idêntico, se admitirmos a hipótese de um impulso comum. Eis o que nos resta mostrar de forma mais precisa com o próprio exemplo que escolhemos, a formação do olho nos moluscos e nos vertebrados. Aliás, a ideia de um "impulso originário" poderá assim tornar-se mais clara.

Duas características impressionam igualmente em um órgão como o olho: a complexidade da estrutura e a simplicidade do funcionamento. O olho compõe-se de partes distintas, tais como a esclerótica, a córnea, a retina, o cristalino etc. A pormenorização de cada uma dessas partes iria ao infinito. Para falar apenas da retina, sabe-se que ela compreende três camadas sobrepostas de elementos nervosos – células multipolares, células bipolares, células visuais –, cada uma das quais tem a sua própria individualidade, e constitui sem dúvida um organismo muito complexo: demos apenas um esquema simplificado da fina estrutura dessa membrana. A máquina que é o olho compõe-se, portanto, de uma infinidade de máquinas, todas elas de extrema complexidade. E todavia a visão é um fato simples. Mal o olho se abre, a visão opera. Precisamente por ser simples o funcionamento, a menor distração da natureza na construção da máquina infinitamente complicada teria tornado a visão impossível. É esse contraste entre a complexidade do órgão e a unidade da função que desconcerta o espírito.

Uma teoria mecanicista pretenderá mostrar-nos a construção gradual da máquina sob a influência das circunstâncias exteriores, que interviriam diretamente por meio de uma ação sobre os tecidos, ou indiretamente pela seleção dos mais bem adaptados. Mas, tome essa tese a forma que tomar, a supor que valha alguma coisa quanto ao pormenor das partes, já sobre a sua correlação não projeta nenhuma luz.

Surge então a doutrina da finalidade, segundo a qual as partes foram reunidas de acordo com um plano preconcebido, tendo um fim em vista. Quer dizer que essa teoria assimila o trabalho da natureza ao do operário, o qual também procede à reunião de partes com o objetivo de realizar uma ideia ou de imitar um modelo. Terá, portanto, o mecanicismo razão quando censura ao finalismo o seu caráter antropomórfico. Mas não se dá conta de empregar ele próprio esse método, somente com a diferença de o truncar. É certo que fez tábula rasa do fim em vista ou do modelo ideal. Mas presume igualmente que a natureza tenha trabalhado como o operário humano, reunindo partes. Todavia, um simples relance de olhos ao desenvolvimento do embrião teria mostrado que a vida procede nele de forma inteiramente diversa, *não por associação e adição de elementos, mas por dissociação e desdobramento.*

É, portanto, necessário ultrapassar tanto um ponto de vista como o outro, já que mecanicismo e finalismo não são, no fundo, senão pontos de vista aos quais o espírito humano foi conduzido pelo espetáculo do trabalho humano. Mas em que sentido deverão eles ser ultrapassados? Dizíamos que, de decomposição em decomposição, quando se analisa a estrutura de um órgão, se vai ao infinito, embora o funcionamento do todo seja coisa simples. Esse contraste entre a infinita complicação do órgão e a extrema simplicidade da função é precisamente aquilo que nos deveria abrir os olhos.

Em geral, quando um objeto se mostra simples de um lado e do outro indefinidamente composto, os dois aspectos estão muito longe de ter a mesma importância, ou melhor, o mesmo grau de realidade. A simplicidade caracteriza então o próprio objeto, e a infinita complicação reflete os pontos de vista que temos do objeto andando à volta dele, reflete os símbolos justapostos por meio dos quais os nossos sentidos ou a nossa inteligência no-lo representam, e mais correntemente a elementos de *outra ordem* com os quais tentamos imitá-lo artificialmente, mas com os quais ele permanece incomensurável, sendo de natureza

A evolução criadora

diferente. Um artista de gênio pinta uma figura na tela. Podemos imitar o seu quadro com mosaicos multicores. E tanto melhor reproduziremos as curvas e as tonalidades do modelo quanto menores, mais numerosos, mais variados de tom forem os ladrilhos do mosaico. Mas seria necessária uma infinidade de elementos infinitamente pequenos, apresentando uma infinidade de tonalidades, para se obter a exata equivalência da figura que o artista concebeu como uma coisa simples, que pretendeu transportar por inteiro para a tela, e que é tanto mais acabada quanto melhor aparece como a projeção de uma intuição indivisível. Suponhamos agora que os nossos olhos sejam feitos de tal modo que não possam deixar de ver na obra do pintor um efeito de mosaico. Ou suponhamos a nossa inteligência feita de tal maneira que só possa explicar o aparecimento da figura na tela como trabalho em mosaico. Poderíamos então falar simplesmente em uma reunião de pequenos ladrilhos, e estaríamos dentro da hipótese mecanicista. Poderíamos acrescentar que foi necessário, além da materialidade da reunião dos ladrilhos, um plano sobre o qual tivesse trabalhado o mosaicista: estaríamos usando dessa vez a linguagem finalista. Mas nem no primeiro nem no segundo caso teríamos atingido o processo real, porque não houve reunião de ladrilhos. Foi o quadro, isto é, o ato simples projetado sobre a tela, que, pelo simples fato de entrar na nossa percepção, se decompôs aos nossos olhos em milhares de pequenos ladrilhos que oferecem, como coisa recomposta, um admirável arranjo. Assim o olho, com a maravilhosa complexidade da sua estrutura, poderia não ser mais do que o ato simples da visão, ao passo que para nós se apresenta como um mosaico de células, cuja ordem nos parece maravilhosa visto que nos representamos o todo como uma justaposição.

Se eu levo a mão de A para B, esse movimento aparece-me ao mesmo tempo sob dois aspectos. Sentido interiormente, é um ato simples, indivisível. Visto de fora, é o percurso de uma certa curva AB. Nessa linha poderei distinguir tantas posições quantas quiser, e a própria linha poderá ser definida como certa coordenação dessas posições entre si. Mas tanto o número infinito de posições como a ordem que liga essas posições umas às outras saíram automaticamente do ato indivisível da minha mão indo de A a B. O mecanicismo consistiria, aqui, em ver apenas as posições. O finalismo teria em conta a ordem delas. Mas tanto o mecanicismo como o finalismo passariam ao lado do movimento, que é a própria realidade. Em certo sentido, o movimento é *mais* do que as posições e a sua ordem, pois que basta ele ser dado, na sua indivisível simplicidade, para que a infinidade das posições sucessivas, assim como a sua ordem, sejam dadas simultaneamente, com mais alguma coisa, que não é ordem nem posição, mas que é o essencial: a mobilidade. Mas, em outro sentido, o movimento é *menos* que a série das posições com a ordem que as liga; porque, para dispor pontos em uma certa ordem, é necessário em primeiro lugar ter a representação da ordem e, em seguida, realizá-la com pontos; é necessário um trabalho de justaposição e é necessária inteligência, ao passo que o movimento simples da mão nada contém de tudo isso. Não é inteligente, no sentido humano da palavra; e não é uma justaposição, porque não é feito de elementos. O mesmo se passa na relação do olho com a visão. Nesta, há *mais* do que as células constituintes do olho e do que a sua coordenação recíproca: nesse sentido, nem o mecanicismo nem o finalismo vão tão longe quanto seria necessário. Mas, em outro sentido, tanto o mecanicismo como o finalismo vão longe demais,

A evolução criadora

porque atribuem à natureza o mais formidável dos trabalhos de Hércules, pretendendo que ela tenha elevado até ao ato simples de visão uma infinidade de elementos infinitamente complicados, quando afinal a natureza não teve mais dificuldade em fazer o olho do que eu tenho em erguer a mão. O seu ato simples dividiu-se automaticamente em uma infinidade de elementos que se acharão coordenados a uma ideia única, tal como o movimento da minha mão deixou de parte uma infinidade de pontos que satisfazem a mesma equação.

Mas isso é o que temos muito dificuldade em compreender, porque não podemos deixar de nos representar a organização como uma *fabricação*. Ora, uma coisa é fabricar, outra organizar. A primeira dessas operações é própria do homem. Consiste em reunir partes de matéria preparadas de tal maneira que possam ser inseridas umas nas outras e obter-se delas uma ação comum. Dispomo-las, por assim dizer, em torno da ação que já é o seu centro ideal. A fabricação vai, portanto, da periferia para o centro, ou, como diriam os filósofos, do múltiplo para o uno. Já o trabalho de organização vai do centro para a periferia. Começa em um ponto que é quase um ponto matemático e propaga-se em volta desse ponto em ondas concêntricas cada vez mais largas. O trabalho de fabricação é tanto mais eficaz quanto maior a quantidade de matéria de que dispõe. Procede por concentração e compressão. Pelo contrário, o ato de organização tem algo de explosivo: de início, requer o menor espaço possível, um mínimo de matéria, como se as forças organizadoras só contra vontade entrassem no espaço. O espermatozoide, que põe em movimento o processo evolutivo da vida embrionária, é uma das menores células do organismo; aliás, só uma reduzida porção do espermatozoide toma realmente parte na operação.

Mas isso são apenas diferenças superficiais. Descendo mais fundo achar-se-ia, segundo cremos, uma diferença mais profunda. A obra fabricada delineia a forma do trabalho de fabricação. Quero dizer que o fabricante encontra no seu produto exatamente aquilo que lá pôs. Se pretende fazer uma máquina, cortará as peças uma por uma, para depois as reunir: a máquina feita deixará ver as peças e a sua junção. O conjunto do resultado representa aqui o conjunto do trabalho, e a cada parte do trabalho corresponde uma parte do resultado.

Reconheço que a ciência positiva pode e deve proceder como se a organização fosse um trabalho do mesmo gênero. Somente satisfazendo tal condição poderá agir sobre os corpos organizados. Com efeito, o seu objetivo não é revelar-nos o fundo das coisas, mas fornecer-nos o melhor meio de agir sobre elas. Ora, a física e a química são ciências já adiantadas, e a matéria viva só na medida em que podemos aplicar-lhe os processos da nossa física e da nossa química é que se presta à nossa ação. Portanto, a organização só poderá ser estudada cientificamente se começarmos por assimilar a uma máquina o corpo organizado. As células serão as peças da máquina, o organismo será a justaposição delas. E os trabalhos elementares, que organizaram as partes, serão considerados os elementos reais do trabalho que organizou o todo. Eis o ponto de vista da ciência. Bem diferente é, em nosso entender, o ponto de vista da filosofia.

Para nós, o todo de uma máquina organizada representa de fato, a rigor, o todo do trabalho organizador (embora isso só seja verdade de uma forma aproximativa), mas as partes da máquina não correspondem a partes do trabalho, porque *a materialidade dessa máquina já não representa um conjunto de meios em-*

pregados, mas sim um conjunto de obstáculos vencidos: trata-se antes de uma negação do que de uma realidade positiva. Assim, conforme mostramos em um estudo anterior, a visão é uma potência que atingiria, *de direito*, uma infinidade de coisas inacessíveis ao nosso olhar. Mas uma visão assim não se prolongaria em atos; conviria a um fantasma, mas não a um ser vivo. A visão de um ser vivo é uma visão eficaz, limitada aos objetos sobre os quais o ser pode agir: é uma visão *canalizada*, e o aparelho visual simboliza simplesmente o trabalho de canalização. E assim, tal como não se explicaria a abertura de um canal supondo-o constituído por um amontoar de terra que teria formado as suas margens, também a criação do aparelho visual não se explica pela justaposição dos seus elementos anatômicos. A tese mecanicista consistiria em dizer que a terra foi trazida carrada por carrada; o finalismo acrescentaria que a terra não foi depositada por acaso, e que os carreteiros cumpriram um plano. Mas mecanicismo e finalismo estariam ambos em erro, visto o canal ter sido feito de outra maneira.

Mais precisamente, compararíamos o processo seguido pela natureza para construir o olho ao ato simples de levantarmos a mão. Mas supusemos que a mão não encontrava nenhuma resistência. Imaginemos que, em vez de se mover no ar, a minha mão tenha de atravessar limalha de ferro que se comprime e resiste à medida que ela avança. Em dado momento, a minha mão terá esgotado o seu esforço e, nesse exato momento, os grãos de limalha ter-se-ão justaposto e coordenado em uma forma determinada, precisamente a da minha mão detida e de uma parte do braço. Agora, suponhamos que a mão e o braço tenham permanecido invisíveis. Os espectadores procurarão nos próprios grãos de limalha, e em forças internas daquela massa, a razão da sua disposição. Uns atribuirão a posição de cada grão à ação exercida sobre ele pelos grãos vizinhos: serão mecanicistas. Outros pretenderão que o pormenor dessas atividades elementares resultou de um plano de conjunto: serão finalistas. Mas a verdade é ter havido apenas um ato indivisível, o da minha mão atravessando a limalha: o pormenor inesgotável do movimento dos grãos, assim como a ordem da sua disposição final, exprimem negativamente, de certo modo, esse movimento indiviso, sendo a forma global de uma resistência e não uma síntese de ações positivas elementares. Eis porque, se dermos o nome de "efeito" ao arranjo dos grãos e o de "causa" ao movimento da mão, poderemos dizer, a rigor, que o todo do efeito se explica pelo todo da causa, mas que a partes da causa não corresponderão de forma nenhuma partes do efeito. Em outras palavras, nem o mecanicismo, nem o finalismo estarão aqui no seu lugar, e será necessário recorrer a uma forma de explicação *sui generis*. Ora, na hipótese que propomos, a relação da visão com o aparelho visual seria mais ou menos a da mão com a limalha de ferro que a delineia, lhe canaliza e lhe limita o movimento.

Quanto maior é o esforço da mão, mais fundo ela penetra no interior da limalha. Mas, seja qual for o ponto em que se detém, instantânea e automaticamente os grãos se equilibram, se coordenam entre si. O mesmo se dá com a visão e o seu órgão. Conforme o ato indiviso que constitui a visão vai mais ou menos longe, a materialidade do órgão é feita de um número mais ou menos considerável de elementos coordenados entre si, mas a ordem é necessariamente completa e perfeita. Não poderia ser parcial porque, uma vez mais, o processo real que lhe dá origem não tem partes. É isso que tanto o mecanicismo como o finalismo não têm em conta, e é a isso que nós também não damos atenção, quando nos espantamos com a maravilhosa estrutura de um instrumento como o olho. No fundo do nosso espanto está sempre presente a ideia de que *somente uma parte* dessa ordem *teria podido* ser realizada, que a sua realização completa é uma espécie de graça. Graça que os finalistas se fazem dispensar de uma vez só, pela causa final; e que os mecanicistas pretendem obter pouco a pouco, pelo efeito da seleção natural: mas tanto uns como os outros veem nessa ordem algo de positivo e, na sua causa, por consequência, algo fracionável, que comporta todos os graus possíveis de acabamento. Na realidade, a causa é mais ou menos intensa, mas só pode produzir o seu efeito em bloco e de forma completa. Conforme for mais ou menos longe no sentido da visão, produzirá os simples amontoados pigmentares de um organismo inferior, ou o olho rudimentar de uma Sérpula, ou o olho já diferenciado da Alcíope, ou o olho maravilhosamente aperfeiçoado de um Pássaro, mas todos esses órgãos, de complicação muito desigual, apresentarão necessariamente igual coordenação. É por isso que, mesmo estando duas espécies animais muito afastadas uma da outra, se, em uma e na outra, a marcha da visão tiver ido igualmente longe, haverá em ambas o mesmo órgão visual, porque a forma do órgão apenas exprime a medida em que foi obtido o exercício da função.

Mas, falando de uma marcha para a visão, não estaremos voltando à antiga concepção da finalidade? Seria assim, sem dúvida, se essa marcha exigisse a representação, consciente ou inconsciente, de uma finalidade a atingir. Mas a verdade é que ela se efetua em virtude do impulso originário da vida, que está implícita nesse mesmo movimento, e precisamente por isso é que a vamos encontrar em linhas de evolução independentes. E se nos perguntassem agora porque e como se acha nele implícita, responderíamos que a vida é, acima de tudo, uma tendência para agir sobre a matéria bruta. O sentido dessa ação não se acha, sem dúvida, predeterminado: daí a imprevisível variedade das formas que a vida, ao evoluir, semeia no seu caminho. Mas essa ação apresenta sempre, em grau mais ou menos elevado, o caráter da contingência; implica pelo menos um rudimento de escolha. Ora, uma escolha supõe a representação antecipada de várias ações possíveis. É, portanto, necessário que na própria ação se delineiem para o ser vivo possibilidades de ação. A percepção visual não é senão isso: os contornos visíveis dos corpos são o desenho da nossa ação eventual sobre eles. A visão achar-se-á, pois, em graus diferentes, entre os mais diversos animais, e manifestar-se-á pela mesma complexidade de estrutura sempre que tiver alcançado o mesmo grau de intensidade.

Insistimos nessas semelhanças de estrutura em geral, e no exemplo do olho em particular, porque devíamos definir a nossa atitude perante o mecanicismo, por um lado, e o finalismo, por outro. Resta-nos agora descrevê-la, com mais precisão, em si própria. É o que faremos considerando os resultados divergentes da evolução, não já naquilo que apresentam de análogo, mas no que têm de mutuamente complementar.

Capítulo II
As direções divergentes da evolução da vida. Torpor, inteligência, instinto

O movimento evolutivo da vida seria coisa simples e não tardaríamos a determinar a sua direção, se a vida descrevesse uma trajetória única, à semelhança da bomba disparada por um canhão. Mas o que temos aqui pela frente é uma granada que logo rebentou em fragmentos, os quais, sendo a seu turno uma espécie de granadas, rebentaram por sua vez em fragmentos também destinados a rebentar, e assim sucessivamente durante muito tempo. Somente distinguimos aquilo que se encontra mais perto de nós, os movimentos dispersos dos estilhaços pulverizados. É com base nestes que teremos de remontar, de grau em grau, até ao movimento originário.

Quando a granada rebenta, a sua fragmentação particular explica-se ao mesmo tempo pela força explosiva da pólvora que encerra e pela resistência do metal que se lhe opõe. O mesmo se passa com a fragmentação da vida em indivíduos e em espécies. Segundo cremos, deve-se isso a duas séries de causas: a resistência que a vida encontra por parte da matéria bruta, e a força explosiva — resultante de um equilíbrio instável de tendências — que a vida contém.

A resistência da matéria bruta é o obstáculo que primeiro foi necessário vencer. A vida parece tê-lo conseguido à força de humildade, fazendo-se pequenina e insinuante, desviando as forças físicas e químicas, consentindo mesmo em fazer com elas uma parte do caminho, como a agulha da via férrea quando adota durante alguns instantes a direção do trilho de que quer desligar-se. Dos fenômenos observados nas formas mais elementares da vida não é possível dizer-se se são ainda físicos e químicos ou já vitais. Era necessário que a vida entrasse assim nos hábitos da matéria bruta, para arrastar pouco a pouco em outra direção essa matéria magnetizada. As formas animadas que surgiram primeiro foram, portanto, de extrema simplicidade. Eram sem dúvida pequenas massas de protoplasma mal diferenciado, comparáveis exteriormente às amebas que observamos hoje, mas tendo, além disso, o formidável impulso interior que iria erguê-las até às formas superiores da vida. Parece-nos provável que, graças a esse impulso, os primeiros organismos tenham procurado crescer o mais possível: mas a matéria organizada tem um limite de expansão que não tarda a ser alcançado. Em vez de crescer para além de um certo ponto, desdobra-se. Foram necessários, sem dúvida, séculos de esforço e prodígios de sutileza para a vida poder ladear esse novo obstáculo. Conseguiu que um número crescente de elementos, prestes a desdobrar-se, permanecessem unidos. Pela divisão do trabalho estabeleceu entre eles um laço indissolúvel. O organismo complexo e quase descontínuo funciona assim, tal como uma massa viva contínua que tivesse simplesmente crescido.

Mas as causas verdadeiras e profundas da divisão eram as que a vida continha em si própria. Porque a vida é tendência, e a essência de uma tendência é desenvolver-se em forma de girândola, criando, pelo simples fato do seu crescimento, direções divergentes entre as quais o seu impulso se partilhará. É o que observamos em nós próprios na evolução dessa tendência especial à qual chamamos o nosso caráter. Cada um de nós, ao olhar retrospectivamente para a sua história, verificará que a sua personalidade de criança, embora indivisível, reunia pessoas diversas que podiam permanecer fundidas, pois se achavam em estado nascente: essa indecisão cheia de promessas é, aliás, um dos maiores encantos da infância. Mas essas personalidades que se interpenetram tornam-se, com o crescimento, incompatíveis entre si e, como cada um de nós vive uma única vida, necessário lhe é fazer uma escolha. Na realidade, estamos sempre escolhendo e sempre abandonando muitas coisas. O caminho que percorremos no tempo está juncado pelos destroços de tudo aquilo que começávamos a ser, de tudo aquilo que nos poderíamos tornar. Mas a natureza, que dispõe de um número incalculável de vidas, não está sujeita a tais sacrifícios. Conserva as diversas tendências que com o crescimento seguiram direções diversas. Criou, com elas, séries divergentes de espécies que evoluíram separadamente.

Aliás, essas séries poderão ser de importância desigual. O autor que começa um romance põe no herói uma série de coisas às quais se vê obrigado a renunciar à medida que progride. Irá talvez retomá-las mais tarde em outros livros, para com elas compor novas personagens que aparecerão como extratos, ou melhor, como complementos do primeiro; mas estes terão quase sempre algo de diminuído comparados à personagem primitiva. O mesmo se passa com a evolução da vida. No decurso do trajeto, as bifurcações foram numerosas, mas surgiram muitos becos sem saída, ao lado de duas ou três estradas largas. E dessas estradas, uma só, aquela que sobe ao longo dos vertebrados até o homem, foi suficientemente larga para deixar passar livremente o grande sopro da vida. Temos essa impressão quando comparamos, por exemplo, as sociedades de abelhas ou de formigas às sociedades humanas. As primeiras são admiravelmente disciplinadas e unidas, mas estereotipadas; as outras acham-se abertas a toda a espécie de progressos, mas divididas, e em incessante luta consigo mesmas. O ideal seria uma sociedade sempre em marcha e sempre em equilíbrio, mas talvez esse ideal não seja realizável: os dois caracteres que quereriam completar-se entre si, e que de fato se completam no estado embrionário, tornam-se incompatíveis à medida que se vão acentuando. Se pudéssemos falar, sem ser metaforicamente, de um impulso para a vida social, seria necessário dizer que a maior parte do impulso incidiu ao longo da linha de evolução que conduz ao homem, e que o resto foi recolhido no caminho conduzindo aos himenópteros: as sociedades de formigas e de abelhas ofereceriam assim o aspecto de complementares das nossas. Mas isso não passaria de uma maneira de dizer. Não há um impulso particular da vida social. Existe apenas o movimento geral da vida, o qual cria, em linhas divergentes, formas sempre novas. Se tiverem de aparecer sociedades nessas duas linhas, deverão manifestar a divergência dos caminhos ao mesmo tempo que a identidade do impulso. Desenvolverão assim duas séries de caracteres, que nos hão de parecer vagamente complementares uma da outra.

O estudo do movimento evolutivo consistirá, pois, em discernir certo número de direções divergentes, estimar a importância do que se passou em cada uma delas, em uma palavra, determinar a natureza das tendências dissociadas e fazer a sua dosagem. Combinando então essas tendências entre si, obter-

-se-á uma aproximação, ou antes, uma imitação do indivisível princípio motor do qual procedia o seu impulso. Quer dizer que se verá na evolução coisa bem diferente de uma série de adaptações às circunstâncias, como pretende o mecanicismo, e bem diferente também da realização de um plano de conjunto, como supõe a doutrina da finalidade.

Não contestamos de forma nenhuma que a adaptação ao meio seja a condição necessária da evolução. É por demais evidente que uma espécie desaparece quando não se amolda às condições de existência que se lhe oferecem. Mas uma coisa é reconhecer que as circunstâncias exteriores são forças com as quais a evolução não pode deixar de contar, e outra coisa é afirmar que sejam elas as causas determinantes da evolução. Esta última tese é a do mecanicismo, e exclui totalmente a hipótese de um impulso originário, quero dizer, de um ímpeto interior que impulsionaria a vida, por meio de formas cada vez mais complexas, para destinos cada vez mais elevados. Contudo, esse impulso é visível, e um simples olhar lançado sobre as espécies fósseis mostra-nos que a vida teria podido deixar de evoluir, ou ter evoluído apenas dentro de limites muito restritos, se tivesse optado pela solução, para ela muito mais cômoda, de se anquilosar nas suas formas primitivas. Certos foraminíferos não variaram desde a época siluriana. Testemunhas impassíveis de inúmeras revoluções que abateram o nosso planeta, os língulos são hoje os mesmos que eram nos tempos mais afastados da era paleozoica.

A verdade é que a adaptação explica as sinuosidades do movimento evolutivo, mas não as direções gerais do movimento, e muito menos o próprio movimento. O caminho que conduz à cidade tem forçosamente de escalar vertentes e descer encostas, *adapta-se* aos acidentes do terreno: mas os acidentes do terreno não são a causa da estrada, e não lhe imprimiram a sua direção. A cada momento fornecem-lhe o indispensável, o próprio solo em que ela assenta. Entretanto, se considerarmos a estrada no seu todo, em vez de cada uma das suas partes, os acidentes do terreno já não aparecem senão como impedimentos ou causas de atraso, pois que a estrada tinha a cidade em vista e quereria ser uma linha reta. O mesmo se dá com a evolução da vida e as circunstâncias que ela atravessa, todavia com a diferença de a evolução não abrir uma estrada só, enveredar por caminhos que não têm um fim em vista, e permanecendo, em suma, inventiva mesmo nas suas adaptações.

Mas se a evolução da vida é coisa diferente de uma série de adaptações a circunstâncias acidentais, também não é a realização de um plano. Um plano é dado antecipadamente. É representado, ou, pelo menos, representável, antes do pormenor da sua realização. A sua execução completa pode ser adiada para um futuro longínquo, ou até recuada indefinidamente: nem por isso a sua ideia deixa de ser formulável, desde já, em termos atualmente dados. Pelo contrário, se a evolução é uma criação que se renova incessantemente, vai criando *pari passu*, não só as formas da vida, mas as ideias que permitiriam a uma inteligência compreendê-la, os termos que serviriam para a exprimir. Quer dizer que o seu futuro transborda do seu presente, e não poderia delinear-se nele como ideia.

É esse o erro inicial do finalismo, e que acarreta um outro, mais grave ainda.

Se a vida realiza um plano, deverá manifestar uma harmonia mais elevada à medida que avançar mais. Assim, a casa desenha cada vez melhor a ideia do arquiteto à medida que as pedras se erguem umas sobre as outras. Pelo contrário, se a unidade da vida se acha por inteiro no impulso que a impele ao longo da estrada do tempo, a harmonia não se acha em frente, mas atrás. A unidade vem de uma *vis a tergo*: é dada no início como impulso, e não afirmada no fim como atrativo. O impulso divide-se cada vez mais ao comunicar-se. A vida, à medida que progride, dispersa-se em manifestações que deverão sem dúvida à sua comum origem ser complementares umas das outras sob certos aspectos, mas que nem por isso deixarão de ser antagônicas e incompatíveis entre si. Assim, ir-se-á acentuando a desarmonia entre as espécies. Aliás, ainda não assinalamos até agora senão a causa essencial. Supusemos, para simplificar, que cada espécie aceitava o impulso recebido para o transmitir a outras, e que, em todos os sentidos em que a vida evolui, a propagação se efetuava em linha reta. Na realidade, há espécies que param e outras que voltam para trás. A evolução não é apenas um movimento para a frente; em muitos casos observa-se um marcar passo, e mais frequentemente ainda um desvio ou um regresso. É necessário que assim seja, como mostraremos mais adiante, e as mesmas causas que cindem o movimento evolutivo fazem com que a vida, ao evoluir, muitas vezes se distraia de si própria, hipnotizada pela forma que acaba de produzir. Mas daí resulta uma desordem cada vez maior. Há sem dúvida progresso, se entendermos por progresso uma marcha contínua na direção geral determinada por um impulso inicial, mas tal progresso realiza-se somente nas duas ou três linhas gerais de evolução em que se esboçam formas cada vez mais complexas, cada vez mais altas. Entre essas linhas corre uma multidão de vias secundárias nas quais, pelo contrário, se multiplicam os desvios, as paragens e os recuos. O filósofo, que começara por ter como princípio que cada pormenor está dependente de um plano de conjunto, vai de decepção em decepção quando aborda o exame dos fatos; e como colocara tudo no mesmo plano, é agora levado a crer, como não quisera admitir o acidente, que tudo é acidental. Pelo contrário, é necessário começar por dar a sua parte ao acidente, parte que é muito grande. É necessário reconhecer que, na natureza, nem tudo é coerente. Poder-se-á ser levado assim a determinar em volta de que centros a incoerência cristaliza. E esta própria cristalização clarificará o resto: tornar-se-ão patentes as grandes linhas nas quais a vida se move desenvolvendo o impulso originário. Não se assistirá, é certo, à efetivação pormenorizada de um plano. Há aqui mais e melhor do que um plano posto em execução. Um plano é o termo que se estabelece para um trabalho, que fecha o futuro cuja forma desenha. Perante a evolução da vida, pelo contrário, as portas do futuro permanecem escancaradas. É uma criação que prossegue infindavelmente graças a um movimento inicial. Esse movimento constitui a unidade do mundo organizado, unidade fecunda, de infinita riqueza, superior ao que nenhuma inteligência poderia sonhar, visto que a inteligência é apenas um dos seus aspectos, ou um dos seus produtos.

Mas é mais fácil definir o método do que pô-lo em prática. A interpretação completa do movimento evolutivo no passado, tal com nós o concebemos, somente seria possível se estivesse já feita a história do mundo organizado. Estamos muito longe de alcançar tal resultado. As genealogias propostas para as mais diversas espécies são, o mais das vezes, problemáticas. Variam segundo os autores, consoante os pontos de vista teóricos em que são inspiradas, e suscitam debates que o estado atual da ciência não permite decidir. Mas, comparando entre si as diversas soluções, ver-se-á que a controvérsia incide mais sobre os pormenores do que sobre as linhas gerais. Seguindo as linhas gerais tanto quanto possível, teremos portanto a certeza de não nos extraviarmos. Só essas linhas gerais nos importam, aliás, porque, ao contrário do naturalista, não temos como objetivo encontrar a ordem de sucessão das diversas espécies, mas apenas definir as principais direções da sua evolução. E mesmo essas direções não têm todas o mesmo interesse para nós: o que nos interessa mais particularmente é o caminho que conduz ao homem. Não perderemos, pois, de vista, ao acompanhar umas e outras, que se trata sobretudo de determinar a relação do homem com o conjunto do reino animal, e o lugar do próprio reino animal no conjunto do mundo organizado.

Para começar pelo segundo ponto, digamos que nenhum caráter preciso distingue a planta do animal. As tentativas feitas para definir rigorosamente os dois reinos fracassaram sempre. Não existe uma única propriedade da vida vegetal que não tenha sido encontrada, em maior ou menor grau, em certos animais, não existe nenhum traço característico do animal que não se tenha podido observar em certas espécies, ou em certos momentos, no reino vegetal. Compreende-se portanto que a distinção entre os dois reinos tenha sido considerada artificial por biólogos extremamente rigorosos. Teriam razão, se a definição tivesse de ser feita aqui, como nas ciências matemáticas e físicas, por certos atributos estáticos que possui o objeto definido e que os outros não possuem. Bem diferente é, em nosso entender, o gênero de definição que convém às ciências da vida. Não existe manifestação da vida que não contenha, em estado rudimentar, latente, ou virtual, os caracteres essenciais da maior parte das outras manifestações. A diferença está nas proporções. Mas essa diferença de proporção bastará para definir o grupo em que se encontra, quando se possa estabelecer que não é acidental, e que ele, à medida que evoluía, tendia cada vez mais para *acentuar* esses caracteres particulares. Em outras palavras, *o grupo não se definirá pela posse de certos caracteres, mas pela sua tendência para os acentuar*. Se nos colocarmos nesse ponto de vista, se tivermos menos em conta os estados do que as tendências, verificaremos que vegetais e animais podem definir-se e distinguir-se com precisão e que correspondem de fato a dois desenvolvimentos divergentes da vida.

Essa divergência revela-se em primeiro lugar na forma de alimentação. Como se sabe, o vegetal tira diretamente do ar, da água e da terra os elementos necessários à manutenção da vida, sobretudo o carbono e o azoto: recebe-os sob a sua forma mineral. Pelo contrário, o animal não pode assimilar esses mesmos elementos senão depois de eles terem sido fixados para ele nas substâncias orgânicas, pelas plantas ou por animais que, direta ou indiretamente, os devem a plantas, de maneira que em última análise é o vegetal que alimenta o animal. É certo que essa lei apresenta muitas exceções nos vegetais. Não se hesita em classificar entre os vegetais a drósera, a dioneia, a pinguícula, que são plantas insetívoras. Por outro lado, os cogumelos, que têm lugar tão considerável no mundo vegetal, alimentam-se como animais: quer sejam fermentos, quer sejam saprófitos, quer sejam parasitas, é de substâncias orgânicas já formadas que tiram a sua alimentação. Não se poderia, pois, basear nessa diferença uma definição estática que decidisse automaticamente, fosse em que caso fosse, se se trata de uma planta ou de um animal. Mas essa diferença pode fornecer um começo de definição dinâmica dos dois reinos, na medida em que marca as duas direções divergentes segundo as quais animais e plantas se desenvolveram. É um fato notável que os cogumelos, que se acham espalhados na natureza com tão extraordinária abundância, não tenham podido evoluir. Organicamente, não se elevam acima dos tecidos que, nos vegetais superiores, se formam no saco embrionário do óvulo e precedem o desenvolvimento germinativo do novo indivíduo. Constituem, poder-se-ia dizer, os abortos do mundo vegetal. As suas diversas espécies constituem outros tantos becos sem saída, como se, renunciando à forma ordinária de alimentação dos vegetais, se tivessem detido na grande estrada da evolução vegetal. Quanto às dróseras, às dioneias, às plantas insetívoras em geral, alimentam-se pelas raízes, como as outras plantas, e fixam também, por meio das suas partes verdes, o carbono do ácido carbônico contido na atmosfera. A faculdade de capturar insetos, de absorvê-los e de digeri-los deve ter surgido neles tardiamente, em casos inteiramente excepcionais, em lugares onde o solo muito pobre não lhes fornecesse alimentação suficiente. De uma maneira geral, se considerarmos menos a presença dos caracteres do que a sua tendência para se desenvolverem, e se considerarmos essencial a tendência ao longo da qual a evolução pôde prosseguir indefinidamente, poderemos dizer que os vegetais se distinguem dos animais pelo poder de criar matéria orgânica à custa de elementos minerais que tiram diretamente da atmosfera, da terra e da água. Mas a essa diferença acha-se ligada uma outra, já mais profunda.

    O animal, não podendo fixar diretamente o carbono e o azoto que se acham por toda a parte, é obrigado a procurar, para sua alimentação, os vegetais que já fixaram esses elementos, ou os animais que os tiraram já do reino vegetal. O animal é, portanto, necessariamente móvel. Desde a ameba, que lança ao acaso os seus pseudópodes para apanhar as matérias orgânicas esparsas em uma gota de água, até os animais superiores que possuem órgãos sensoriais para reconhecer a sua presa, órgãos locomotores para a ir buscar, um sistema nervoso para coordenar os seus movimentos com as suas sensações, a vida animal é caracterizada, na sua direção geral, pela mobilidade no espaço. Sob a sua forma mais rudimentar, o animal apresenta-se como uma pequena massa de protoplasma envolta, quando muito, em uma fina película albuminoide que lhe deixa total liberdade para se deformar e para se mover. Pelo contrário, a célula vegetal rodeia-se de uma membrana de celulose que a condena à imobilidade. E, da base ao cimo do reino vegetal, existem os mesmos hábitos cada vez mais sedentários, visto a planta não ter necessidade de sair de onde está, encontrando à sua volta, na atmosfera, na água e na terra onde se encontra, os elementos minerais de que se apropria diretamente. Não há dúvida de que também nas plantas se observam fenômenos de movimento. Darwin escreveu um belo livro sobre os movimentos das plantas trepadoras. Estudou as manobras de certas plantas insetívoras, como a drósera e a dioneia, para alcançar a presa. São conhecidos os movimentos das folhas da acácia, da sensitiva etc. Aliás, o vaivém do protoplasma vegetal no interior do seu invólucro testemunha o seu parentesco com o protoplasma dos animais. Inversamente, podem registrar-se em grande número de espécies animais (em geral parasitas) fenômenos de fixação análogos aos dos vegetais. Também nesse caso estaríamos iludidos pretendendo ver na fixidez e na mobilidade caracteres que permitiriam decidir, por simples inspeção, se nos achamos perante uma planta ou um animal. Mas a fixidez, no animal, surge na maior parte dos casos como um torpor em que a espécie teria caído, como que em uma recusa de ir mais longe na evolução em determinado sentido: é parente próxima do parasitismo, e acompanham-na caracteres que recordam os da vida vegetal. Por outro lado, os movimentos dos vegetais não têm nem a frequência nem a variedade dos movimentos dos animais. Habitualmente interessam apenas uma parte do organismo, e quase nunca se estendem ao organismo inteiro. Nos casos excepcionais em que uma vaga espontaneidade se manifesta neles, temos a impressão de assistir ao despertar acidental de uma atividade normalmente adormecida. Em suma, se a mobilidade e a fixidez coexistem tanto no mundo vegetal como no mundo animal, o equilíbrio é manifestamente rompido em favor da fixidez em um caso e da mobilidade no outro. Essas duas tendências opostas dirigem tão evidentemente as duas evoluções, que se poderiam já definir por elas os dois reinos. Mas fixidez e mobilidade, por sua vez, são apenas os sinais superficiais de tendências ainda mais profundas.

Entre a mobilidade e a consciência há uma evidente relação. Não há dúvida de que a consciência dos organismos superiores parece solidária de certos dispositivos cerebrais. Quanto mais se desenvolve o sistema nervoso, mais numerosos e mais precisos se tornam os movimentos entre os quais a escolha é possível, mais luminosa é também a consciência que os acompanha. Mas nem essa mobilidade, nem essa escolha, nem, portanto, essa consciência têm como condição necessária a existência de um sistema nervoso: este apenas canaliza em determinados sentidos, levando-a ao máximo grau de intensidade, uma atividade rudimentar e vaga, difusa na massa da substância organizada. Quanto mais se desce na escala animal, tanto mais os centros nervosos se simplificam e se separam também uns dos outros; finalmente, deixa de haver elementos nervosos, submersos no conjunto de um organismo menos diferenciado. Mas o mesmo se passa com todos os outros aparelhos, com todos os outros elementos anatômicos; e seria tão absurdo negar a consciência a um animal, por ele não ter cérebro, como declará-lo incapaz de se alimentar pelo fato de não ter estômago. A verdade é que o sistema nervoso nasceu, como os outros sistemas, de uma divisão do trabalho. Não criou a função, simplesmente a levou a um mais alto grau de intensidade e de precisão, dando-lhe a dupla forma da atividade reflexa e da atividade voluntária. Para se efetuar um verdadeiro movimento reflexo é necessário um mecanismo completo, montado na medula ou no bulbo. Para se escolher voluntariamente entre várias decisões possíveis, são necessários centros cerebrais, isto é, cruzamentos de onde partem vias conduzindo a mecanismos motores de diversa configuração e de igual precisão. Mas quando ainda não existe uma canalização em elementos nervosos, e ainda menos uma concentração desses elementos em um sistema, alguma coisa existe da qual sairão, sob a forma de desdobramento, tanto o reflexo como o ato voluntário, algo que não tem a precisão mecânica do primeiro nem as hesitações inteligentes do segundo, mas que, participando em dose infinitesimal de um e do outro, é uma reação simplesmente indecisa e, portanto, já vagamente consciente. Isso quer dizer que o mais humilde dos organismos já é consciente na medida em que se move *livremente*. Será a consciência, aqui, o efeito ou a causa, em relação ao movimento? Em um sentido é a causa, visto o seu papel de dirigir a locomoção. Mas em outro sentido é o efeito, pois é a atividade motora que a mantém, e, se essa atividade desaparece, a consciência atrofia-se ou, antes, adormece. Em crustáceos como os rizocéfalos, que devem ter tido outrora uma estrutura mais diferenciada, a fixidez e o parasitismo acompanham a degenerescência e o quase desaparecimento do sistema nervoso. Como, em tal caso, o progresso da organização localizara em centros nervosos toda a atividade consciente, pode conjeturar-se que a consciência é mais débil ainda nos animais desse gênero do que em organismos muito menos diferenciados, que nunca tiveram centros nervosos, mas que permaneceram móveis.

Como pôde então a planta, que se fixou na terra e encontra a sua alimentação no lugar onde está, desenvolver-se no sentido da atividade consciente? A membrana de celulose de que se rodeia o protoplasma, ao mesmo tempo que imobiliza o organismo vegetal mais simples, subtrai-o, em grande parte, a essas excitações exteriores que agem sobre o animal como irritantes da sensibilidade e o impedem de adormecer. A planta é, pois, inconsciente, de um modo geral. Ainda aqui seria necessário evitar as distinções radicais. Inconsciência e consciência não são duas etiquetas que se possam colar maquinalmente, a primeira em qualquer célula vegetal, a segunda em todos os animais. Se a consciência adormece no animal que degenerou em parasita imóvel, sem dúvida desperta, pelo contrário, no vegetal que reconquistou a liberdade de movimentos, e desperta na exata medida em que o vegetal reconquistou essa liberdade. Nem por isso deixam consciência e inconsciência de marcar as direções em que se desenvolveram os dois reinos, uma vez que, para se encontrarem os melhores espécimes da consciência no animal, é necessário *subir* até os representantes mais elevados da escala, ao passo que, para se descobrirem casos prováveis de consciência vegetal, é necessário *descer* tão baixo quanto possível na escala das plantas, chegar aos zoósporos das Algas, por exemplo, e mais genericamente a esses organismos unicelulares dos quais se pode dizer que hesitam entre a forma vegetal e a animalidade. Desse ponto de vista, e nessa medida, definiríamos o animal pela sensibilidade e a consciência desperta, o vegetal pela consciência dormente e pela insensibilidade.

Em resumo, o vegetal fabrica diretamente substâncias orgânicas com substâncias minerais: essa aptidão dispensa-o, em geral, de se mover e, consequentemente, de sentir. Os animais, obrigados a ir em busca da alimentação, evoluíram no sentido da atividade locomotora e, por consequência, de uma consciência cada vez mais ampla, cada vez mais clara.

Que a célula animal e a célula vegetal tenham uma origem comum, que os primeiros organismos vivos tenham oscilado entre a forma animal e a forma vegetal, participando igualmente de uma e de outra, é o que nos parece fora de dúvida. Com efeito, acabamos de ver que as tendências características da evolução dos dois reinos, apesar de divergentes, coexistem ainda hoje, tanto na planta como no animal. Só a proporção difere. Habitualmente, uma das duas tendências recobre ou esmaga a outra, mas, em circunstâncias excepcionais, esta se liberta e recupera o lugar perdido. A mobilidade e a consciência da célula vegetal não se acham tão adormecidas que não possam despertar quando as circunstâncias o permitam ou o exijam. E, por outro lado, a evolução do reino animal foi constantemente retardada, ou detida, ou obrigada a regredir, pela tendência para a vida vegetativa que conservou. Por muito plena e transbordante que possa, com efeito, parecer a atividade de uma espécie animal, a verdade é que o torpor e a inconsciência a espreitam. Só graças ao esforço e à fadiga consegue manter a sua posição. Ao longo do caminho seguido pela evolução do animal produziram-se desfalecimentos e decadências sem conta, ligados na sua maior parte a hábitos parasitários; são outros tantos desvios na direção da vida vegetativa. Assim, tudo nos leva a supor que o vegetal e o animal descendem de um antepassado comum, no qual estavam reunidas, em estado nascente, as tendências de um e de outro.

Mas as duas tendências que reciprocamente se implicavam sob essa forma rudimentar dissociaram-se à medida que progrediam. Daí resultou o mundo das plantas com a sua fixidez e a sua insensibilidade e os animais com a sua mobilidade e a sua consciência. Não se torna, aliás, necessário, para explicar esse desdobramento, recorrer a uma força misteriosa. Basta observar que o ser vivo se inclina naturalmente para aquilo que lhe é mais cômodo, e que vegetais e animais optaram, cada um pelo seu lado, por dois gêneros diferentes de comodidade na maneira de obter o carbono e o azoto de que tinham necessidade. Os primeiros tiram, contínua e maquinalmente, esses elementos de um meio que lhos fornece incessantemente. Os segundos, por meio de uma ação descontínua, concentrada em alguns instantes, consciente, vão procurar esses corpos em organismos que já os fixaram. São duas maneiras diferentes de conceber o trabalho ou, se preferirmos, a preguiça. Eis pelo que nos parece muito improvável se venha algum dia a descobrir na planta elementos nervosos, por mais rudimentares que os suponhamos. Aquilo que nela corresponde à vontade que dirige o animal é, segundo cremos, a direção na qual inflete a energia da radiação solar quando a utiliza para separar o carbono do oxigênio no ácido carbônico. Aquilo que nela corresponde à sensibilidade do animal é a particular impressionabilidade da sua clorofila à luz. Ora, sendo um sistema nervoso, em primeiro lugar, um mecanismo que serve de intermediário entre as sensações e as volições, o verdadeiro "sistema nervoso" da planta parece-nos ser o mecanismo, ou melhor, o quimismo *sui generis* que serve de intermediário entre a impressionabilidade da sua clorofila à luz e a produção do amido. O que quer dizer, por outras palavras, que a planta não deve ter elementos nervosos, e que *o mesmo impulso por via do qual o animal deu a si próprio nervos e centros nervosos deve ter conduzido, na planta, à função clorofílica.*[1]

Este primeiro relance de olhos ao mundo organizado vai permitir-nos determinar em termos precisos o que une os dois reinos e aquilo que os separa.

Suponhamos, conforme o deixamos entrever no capítulo anterior, que exista no fundo da vida um esforço para enxertar na necessidade das forças físicas a maior soma possível de indeterminação. Tal esforço não pode resultar em criação de energia, ou, se a criar, a quantidade criada não pertence à ordem de grandeza alcançada pelos nossos sentidos e instrumentos de medição, pela nossa experiência e ciência. Tudo se passará, portanto, como se o esforço tivesse simplesmente em vista uti-

---

[1] Da mesma forma que a planta encontra, em certos casos, a faculdade de se mover ativamente, assim também o animal pode, em circunstâncias excepcionais, repor-se nas condições da vida vegetativa e desenvolver em si um equivalente da função clorofílica. Com efeito, parece resultar das recentes experiências de Maria von Linden que as crisálidas e as lagartas de diversos lepidópteros, sob a influência da luz, fixam o carbono do ácido carbônico contido na atmosfera. VON LINDEN, M. L'assimilation de l'acide carbonique par les chrysalides de Lépidoptères. *C. R. de la Soc. de biologie*, 1905, p.692 e ss.

lizar da melhor maneira possível uma energia preexistente que encontra à sua disposição. Tem um único meio de o conseguir: obter da matéria uma tal acumulação de energia potencial que lhe torne possível, em dado momento, como se disparasse um mecanismo, obter o trabalho do qual tem necessidade para agir. Ele próprio não possui tal poder de pôr em movimento, mas esse trabalho, embora sempre o mesmo e sempre mais débil do que qualquer quantidade dada, será tanto mais eficaz quanto fará cair de mais alto um peso maior, ou, por outras palavras, quanto mais considerável for a soma de energia potencial acumulada e disponível. De fato, a principal fonte de energia utilizável à superfície do nosso planeta é o Sol. O problema era, portanto, este: conseguir que aqui e ali, à superfície da Terra, o Sol suspendesse parcial e provisoriamente o seu dispêndio incessante de energia utilizável, que armazenasse certa quantidade dela sob a forma de energia ainda não utilizada, em reservatórios apropriados dos quais ela poderia escoar-se no momento oportuno, no lugar necessário, na direção requerida. As substâncias de que o animal se alimenta são precisamente reservatórios desse gênero. Formadas por moléculas muito complexas que encerram, em estado potencial, considerável soma de energia química, são como que uma espécie de explosivos, que só esperam uma faísca para libertar a força neles contida. Ora, é provável que a vida tendesse de início para a obtenção simultânea da fabricação do explosivo e da explosão que a utiliza. Nesse caso, o mesmo organismo que armazenasse diretamente a energia da radiação solar tê-la-ia despendido em movimentos livres no espaço. E é por isso que devemos presumir que os primeiros seres vivos teriam procurado, por um lado, acumular incansavelmente a energia obtida do Sol e, por outro lado, gastá-la de forma descontínua e explosiva em movimentos de locomoção. Os infusórios de clorofila, as euglenas, talvez simbolizem ainda hoje, mas sob uma forma diminuída e sem capacidade de evoluir, essa tendência primordial da vida. O desenvolvimento divergente dos dois reinos corresponderá àquilo que se poderia designar metaforicamente como o esquecimento, por cada reino, de uma das duas metades do programa? Ou então, o que é mais verossímil, talvez a própria natureza da matéria que a vida encontrava pela frente no nosso planeta se opusesse a que a evolução das duas tendências juntas, no mesmo organismo, pudesse levar muito longe? O certo é que o vegetal se inclinou sobretudo na primeira direção e o animal, na segunda. Mas se, desde o começo, a fabricação do explosivo tinha como objetivo a explosão, é muito mais a evolução do animal do que a do vegetal que indica em suma a direção fundamental da vida.

Assim, a "harmonia" dos dois reinos, os caracteres complementares que apresentam seriam, portanto, resultado de desenvolverem duas tendências a princípio fundidas em uma só. Quanto mais a tendência originária e única ganha vulto, mais difícil lhe é manter unidos no mesmo ser vivo os dois elementos que, em estado rudimentar, são implicados um pelo outro. Daí resultam um desdobramento e duas evoluções divergentes; e resultam também duas séries de caracteres que se opõem sobre certos pontos, se completam em outros, mas que, quer se completem, quer se oponham, conservam sempre entre si um ar de parentesco. Enquanto o animal evoluía, não sem acidentes, ao longo da sua via, para um gasto cada vez mais livre de energia descontínua, a planta, pelo seu lado, aperfeiçoava o sistema de acumulação no mesmo lugar. Não insistiremos sobre esse segundo ponto. Será suficiente dizermos que a planta deve ter sido grandemente servida, a seu turno, por um novo desdobramento, análogo ao que se dera entre plantas e animais. Se a célula vegetal primitiva teve de fixar, por si só, o seu carbono e o seu azoto, pôde renunciar quase inteiramente à segunda dessas funções no dia em que vegetais microscópicos se inclinaram apenas nesse sentido, especializando-se, aliás, diversamente nesse trabalho ainda complicado. Os micróbios que fixam o azoto da atmosfera e aqueles que, por sua vez, convertem os compostos amoniacais em compostos nítricos, e estes em nitratos, prestaram ao conjunto do mundo vegetal, pela mesma dissociação de uma tendência primitivamente única, o mesmo gênero de serviço que os vegetais em geral prestam aos animais. Caso se estabelecesse para esses vegetais microscópicos um reino especial, poderia dizer-se que os micróbios do solo, os vegetais e os animais nos oferecem a *análise*, operada pela matéria que a vida tinha à sua disposição no nosso planeta, de tudo quanto a vida continha inicialmente em estado de implicação recíproca. Poderíamos considerar isso uma "divisão do trabalho" propriamente dita? Estas palavras não dariam uma ideia exata da evolução, tal como a concebemos. Onde há divisão do trabalho há *associação* e também *convergência* de esforços. Pelo contrário, a evolução de que falamos nunca se efetua no sentido de uma associação, mas sim *dissociação*, nunca por uma convergência, mas sim por uma divergência dos esforços. A harmonia entre termos que se completam sobre certos pontos não se dá, em nosso entender, por uma adaptação recíproca no curso da evolução; pelo contrário, só é completa à partida. Deriva de uma identidade originária. Resulta de o processo evolutivo, que se abre em leque, afastar uns dos outros, a par e passo do seu crescimento simultâneo, termos inicialmente a tal ponto complementares que se achavam confundidos.

Aliás, os elementos em que se dissocia uma tendência estão longe de terem todos a mesma importância, e sobretudo a mesma capacidade de evoluir. Acabamos de distinguir três reinos diferentes, se assim é lícito dizer, no mundo organizado. Ao passo que o primeiro inclui somente micro-organismos que permaneceram em estado rudimentar, já os animais e os vegetais se encaminhavam para mais altos destinos. Ora, esse é um fenômeno que se produz ordinariamente quando se analisa uma tendência. Entre os desenvolvimentos divergentes aos quais dá origem, uns continuam indefinidamente, enquanto outros atingem mais cedo ou mais tarde o seu ponto de esgotamento. Estes últimos não provêm diretamente da tendência primitiva, mas de um dos elementos em que ela se dividiu: são desenvolvimentos residuais, efetuados e abandonados no caminho por qualquer tendência efetivamente elementar, a qual continua evoluindo. E, segundo cremos, essas tendências verdadeiramente elementares têm um sinal pelo qual as podemos reconhecer.

Esse sinal é como o vestígio, ainda visível em cada uma delas, do que se continha na tendência originária cujas direções elementares elas representam. Os elementos de uma tendência não são comparáveis, com efeito, a objetos justapostos no espaço e exclusivos, mas antes a estados psicológicos; cada um dos quais, tenha ele sido o que for, participa todavia dos outros e contém assim virtualmente toda a personalidade à qual pertence. Não há, como dizíamos, manifestação essencial da vida que não nos apresente, em estado rudimentar ou virtual, os caracteres das outras manifestações. Reciprocamente, quando em uma linha da evolução encontramos a recordação, digamos assim, do que se desenvolve ao longo das outras linhas, devemos concluir que nos encontramos perante os elementos dissociados de uma mesma tendência originária. Nesse sentido, vegetais e animais representam de fato os dois grandes desenvolvimentos divergentes da vida. Se a planta se distingue do animal pela fixidez e pela insensibilidade, movimento e consciência dormitam nela como recordações que podem vir a despertar. Aliás, ao lado dessas recordações normalmente adormecidas, há outras despertas e ativas. São aquelas cuja atividade não perturba o desenvolvimento da tendência elementar em si mesma. Poderia enunciar-se a seguinte lei: *Quando uma tendência se analisa ao desenvolver-se, cada uma das tendências particulares assim nascidas quereria conservar e desenvolver, da tendência primitiva, tudo quanto não é incompatível com o trabalho em que ela se especializou.* Assim se explicaria precisamente o fato sobre o qual insistimos no capítulo anterior, a formação de mecanismos complexos idênticos em linhas de evolução independentes. Certas analogias profundas entre o vegetal e o animal não têm provavelmente outra origem: a geração sexuada talvez não seja para a planta mais do que um luxo, mas era necessário que o animal a tivesse, e a planta deve ter sido levada a ela pelo mesmo impulso presente no animal, impulso primitivo, originário, anterior ao desdobramento dos dois reinos. O mesmo diríamos da tendência do vegetal para uma crescente complexidade. Essa tendência é essencial ao reino animal, dominado pela necessidade de uma ação cada vez mais extensa, cada vez mais eficaz. Mas os vegetais, que se condenaram à insensibilidade e à imobilidade, só revelam a mesma tendência porque receberam de início o mesmo impulso. Experiências recentes os mostram variando seja em que sentido for quando chega o período de "mutação"; ao passo que o animal deve ter evoluído, segundo cremos, em direções muito mais definidas. Mas não vamos insistir mais sobre esse desdobramento originário da vida. Passemos à evolução dos animais, a qual nos interessa mais particularmente.

Conforme dizíamos, é a faculdade de utilizar um mecanismo que converte em ações "explosivas" uma soma tão grande quanto possível de energia potencial acumulada o que constitui a animalidade. De início, a explosão dá-se ao acaso, sem poder escolher a sua direção: é assim que a ameba lança em todas as direções ao mesmo tempo os seus prolongamentos pseudopódicos. Mas, à medida que se vai subindo na série animal, vê-se a própria forma do corpo desenhar certo número de direções bem determinadas, ao longo das quais se encaminhará a energia. Essas direções são marcadas por outras tantas cadeias de elementos nervosos postos ponta a ponta. Ora, o elemento nervoso libertou-se a pouco e pouco da massa ainda mal diferenciada do tecido organizado. Pode-se, portanto, conjeturar ser nele e nos seus anexos que se concentra, mal aparece, a faculdade de libertar bruscamente a energia acumulada. A bem dizer, a célula viva gasta sem cessar energia para se manter em equilíbrio. A célula vegetal, em dormência desde o início, absorve-se inteiramente nesse trabalho de conservação, como se tomasse por fim aquilo que não devia ser de início senão um meio. Mas, no animal, tudo converge para a ação, isto é, para a utilização da energia em favor dos movimentos de translação. Não há dúvida de que cada célula animal gasta para viver uma boa parte da energia de que dispõe, muitas vezes até toda essa energia; mas o conjunto do organismo quereria atrair o máximo possível dela aos pontos em que se realizam os movimentos de locomoção. De modo que, onde existe um sistema nervoso com os órgãos sensoriais e os aparelhos motores que lhe servem de apêndices, tudo se deve passar como se o resto do corpo tivesse como função essencial preparar para eles, a fim de lha transmitir no momento necessário, a força que eles libertarão por uma espécie de explosão.

O papel do alimento é, com efeito, nos animais superiores, extremamente complexo. Serve em primeiro lugar para a reparação dos tecidos. Em seguida, fornece ao animal o calor que lhe é necessário para se tornar tanto quanto possível independente das variações da temperatura exterior. Desse modo, conserva, mantém e sustenta o organismo no qual o sistema nervoso se acha inserido e do qual depende a vida dos elementos nervosos. Mas esses elementos nervosos não teriam nenhuma razão de ser se esse organismo não lhes transferisse, a eles próprios, mas sobretudo aos músculos que eles acionam, uma certa energia para gastarem, e pode-se mesmo conjeturar ser este, em suma, o destino essencial e derradeiro do alimento. Isso não quer dizer que a parte mais considerável do alimento seja empregada nesse trabalho. Um Estado pode ver-se obrigado a enormes despesas para garantir a cobrança dos impostos. A soma de que poderá dispor, descontado o custo da cobrança, talvez seja insignificante, mas nem por isso deixa de ser ela a motivação dos impostos e de tudo o que foi gasto para se obter o ingresso destes. O mesmo se passa com a energia que o animal pede às substâncias alimentares.

Numerosos fatos nos parecem indicar que os elementos nervosos e musculares ocupam este lugar em relação ao resto do organismo. Comecemos por dar uma vista de olhos à repartição das substâncias alimentares entre os diversos elementos do corpo vivo. Essas substâncias dividem-se em duas categorias: umas quaternárias, ou albuminoides; as outras ternárias, compreendendo os hidratos de carbono e as gorduras. As primeiras são propriamente plásticas, destinadas a refazer os tecidos — embora podendo, graças ao carbono que contêm, tornar-se ocasionalmente energéticas. Mas a função energética é reservada em especial às segundas: estas, antes se depositando na célula do que se incorporando à substância desta, trazem-lhe, sob a forma de potencial químico, uma energia potencial que se converterá diretamente em movimento ou em calor. Em suma, as primeiras têm como função principal refazer a máquina; as segundas, fornecer-lhe a energia. É natural que as primeiras não tenham lugar de eleição privilegiado, visto todas as peças da máquina terem necessidade de manutenção. Mas já com as segundas o mesmo não acontece. Os hidratos de carbono distribuem-se de forma muito irregular, e essa desigualdade de distribuição parece-nos altamente significativa.

Arrastadas pelo sangue arterial sob a forma de glicose, essas substâncias depositam-se, efetivamente, sob a forma de glicogênio, nas diversas células que formam os tecidos. Como é sabido, uma das principais funções do fígado consiste em manter constante a percentagem de glicose no sangue, graças às reservas de glicogênio que a célula hepática elabora. Ora nessa circulação de glicose e nessa acumulação de glicogênio é fácil verificar que tudo se passa como se o esforço inteiro do organismo estivesse dirigido para o fornecimento de energia potencial aos elementos do tecido muscular assim como aos do tecido nervoso. Procede diversamente nos dois casos, mas chega ao mesmo resultado. No primeiro, assegura à célula uma reserva considerável, nela depositada por antecipação; a quantidade de glicogênio que os músculos encerram é enorme, com efeito, comparada à que se encontra nos outros tecidos. No tecido nervoso, pelo contrário, a reserva é reduzida (os elementos nervosos, cuja função é simplesmente libertar a energia potencial armazenada no músculo, não têm nunca, aliás, necessidade de produzir muito trabalho ao mesmo tempo). Entretanto, coisa digna de nota, essa reserva é reconstituída pelo sangue no próprio momento em que se gasta, de modo que o nervo volta instantaneamente a carregar-se de energia potencial. Assim, tanto o tecido muscular como o tecido nervoso são privilegiados, um por ser abastecido com uma reserva considerável de energia, o outro porque é sempre servido no instante em que precisa dela, e na exata medida de que dela necessita.

É em especial do sistema sensório-motor que vem aqui o pedido de glicogênio, isto é, de energia potencial, como se o resto do organismo não tivesse outra função senão transferir força ao sistema nervoso e aos músculos acionados pelos nervos. Sem dúvida, quando se pensa no papel que representa o sistema nervoso (mesmo o sensório-motor) como regulador da vida orgânica, pode-se perguntar se nessa troca de bons serviços entre ele e o resto do corpo será verdadeiramente o sistema nervoso um amo servido pelo corpo. Mas já nos inclinaremos para essa hipótese se considerarmos, por assim dizer no estado estático, a repartição entre os tecidos da energia potencial; e não se poderá deixar de a aceitar inteiramente, segundo cremos, se refletirmos sobre as condições em que a energia é gasta e se reconstitui. Suponhamos, com efeito, que o sistema sensório-motor seja um sistema como os outros, no mesmo nível que os outros. Acompanhando o conjunto do organismo, esperará que um excedente de potencial químico lhe seja fornecido para executar o seu trabalho. Dito por outras palavras, será a produção de glicogênio que regulará o consumo deste pelos nervos e músculos. Suponhamos que, pelo contrário, o sistema sensório-motor tenha uma função verdadeiramente dominadora. A duração e a extensão da sua atividade serão independentes, pelo menos em certa medida, da reserva de glicogênio que ele possua, e até da contida no conjunto do organismo. Ele fornecerá trabalho e os outros tecidos terão de se arranjar como puderem para lhe levar energia potencial. Ora, é exatamente assim que as coisas se passam, como se verifica sobretudo pelas experiências de Morat e de Dufourt. Se a função glicogênica do fígado depende da ação dos nervos excitadores que a comandam, a ação destes últimos acha-se subordinada à dos nervos que põem em atividade os músculos locomotores, de forma que estes começam por gastar sem contar, consumindo assim glicogênio, empobrecendo o sangue em glicose, e finalmente determinando o fígado, que terá sido forçado a lançar no sangue uma parte da sua reserva de glicogênio, a fabricar mais. É portanto do sistema sensório-motor que em última análise tudo parte, é para ele que tudo converge, e podemos dizer, sem metáfora, que o resto do organismo está a seu serviço.

Pense-se também no que se passa no jejum prolongado. É digno de nota que, em animais mortos de fome, se encontre o cérebro quase intacto, ao passo que os outros órgãos perderam uma parte maior ou menor do seu peso e que as suas células sofreram profundas alterações. Parece que o resto do corpo terá sustentado o sistema nervoso até o fim, tratando-se a si próprio como um simples meio que teria aquele como finalidade.

Em resumo: se admitirmos, para abreviar, designar como "sistema sensório-motor" o sistema nervoso cérebro-espinhal mais os aparelhos sensoriais que o prolongam e os músculos locomotores que comanda, poderá dizer-se que um organismo superior é essencialmente constituído por um sistema sensório-motor que assenta em aparelhos de digestão, de respiração, de circulação, de secreção etc. cuja função é consertá-lo, limpá-lo, protegê-lo, criar-lhe um meio interno constante, em suma, e sobretudo transferir-lhe energia potencial a converter em movimento de locomoção. É certo que, quanto mais se aperfeiçoa a função nervosa, tanto mais as funções destinadas a apoiá-la têm de se desenvolver, tornando-se, por consequência, exigentes por si próprias. À medida que a utilidade nervosa foi emergindo da massa protoplásmica na qual se achava envolta, teve de chamar em seu auxílio atividades de toda a espécie sobre as quais se pudesse apoiar: para se desenvolver, estas precisavam de outras atividades, que a seu turno exigiam outras, e assim indefinidamente. É assim que o funcionamento dos organismos superiores se complica ao infinito. O estudo de um desses organismos faz-nos, portanto, andar em círculo, como se tudo nele servisse de meio para tudo. Nem por isso esse círculo deixa de ter um centro, que é o sistema de elementos nervosos que ligam os órgãos sensoriais ao aparelho de locomoção.

Não insistiremos aqui sobre um ponto do qual nos ocupamos longamente em um trabalho anterior. Recordaremos apenas que o progresso do sistema nervoso se efetuou, ao mesmo tempo, no sentido de uma adaptação mais rigorosa aos movimentos e no de uma maior latitude deixada ao ser vivo para escolher entre eles. Essas duas tendências podem parecer antagônicas, e na realidade assim é. Uma cadeia nervosa, mesmo sob a forma mais rudimentar, pode todavia reconciliá-las. Com efeito, por um lado ela traça uma linha bem definida entre um ponto e outro da periferia, aquele sensorial, este motor. Canalizou, portanto, uma atividade de início difusa na massa protoplásmica. Mas, por outro lado, os elementos que a constituem são provavelmente descontínuos; em todo o caso, a supor que possa haver anastomose entre eles, apresentam uma descontinuidade funcional, visto cada um terminar por uma espécie de encruzilhada na qual, certamente, o influxo nervoso pode escolher o seu caminho. Da mais humilde monera até os insetos mais dotados, até os vertebrados mais inteligentes, o progresso realizado foi sobretudo um progresso do sistema nervoso com, em cada fase da escala, todas as criações e complicações de instrumentos exigidos por esse progresso. Conforme insinuamos logo no início deste trabalho, o papel da vida consiste em inserir indeterminação na matéria. Indeterminadas, quer dizer, imprevisíveis, são as formas que ela cria à medida que evolui. Cada vez mais indeterminada também, isto é, cada vez mais livre, é a atividade à qual essas formas devem servir de veículo. Um sistema nervoso, com neurônios ligados de ponta a ponta de tal maneira que na extremidade de cada um deles se abram caminhos múltiplos nos quais se formulam outros tantos problemas, é um verdadeiro *reservatório de indeterminação*. E um simples relance de olhos ao conjunto do mundo organizado parece-nos mostrar que o essencial do impulso vital foi empenhado na criação de aparelhos desse gênero. Mas sobre o próprio impulso da vida são necessários alguns esclarecimentos.

Não se deve esquecer que a força que evolui pelo mundo organizado é uma força limitada, sempre procurando ir além de si própria, e sempre inadequada à obra que tende a produzir. Do esquecimento desse fato resultaram os erros e as puerilidades do finalismo radical, o qual concebeu o conjunto do mundo vivo como uma construção, e uma construção análoga às outras. Todas as partes dela estariam dispostas tendo em vista o melhor funcionamento possível da máquina. Cada espécie teria a sua razão de ser, a sua função, o seu destino, o seu conjunto, dariam um grande concerto, cujas aparentes dissonâncias serviriam apenas para fazer sobressair a harmonia fundamental. Em suma, na natureza tudo se passaria como nas obras do gênio humano, nas quais o resultado obtido pode ser mínimo, mas onde há pelo menos perfeita adequação entre o objeto fabricado e o trabalho de fabricação.

Nada há na evolução da vida que a isso se assemelhe. Nela, é flagrante a desproporção entre o trabalho e o resultado. De alto a baixo do mundo organizado há sempre um único grande esforço; mas, a maior parte das vezes, esse esforço aborta, ora paralisado por forças contrárias, ora distraído daquilo que deve fazer por aquilo que faz, absorto pela forma que está empenhado em tomar, hipnotizado por ela como por um espelho. E mesmo nas suas obras mais perfeitas, quando parece ter acabado por vencer as resistências exteriores assim como a sua própria, está à mercê da materialidade que teve de assumir. É o que cada um pode experimentar em si próprio. A nossa liberdade cria, pelos próprios movimentos com que se afirma, os hábitos nascentes que virão a asfixiá-la se não se renovar graças a um esforço constante: o automatismo espreita-a. O mais vivaz dos pensamentos congelar-se-á na fórmula que o exprime. A palavra volta-se contra a ideia. A letra mata o espírito. E o nosso mais ardente entusiasmo, quando se exterioriza em ação, endurece por vezes tão naturalmente em frio cálculo de interesse ou de vaidade, um adota tão facilmente a forma do outro, que poderíamos confundi-los, duvidar da nossa própria sinceridade, negar a bondade e o amor, se não soubéssemos que a morte conserva durante algum tempo ainda os traços do que é vivo.

A causa profunda dessas dissonâncias encontra-se em uma irremediável diferença de ritmo. A vida em geral é a própria mobilidade; as manifestações particulares da vida só a contragosto aceitam essa mobilidade, retardando constantemente sobre ela. A vida vai sempre à frente; elas querem marcar passo. A evolução em geral far-se-ia, tanto quanto possível, em linha reta; cada evolução especial é um processo circular. Como turbilhões de poeira levantados pelo vento que passa, giram sobre si próprios, suspensos no grande sopro da vida. São, todavia, relativamente estáveis, e imitam mesmo tão bem a imobilidade que os tratamos mais como *coisas* do que como *progressos*, esquecendo que até a permanência da sua formação é senão o desenho de um movimento. Às vezes, todavia, em uma aparição fugidia, materializa-se diante dos nossos olhos o sopro invisível que as arrasta. Temos essa iluminação súbita perante certas formas do amor materno, tão impressionante, tão tocante também na maior parte dos animais, que se observa até na solicitude da planta para com a sua semente. Esse amor, no qual alguns viram o grande mistério da vida, talvez nos pudesse dar o segredo dela. Mostra-nos cada geração curvada sobre a que se lhe segue. Deixa-nos entrever que o ser vivo é sobretudo um ponto de passagem, e que o essencial da vida está no movimento que a transmite.

Esse contraste entre a vida em geral e as formas em que ela se manifesta apresenta por toda parte o mesmo caráter. Poderia dizer-se que a vida tende a agir o mais possível, mas que cada espécie prefere fornecer o mínimo possível de esforço. Considerada naquilo que é a sua própria essência, ou seja, como uma transição de espécie para espécie, a vida é uma ação em aumento constante. Mas cada uma das espécies por meio das quais a vida passa só tem em vista a sua própria comodidade. Escolhe o que representa menor esforço. Absorvendo-se na forma que vai tomar, entra em uma semidormência, na qual ignora quase todo o resto da vida; amolda-se a si própria em função da exploração mais fácil possível do seu meio imediato. Assim, o ato pelo qual a vida se encaminha para a criação de uma nova forma e o ato pelo qual essa forma se esboça são dois movimentos diferentes e muitas vezes antagônicos. O primeiro prolonga-se no segundo, mas não o pode fazer sem se distrair da sua direção, como um saltador que para vencer o obstáculo fosse obrigado a desviar dele os olhos e a olhar-se a si mesmo.

As formas vivas são, por definição, formas viáveis. Seja qual for a maneira como se explique a adaptação do organismo às condições da sua existência, essa adaptação é necessariamente suficiente logo que a espécie subsista. Nesse sentido, cada uma das sucessivas espécies que a paleontologia e a zoologia descrevem foi um *sucesso* alcançado pela vida. Mas as coisas tomam aspecto muito diferente quando se compara cada espécie ao movimento que a depôs à passagem, e não às condições em que ela se inseriu. Muitas vezes, esse movimento sofreu um desvio, muitas outras teve uma súbita paragem; aquilo que não devia ser senão um ponto de passagem passou a ser o termo. Desse novo ponto de vista, o insucesso surge como regra, o sucesso como excepcional e sempre imperfeito. Vamos ver como, das quatro direções principais que a vida animal tomou, duas conduziram a becos sem saída e nas outras duas o esforço foi em geral desproporcional ao resultado.

Faltam-nos os documentos que nos permitiriam reconstituir em pormenor essa história. Podemos, contudo, deslindar as suas linhas gerais. Como dissemos, animais e vegetais tiveram de se separar bastante cedo do tronco comum, o vegetal adormecendo na imobilidade; o animal, pelo contrário, tornando-se cada vez mais desperto e marchando para a conquista de um sistema nervoso. É provável que o esforço do reino animal tenha conduzido à criação de organismos ainda simples, mas dotados de certa mobilidade, e sobretudo suficientemente indecisos quanto à sua forma para permitir todas as determinações futuras. Esses animais podiam assemelhar-se a certos dos nossos vermes, com a diferença de os vermes hoje existentes aos quais os compararmos serem os exemplos esvaziados e imobilizados das formas infinitamente plásticas, prenhes de um futuro indefinido, que constituíram a raiz comum dos equinodermos, dos moluscos, dos artrópodes e dos vertebrados.

Espreitava-os um perigo, um obstáculo que sem dúvida ameaçou a continuação da vida animal. Existe uma particularidade que não pode deixar de nos impressionar quando se observa a fauna da era primária. É o encerramento do animal em um invólucro mais ou menos duro, que certamente dificultava e chegava a paralisar-lhe os movimentos. A princípio, os moluscos tinham concha mais universalmente do que os de hoje. Os artrópodes tinham em geral uma carapaça; eram crustáceos. Os mais antigos peixes tinham um invólucro ósseo, de extrema dureza. A explicação desse fato geral deve ser procurada, segundo cremos, em uma tendência dos organismos moles para se defenderem uns contra os outros, tornando-se, tanto quanto possível, indevoráveis. Cada espécie, no ato pelo qual é constituída, procura o que lhe é mais cômodo. Da mesma forma que, entre os organismos primitivos, alguns se tinham orientado para a animalidade renunciando a fabricar o orgânico com o inorgânico, e indo buscar as substâncias orgânicas já prontas aos organismos que se tinham orientado para a vida vegetal – assim também, entre as próprias espécies animais, muitas optaram por viver à custa de outros animais. Um organismo que é animal, ou seja, móvel, poderá efetivamente tirar partido da sua mobilidade para ir em busca de animais sem defesa e fazer deles seu pasto, tanto como dos vegetais. Desse modo, quanto maior mobilidade ganhavam as espécies, tanto mais vorazes e perigosas se tornavam umas para as outras, sem dúvida. Do que deve ter resultado uma brusca paragem do mundo animal inteiro no progresso que o conduzia a uma mobilidade cada vez maior: porque a pele dura e calcária do equinodermo, a concha do molusco, a carapaça do crustáceo e a couraça ganoide dos antigos peixes tiveram provavelmente como origem comum um esforço das espécies animais para se protegerem contra as espécies inimigas. Mas essa couraça, por trás da qual o animal se punha a salvo, dificultava-lhe os movimentos, chegando a imobilizá-lo. Se o vegetal renunciou à consciência envolvendo-se em uma membrana de celulose, o animal que se encerrou em uma cidadela ou armadura condenava-se a uma semidormência. É em tal torpor que vivem ainda hoje os equinodermos e até os moluscos. Artrópodes e vertebrados também estiveram, sem dúvida, ameaçados por ela, mas escaparam-lhe, e a essa feliz circunstância se deve o atual florescimento das mais elevadas formas da vida.

Vemos, com efeito, o ímpeto da vida para o movimento sair vitorioso. Os peixes trocam a couraça ganoide por escamas. Muito tempo antes tinham aparecido os insetos, libertos eles também da couraça que protegera os seus antepassados. Uns e outros obviaram à insuficiência do seu invólucro protetor por meio de uma agilidade que lhes permitia escapar aos inimigos e também tomar a ofensiva, escolher o lugar e o momento do combate. É um progresso do mesmo gênero que se verifica na evolução do armamento humano. O primeiro movimento é para procurar um abrigo; o segundo, que é o melhor, para adquirir a agilidade necessária para a fuga e sobretudo para o ataque, pois que atacar é a forma mais eficaz da defesa. Foi assim que o legionário suplantou o pesado hoplita, que o soldado de infantaria com os movimentos livres suplantou o cavaleiro coberto de ferro. De uma maneira geral, na evolução da vida no seu conjunto, assim como na das sociedades humanas, e na dos destinos individuais, os maiores sucessos foram obtidos pelos que aceitaram os maiores riscos.

O interesse bem entendido do animal estava, portanto, em tornar-se móvel. Conforme dizíamos a propósito da adaptação em geral, a transformação das espécies poderá sempre explicar-se pelo seu interesse particular. Teremos assim a causa imediata da variação. Mas na maior parte dos casos será apenas a causa mais superficial. A causa profunda é o impulso que lançou a vida no mundo, que a fez cindir-se entre vegetais e animais, que orientou a animalidade para a maleabilidade da forma, e que, em dado momento, no reino animal ameaçado de adormecimento, conseguiu, pelo menos em alguns pontos, que se despertasse e se seguisse em frente.

Nas duas linhas da evolução separada dos vertebrados e dos artrópodes, o desenvolvimento (abstração feita dos recuos ligados ao parasitismo ou a qualquer outra causa) consistiu acima de tudo em um progresso do sistema nervoso sensório--motor. Procura-se a mobilidade, procura-se a maleabilidade, procura-se — por meio de muito tatear, e não sem se ter caído primeiro em um exagero da massa e da força bruta — a variedade dos movimentos. Mas essa procura realizou-se em direções divergentes. Um relance de olhos ao sistema nervoso dos artrópodes e ao dos vertebrados adverte-nos das diferenças. Nos primeiros, o corpo é formado por uma série mais ou menos longa de anéis justapostos: a atividade motora reparte-se por número variável, às vezes considerável, de apêndices, cada um dos quais tem a sua função especial. Nos outros, a atividade motora concentra-se unicamente em dois pares de membros, e esses órgãos desempenham funções que dependem muito menos estritamente da sua forma. A independência torna-se completa no homem, cuja mão pode executar seja que trabalho for.

Isso é pelo menos aquilo que se vê. Por trás do que se vê há agora aquilo que se adivinha, duas potências imanentes à vida, inicialmente confundidas, que com o seu desenvolvimento vieram a dissociar-se.

Para definir essas potências é necessário considerar, na evolução dos artrópodes e na dos vertebrados, as espécies que assinalam, de um lado e do outro, o ponto culminante. Como se pode determinar esse ponto? Ainda aqui seguiríamos caminho errado se pretendêssemos uma precisão geométrica. Não existe um sinal único e simples pelo qual se possa reconhecer que uma espécie se acha mais adiantada do que outra na mesma linha evolutiva. Há caracteres múltiplos, que se torna necessário comparar uns com os outros e avaliar em cada caso particular para se saber até que ponto são essenciais ou acidentais, e em que medida é conveniente tê-los em conta.

É incontestável, por exemplo, ser o sucesso o critério mais geral da superioridade, sendo os dois termos, até certo ponto, sinônimos um do outro. É necessário entender por sucesso, quando se trata do ser vivo, uma aptidão para se desenvolver nos mais diversos meios, por intermédio da maior variedade possível de obstáculos, de maneira a cobrir a maior extensão possível de terra. Uma espécie que reivindica como seu domínio a terra inteira é verdadeiramente uma espécie dominadora, e por consequência superior. Tal é a espécie humana, que representará o ponto culminante da evolução dos vertebrados. Mas tais são também, na série dos articulados, os insetos, e em particular certos himenópteros. Já alguém disse que as formigas eram senhoras do subsolo da terra, tal como o homem é senhor do solo.

Por outro lado, um grupo de espécies tardiamente aparecido pode ser um grupo de degenerados, mas para isso é necessário que tenha intervindo uma causa especial de regressão. De direito, tal grupo seria superior ao grupo do qual deriva, pois corresponderia a um estágio mais adiantado da evolução. Ora, o homem é provavelmente o último chegado dos vertebrados. E, na série dos insetos, só o lepidóptero é posterior ao himenóptero, isto é, sem dúvida, uma espécie de degenerado, verdadeiro parasita das plantas que dão flor.

Assim, por caminhos diferentes, somos levados à mesma conclusão. A evolução dos artrópodes teria alcançado o seu ponto culminante com o inseto e em particular com os himenópteros, tal como a dos vertebrados com o homem. Ora, tendo em conta que é no mundo dos insetos que o instinto se acha mais desenvolvido, e que em nenhum grupo destes ele é tão maravilhoso como nos himenópteros, será lícito dizer que toda a evolução do reino animal, abstração feita dos recuos para a vida vegetativa, se efetuou em duas linhas divergentes, uma que se dirigia para o instinto, a outra para a inteligência.

Torpor vegetativo, instinto e inteligência são, portanto, os elementos que coincidem no impulso vital comum às plantas e aos animais, e que, no decurso de um desenvolvimento em que se manifestaram nas formas mais imprevistas, se dissociaram em razão do simples fato do seu crescimento. *O erro capital que, transmitido desde Aristóteles, viciou a maior parte das filosofias da natureza foi ver na vida vegetativa, na vida instintiva e na vida racional três graus sucessivos do desenvolvimento de uma única tendência, quando são três direções divergentes de uma atividade que se cindiu com o seu crescimento.* A diferença entre elas não é uma diferença de intensidade, nem, mais genericamente, de grau – é uma diferença de natureza.

É importante aprofundar esse ponto. Vimos, com respeito à vida vegetal e à vida animal, de que maneira se completam e em que se opõem. É necessário mostrar agora que também a inteligência e o instinto se opõem e se completam. Mas é preciso dizer primeiro por que motivo se é tentado a ver nelas atividades das quais a primeira seria superior à segunda, e a ela se sobreporia, quando não são realmente coisas da mesma ordem, que não se sucedam uma à outra, nem entre as quais se possam estabelecer diferenças de grau.

É que a inteligência e o instinto, tendo começado por se interpenetrar, conservam algo da sua origem comum. Nem uma nem outra nunca se encontram em estado puro. Conforme dissemos, na planta podem despertar a consciência e a mobilidade do animal, nela dormentes, e o animal vive sob a ameaça constante de um desvio para a vida vegetativa. As duas tendências da planta e do animal interpenetravam-se tão bem de início que nunca houve ruptura total entre elas — uma continua a influir sobre a outra; por toda a parte as encontramos emaranhadas —, o que difere é a proporção. O mesmo se passa com a inteligência e o instinto. Não há inteligência na qual não se descubram vestígios de instinto, e, sobretudo, não há instinto que não seja rodeado por uma franja de inteligência. Foi essa franja de inteligência a causa de tão numerosos equívocos. Do fato de o instinto ser sempre mais ou menos inteligente concluiu-se que inteligência e instinto são coisas da mesma ordem, que entre este e aquela existe apenas uma diferença de complicação ou de perfeição, e sobretudo que cada um pode exprimir-se em termos do outro. Na realidade, só se acompanham porque se completam, e só se completam porque são diferentes, pois o que há de instintivo no instinto é de sentido oposto ao que há de inteligente na inteligência.

Não se deve estranhar a nossa insistência sobre esse ponto, pois ele é de capital importância.

Diremos em primeiro lugar que as distinções que vamos fazer serão demasiado nítidas, precisamente porque queremos definir como do instinto tudo o que ele tem de instintivo, e como da inteligência tudo o que ela tem de inteligente; embora todo o instinto concreto esteja misturado de inteligência, assim como toda a inteligência real está penetrada de instinto. Além disso, nem a inteligência nem o instinto se prestam a definições rígidas; são tendências, e não coisas feitas. Finalmente, será necessário não esquecer que, no presente capítulo, consideramos a inteligência e o instinto ao sair da vida que as depõe ao longo do seu percurso. Ora, a vida que um organismo manifesta é, aos nossos olhos, um certo esforço para obter certas coisas da matéria bruta. Não se deve, portanto, estranhar que seja a diversidade de tal esforço o que nos impressiona no instinto e na inteligência, e que vejamos sobretudo, nessas duas formas da atividade psíquica, dois métodos diferentes de agir sobre a matéria inerte. Essa maneira um pouco estreita de as considerar terá a vantagem de nos fornecer um processo objetivo de as distinguir. Em compensação, só nos dará, da inteligência em geral, e do instinto em geral, a posição média acima e abaixo da qual um e outro oscilam constantemente. Não se deverá ver, portanto, naquilo que se segue senão um desenho esquemático, em que os contornos respectivos da inteligência e do instinto se acharão mais acentuados do que necessário, e em que desdenharemos as gradações resultantes, ao mesmo tempo, da indecisão de cada um deles e da sua recíproca interpretação. Em um assunto tão obscuro, nenhum esforço para o esclarecimento é demasiado. Será sempre fácil tomar depois as formas menos nítidas, corrigir o que o desenho tiver de excessivamente geométrico, em suma, substituir à rigidez de um esquema a maleabilidade da vida.

Que data estabelecemos para o aparecimento do homem sobre a terra? Aquela em que as primeiras armas e os primeiros utensílios foram fabricados. Não está ainda esquecida a famosa polêmica que se estabeleceu em volta da descoberta de Boucher de Perthes na pedreira de Moulin-Quignon. O problema em causa era saber se tratava de verdadeiros machados ou de fragmentos de sílex quebrados acidentalmente. Mas o que ninguém pôs em dúvida foi que, caso se tratasse de machados, estaríamos na presença de uma inteligência, e particularmente da inteligência humana. Abramos, por outro lado, um repositório de anedotas sobre a inteligência dos animais. Veremos que, ao lado de muitos atos explicáveis pela imitação ou pela associação automática das imagens, há outros que não hesitamos em considerar inteligentes. No primeiro plano figuram aqueles que dão prova de uma inteligência de *fabricação*, quer o animal chegue a modelar ele próprio um instrumento grosseiro, quer utilize em seu proveito um objeto fabricado pelo homem. Os animais que são classificados imediatamente após o homem sob o ponto de vista da inteligência, os macacos e os elefantes, são aqueles que sabem utilizar, ocasionalmente, um instrumento artificial. Abaixo deles, mas não muito longe, situaremos os que *reconhecem* um objeto fabricado: por exemplo a raposa, que sabe muito bem que uma armadilha é uma armadilha. Há, sem dúvida, inteligência sempre que há inferência; mas a inferência, que consiste em uma inflexão da experiência passada no sentido da experiência presente é já um começo de invenção. A invenção torna-se completa quando se materializa em um instrumento fabricado. É para isso que tende a inteligência dos animais, como para um ideal. E se, em geral, ela não consegue ainda dar forma a objetos artificiais e servir-se deles, para tal se prepara pelas próprias variações que executa sobre os instintos fornecidos pela natureza. Pelo que diz respeito à inteligência humana, não se deu suficiente atenção ao fato de a invenção mecânica ter começado por ser o seu passo fundamental, e que ainda hoje a nossa vida social gravita em torno da fabricação e da utilização de instrumentos artificiais, que as invenções que constituem os marcos do progresso definem também a sua direção. Temos dificuldade em dar conta disso, porque, em geral, as modificações da humanidade chegam atrasadas em relação às transformações dos utensílios. Os nossos hábitos individuais e mesmo os sociais sobrevivem bastante tempo às circunstâncias para as quais eram feitos, de modo que os efeitos profundos de uma invenção só se fazem notar quanto já perdemos de vista a sua novidade. Passou um século desde a invenção da máquina a vapor, e só agora começamos a sentir o profundo abalo que ela nos deu. Não obstante, a revolução que ela operou na indústria alterou as relações entre os homens. Novas ideias surgem. Novos sentimentos estão em vias de florescer. Dentro de milhares de anos, quando o recuo do passado já só deixar ver as linhas gerais, as nossas guerras e revoluções pouco hão de pesar, a admitir que a memória delas ainda perdure; mas da máquina a vapor, com as invenções de toda a espécie dela resultantes, talvez ainda se fale tal como nós falamos do bronze ou da pedra polida; servirá para definir uma idade. Se pudéssemos despojar-nos totalmente do orgulho; se, para definir a nossa espécie, nos ativéssemos estritamente ao que a história e a pré-história nos apresentam como característica permanente do homem e da inteligência, talvez não disséssemos *Homo sapiens*, mas *Homo faber*. Em suma, *a inteligência considerada naquilo que parece ser a sua atividade originária, é a faculdade de fabricar objetos artificiais, especialmente utensílios fabricadores de utensílios, e de lhes variar indefinidamente a fabricação.*

Ora, um animal não inteligente possuirá também utensílios e máquinas? Possui, sem dúvida, mas aqui o instrumento faz parte do corpo que o utiliza. E, correspondendo a esse instrumento, há um *instinto* que sabe servir-se dele. Isso não quer dizer, sem dúvida, que todos os instintos consistam em uma faculdade natural de utilizar um mecanismo inato. Semelhante definição não se aplicaria aos instintos que Romanes denominou "secundários", e mais que um instinto "primário" lhe escaparia. Mas essa definição do instinto, assim como a que damos provisoriamente da inteligência, determina pelo menos o limite ideal para que se encaminham as numerosas formas do objeto definido. Foi muitas vezes observado que a maior parte dos instintos é o prolongamento, ou melhor, o acabamento do próprio trabalho de organização. Onde começa a atividade do instinto? Onde acaba a da natureza? Seria impossível dizê-lo. Nas metamorfoses da larva em ninfa e em inseto perfeito, metamorfoses que exigem muitas vezes, por parte da larva, uma atividade apropriada e uma espécie de iniciativa, não há linha de demarcação definida entre o instinto do animal e o trabalho organizador da matéria viva. Poderá dizer-se legitimamente que o instinto organiza os instrumentos de que vai servir-se, ou que a organização se prolonga no instinto que irá utilizar o órgão. Os mais maravilhosos instintos do inseto não fazem mais do que desenvolver com movimentos a sua estrutura especial, a tal ponto que, ali onde a vida social divide o trabalho entre os indivíduos e lhes impõe desse modo instintos diferentes, se observa uma diferença correspondente de estrutura. É conhecido o polimorfismo das formigas, das abelhas, das vespas e de certos Pseudoneurópteros. Assim, tendo unicamente em conta os casos-limite em que se verifica o triunfo completo da inteligência e do instinto, encontra-se entre eles uma diferença essencial: *o instinto perfeito é a faculdade de utilizar e até de construir instrumentos organizados, a inteligência perfeita é a faculdade de fabricar e de empregar instrumentos não organizados.*

As vantagens e os inconvenientes dessas duas formas de atividade saltam à vista. O instinto encontra ao seu alcance o instrumento apropriado. Esse instrumento, que se fabrica e se repara a si próprio, que apresenta, como todas as obras da natureza, uma infinita complexidade de pormenores e uma maravilhosa simplicidade de funcionamento, efetua imediatamente, no momento requerido – sem dificuldade, com perfeição por vezes admirável – aquilo que lhe cumpre fazer. Em compensação, conserva uma estrutura quase invariável, visto que a sua modificação implica uma modificação da espécie. O instinto é assim necessariamente especializado, visto ser a utilização, com objetivo determinado, de um instrumento determinado. Pelo contrário, o instrumento fabricado inteligentemente é um instrumento imperfeito. É obtido à custa de esforço. É quase sempre de manejo penoso. Mas, como é feito de matéria desorganizada, pode tomar qualquer forma, servir seja a que uso for, tirar o ser vivo de qualquer nova dificuldade que possa surgir e conferir-lhe poderes ilimitados. Inferior ao instrumento natural para a satisfação das necessidades imediatas, tem tanto maior vantagem sobre este quanto menos premente é a necessidade. Sobretudo, reage sobre a natureza do ser que o fabricou, porque, chamando-o a exercer uma nova função, confere-lhe, por assim dizer, uma organização mais rica, sendo um órgão artificial que prolonga o organismo natural. A cada necessidade que satisfaz, cria uma nova necessidade, e assim, em vez de fechar, como o instinto, o círculo de ação em que o animal se vai mover automaticamente, abre a essa atividade um campo indefinido, no qual a impele cada vez mais longe e a torna cada vez mais livre. Mas essa vantagem da inteligência sobre o instinto só aparece tardiamente, e quando a inteligência, tendo levado a fabricação ao seu grau superior de potência, fabrica já máquinas de fabricar. De início, as vantagens e os inconvenientes do instrumento fabricado e do instrumento natural equilibram-se tão bem que é difícil dizer qual dos dois garantirá ao ser vivo maior domínio sobre a natureza. Pode-se conjeturar que se achavam primitivamente implicados *um* no outro, que a atividade psíquica originária participou de ambos, e que, se recuássemos até suficientemente longe no passado, iríamos encontrar instintos mais próximos da inteligência do que os dos nossos insetos, uma inteligência mais vizinha do instinto do que a dos nossos vertebrados — inteligência e instinto elementares, aliás, prisioneiros de uma matéria que não conseguem dominar. Se a força imanente à vida fosse ilimitada, talvez tivesse desenvolvido indefinidamente nos mesmos organismos o instinto e a inteligência. Mas tudo parece indicar que essa força seja finita, e que se esgote com bastante rapidez ao manifestar-se. É-lhe difícil ir muito longe em várias direções ao mesmo tempo. Precisa escolher. E pode escolher entre duas maneiras de agir sobre a matéria bruta. Pode fornecer essa ação *imediatamente*, criando um instrumento *organizado* com o qual trabalhará; ou então poderá fornecê-la *mediatamente*, em um organismo que, em vez de possuir naturalmente o instrumento necessário, o fabricará ele próprio com a matéria inorgânica. Daí a inteligência e o instinto, que divergem cada vez mais à medida que se desenvolvem, mas que não se separam nunca inteiramente um do outro. De um lado, com efeito, o mais perfeito instinto do inseto é acompanhado por alguns vislumbres de inteligência, quando mais não seja na escolha do lugar, do momento e dos materiais da construção: quando as abelhas, por exceção, fazem ninho ao ar livre, inventam dispositivos novos e verdadeiramente inteligentes para se adaptarem a essas novas condições. Mas, por outro lado, a inteligência tem ainda maior necessidade do instinto do que o instinto da inteligência, porque amoldar a matéria bruta supõe já no animal um grau superior de organização, ao qual só pode ter-se elevado sobre as asas do instinto. Por isso, ao passo que a natureza evoluiu decididamente para o instinto nos artrópodes, verificamos, em quase todos os vertebrados, mais a procura do que o florescer da inteligência. Ainda aqui é o instinto que constitui o substrato da atividade psíquica, mas a inteligência está presente, procurando suplantá-lo. Não chega a inventar instrumentos, mas tenta-o pelo menos, executando o maior número possível de variações sobre o instinto, que pretenderia dispensar. Só no homem a inteligência toma inteiramente posse de si própria, e esse triunfo afirma-se pela própria insuficiência dos meios naturais de que o homem dispõe para se defender contra os seus inimigos, contra o frio e a fome. Quando se tenta decifrar o sentido dessa insuficiência, ela revela-se com o valor de um documento pré-histórico: é a inteligência despedindo-se definitivamente do instinto. Nem por isso deixa de ser verdade que a natureza deve ter hesitado entre dois modos de atividade psíquica, um que tinha o sucesso imediato garantido, mas cujos efeitos eram limitados; o outro aleatório, mas cujas conquistas, se alcançasse a independência, podiam estender-se indefinidamente. O maior sucesso, aliás, ainda aqui foi obtido onde o risco era maior. *Instinto e inteligência representam, pois, duas soluções divergentes, igualmente elegantes, de um único problema.*

Disso resultam, é certo, diferenças profundas de estrutura interna entre o instinto e a inteligência. Insistiremos apenas sobre aquelas que interessam ao presente estudo. Digamos, portanto, que a inteligência e o instinto implicam duas espécies de conhecimento radicalmente diferentes. Mas, antes de mais nada, são necessários alguns esclarecimentos a respeito da consciência em geral.

Tem-se perguntado até que ponto o instinto é consciente. Responderemos haver aqui uma multidão de diferenças e de graduações, que em certos casos o instinto é mais ou menos consciente e que é inconsciente noutros. Conforme veremos, a planta tem instintos: é improvável que esses instintos sejam acompanhados de sentimento. Mesmo no animal, não encontramos nenhum instinto complexo que não seja inconsciente, pelo menos em uma parte do seu processo. Mas é necessário registrar aqui uma diferença, pouco notada, entre duas espécies de inconsciência, a que consiste em uma consciência *nula* e a que provém de uma consciência *anulada*. Consciência nula e consciência anulada são ambas iguais a zero; mas o primeiro zero exprime que nada há, e o segundo que se trata de duas quantidades iguais e de sentido contrário que se compensam e se neutralizam. A inconsciência de uma pedra que cai é uma consciência nula: a pedra não tem o menor sentimento da sua queda. Sucederá o mesmo com a inconsciência do instinto, nos casos extremos em que o instinto é inconsciente? Quando realizamos maquinalmente uma ação habitual, quando o sonâmbulo representa automaticamente o seu sonho, a inconsciência pode ser absoluta. Mas agora resulta de a representação do ato ser posta em xeque pela execução do próprio ato, o qual é tão semelhante à representação e se insere nela com tanta exatidão que nenhuma consciência dele pode aflorar. *A representação é arrolhada pela ação.* A prova disso é que, caso a efetivação do ato seja impedida ou dificultada por um obstáculo, a consciência pode surgir. Estava portanto presente, mas neutralizada pela ação que enchia a representação. O obstáculo nada criou de positivo; fez simplesmente um vazio, praticou um desarrolhamento. Essa inadequação do ato à representação é, aqui, precisamente o que chamamos consciência.

Se aprofundássemos esse ponto, verificaríamos que a consciência é a luz imanente à zona de ações possíveis ou de atividade virtual que rodeia a ação efetivamente realizada pelo ser vivo. Significa hesitação ou escolha. Ali onde muitas ações igualmente possíveis se esboçam sem nenhuma ação real (como sucede em uma deliberação sem decisão), a consciência é intensa. Ali onde a ação real é a única ação possível (como na atividade do gênero sonambúlico ou mais geralmente automática), a consciência torna-se nula. Representação e conhecimento não deixam, todavia, de existir neste último caso, se for verificado nele um conjunto de movimentos sistematizados dos quais o último se acha já pré-formado no primeiro, e que a consciência poderá aliás surgir nele ao choque de um obstáculo. Desse ponto de vista, *definir-se-ia a consciência do ser vivo como a diferença aritmética entre a atividade virtual e a atividade real. Ela mede a distância entre a representação e a ação.*

Em vista disso, pode-se presumir que a inteligência estará sobretudo voltada para a consciência e o instinto para a inconsciência. Porque, quando o instrumento a manejar é organizado pela natureza, o ponto de aplicação fornecido pela natureza, o resultado a obter desejado pela natureza, a parte que resta à escolha é muito reduzida: a consciência inerente à representação será portanto contrabalançada, *pari passu* do seu caminho para se libertar, pela realização do ato, idêntico à representação, que lhe faz contrapeso. Onde ela aparece ilumina menos o instinto do que as contrariedades a que o instinto se acha sujeito: o que se tornará consciência é o *deficit* do instinto, a distância do ato à ideia; e a consciência não passará então de um acidente. Essencialmente, apenas sublinha a fase inicial do instinto, aquela que desencadeia a série inteira dos movimentos automáticos. Pelo contrário, o *deficit* é o estado normal da inteligência. É da sua própria essência sofrer contrariedades. Tendo como função primitiva fabricar instrumentos inorganizados, tem de escolher, por entre mil dificuldades, o lugar e o momento desse trabalho, a forma e a matéria dele. E não pode satisfazer-se inteiramente, porque qualquer nova satisfação cria novas necessidades. Em suma, se tanto o instinto como a inteligência implicam conhecimento, este é antes *representado* e inconsciência no caso do instinto, e é antes *pensado* e consciência no caso da inteligência. Mas trata-se mais de uma diferença de grau do que de natureza. Enquanto se presta atenção unicamente à consciência, fecham-se os olhos ao que, do ponto de vista psicológico, é a diferença capital entre inteligência e instinto.

Para se atingir a diferença essencial é preciso, não nos deixando deter pela luz mais ou menos viva que ilumina essas duas formas da atividade interior, ir direto aos dois objetos, profundamente distintos um do outro, que constituem os seus pontos de aplicação.

Quando o estro do cavalo deposita os ovos nas pernas ou nos quartos do animal, procede como se soubesse que a sua larva deverá desenvolver-se no estômago do cavalo, e que este, ao lamber-se, transportará a larva nascente para o seu tubo digestivo. Quando um himenóptero paralisador vai tocar a sua vítima nos pontos exatos onde se encontram os centros nervosos, de forma a paralisá-la sem a matar, procede tal qual um sábio entomologista que fosse também hábil cirurgião. Mas o que não precisa saber o pequeno escaravelho, cuja história tem

A evolução criadora

sido tantas vezes contada, a sítaris? Esse coleóptero deposita os ovos à entrada das galerias subterrâneas escavadas por uma espécie de abelha, o antóforo. A larva da sítaris, após longa espera, agarra-se ao antóforo quando este vai saindo da galeria, e fica agarrada a ele até ao "voo nupcial"; então, passa do macho para a fêmea, e espera tranquilamente que esta ponha os ovos. Salta então sobre o ovo, que lhe servirá de suporte no mel, devora o ovo em alguns dias e, instalada na casca, sofre a sua primeira metamorfose. Organizada agora para flutuar sobre o mel, consome esta provisão de alimento e torna-se ninfa, depois inseto perfeito. Tudo se passa *como se* a larva da sítaris soubesse, desde a sua eclosão, que o antóforo macho sairá da galeria primeiro, que o voo nupcial lhe dará a oportunidade de se transferir para a fêmea, que esta o conduzirá a um armazém de mel capaz de o alimentar quando ela tiver se transformado, que, até se dar essa transformação, terá devorado pouco a pouco o ovo do antóforo, de forma a alimentar-se, a sustentar-se na superfície do mel e também a suprimir o rival que teria saído do ovo. E tudo se passa igualmente *como se* a sítaris soubesse ela própria que a sua larva saberá todas essas coisas. O conhecimento, se algum conhecimento há, é apenas implícito. Exterioriza-se em atos precisos em vez de se interiorizar em consciência. Nem por isso é menos certo que o comportamento do inseto delineia a representação de coisas determinadas, existindo ou produzindo-se em pontos precisos do espaço e do tempo, que o inseto conhece sem ter aprendido.

    Ora, se considerarmos a inteligência do mesmo ponto de vista, verificamos que também ela conhece certas coisas sem as ter aprendido. Mas trata-se de conhecimentos de uma ordem muito diferente. Não quereríamos ressuscitar aqui a velha querela dos filósofos a respeito do que é inato. Limitemo-nos, portanto, a registrar o ponto sobre o qual todos estão de acordo, isto é, que a criancinha compreende imediatamente coisas que o animal jamais compreenderá, e que nesse sentido a inteligência é, como o instinto, uma função hereditária, e portanto inata. Mas essa inteligência inata, embora seja uma faculdade de conhecer, não conhece nenhum objeto em particular. Quando o recém-nascido procura pela primeira vez o seio da ama, testemunhando assim ter o conhecimento (inconsciente, sem dúvida) de uma coisa que nunca viu, dir-se-á, precisamente por que o conhecimento inato é nesse caso o de um objeto determinado, que se trata de instinto e não de inteligência. A inteligência não dá, portanto, o conhecimento inato de nenhum objeto. Contudo, se nada conhecesse naturalmente, nada teria de inato. Que poderá ela então conhecer, ela que ignora todas as coisas? Ao lado das *coisas* há as *relações*. A criança que acaba de nascer não conhece objetos determinados, nem uma propriedade determinada de nenhum objeto: mas, no dia em que diante dela uma propriedade for aplicada a um objeto, um epíteto a um substantivo, compreenderá imediatamente o que isso quer dizer. Portanto, a relação do atributo ao sujeito é por ela apreendida naturalmente. E o mesmo se dirá da relação geral que o verbo exprime, relação concebida de forma tão imediata pelo espírito que a linguagem pode subentendê-la, como sucede nas línguas rudimentares que não possuem verbo. A inteligência faz, pois, naturalmente uso das relações de equivalente a equivalente, de conteúdo a continente, de causa a efeito etc., implícitas em qualquer frase onde há um sujeito, um atributo, um verbo, expresso ou subentendido. Poderá dizer-se que ela possui o conhecimento *inato* de cada uma dessas relações em particular? Compete aos lógicos investigar se se trata de outras tantas relações irredutíveis, ou se não poderiam ser resolvidas em relações ainda mais gerais. Mas, seja qual for a maneira como se efetue a análise do pensamento, chegar-se-á sempre a um ou vários quadros gerais, dos quais o espírito possui conhecimento inato, visto empregá-lo naturalmente. Diremos portanto que, *se considerarmos no instinto e na inteligência o que contêm de conhecimento inato, verificamos incidir este conhecimento inato no primeiro caso sobre coisas e no segundo sobre relações.*

Os filósofos distinguem entre a matéria do nosso conhecimento e a sua forma. A matéria é aquilo que é dado pelas faculdades de percepção, tomadas no estado bruto. A forma é o conjunto das relações que se estabelecem entre esses materiais para constituir um conhecimento sistemático. A forma, sem matéria, poderá já ser objeto de conhecimento? Sim, certamente, sob a condição de que esse conhecimento se assemelhe menos a uma coisa possuída do que a um hábito contraído, menos a um estado do que a uma direção; será, digamos assim, uma certa disposição natural da atenção. O estudante, sabendo que lhe vai ser ditada uma fração, faz um traço, antes de saber quais serão o numerador e o denominador — tem, pois, presente no espírito a relação geral entre os dois termos, embora sem conhecer nenhum deles; conhece a forma sem a matéria. É o que se passa com os quadros, anteriores a qualquer experiência, nos quais a nossa experiência se insere. Adotemos pois aqui as palavras consagradas pelo uso. Daremos da distinção entre a inteligência e o instinto esta fórmula mais precisa: *a inteligência, naquilo que tem de inato, é o conhecimento de uma forma, o instinto implica a de uma matéria.*

Desse segundo ponto de vista, que é o do conhecimento, e já não da ação, a força imanente à vida em geral aparece-nos ainda como um princípio limitado, no qual coexistem e se penetram reciprocamente, de início, duas maneiras diferentes, e até divergentes, de conhecer. A primeira atinge imediatamente, na sua própria materialidade, objetos determinados. Diz: "eis o que é". A segunda não atinge nenhum objeto em particular: é apenas uma capacidade natural de relacionar um objeto a outro, ou uma parte a outra, ou um aspecto a outro, em suma, de tirar conclusões quando se possuem premissas, e de ir do que se aprendeu ao que se ignora. Esta não diz: "isto é", mas simplesmente que, *se* as condições forem tais, tal será o condicionado. Em resumo, o primeiro conhecimento, de natureza instintiva, formular-se-ia naquilo que os filósofos chamam proposições *categóricas*, ao passo que a segunda, de natureza intelectual, se exprime sempre *hipoteticamente*. Dessas duas faculdades, a primeira afigura-se a princípio muito preferível à outra. E assim seria, com efeito, caso se estendesse a um número indefinido de objetos. Mas, de fato, nunca se aplica senão a um objeto especial, e até a uma parte restrita dele. Pelo menos tem disso conhecimento interior pleno, não explícito, mas implícito na ação efetuada. A segunda, pelo contrário, não possui naturalmente senão um conhecimento exterior e vazio; mas, por isso mesmo, tem a vantagem de constituir um quadro no qual poderá tomar sucessivamente lugar uma infinidade de objetos. Tudo se passa como se a força que evolui através das formas vivas, sendo uma força limitada, pudesse escolher, no domínio do conhecimento natural ou inato, entre duas espécies de limitação, uma incidindo sobre a *extensão* do conhecimento, a outra sobre a sua *compreensão*. No primeiro caso, o conhecimento poderá ser amplo e pleno, mas será restrito a um objeto determinado. No segundo, o conhecimento não limita o seu objeto, mas é por não conter mais nada, sendo apenas uma forma sem matéria. As duas tendências, primitivamente implícitas uma na outra, tiveram de se separar para crescer. Foram buscar a sorte no mundo, cada qual pelo seu lado. E chegaram ao instinto e à inteligência.

Tais são, portanto, os dois modos divergentes de conhecimento pelos quais a inteligência e o instinto se deverão definir, se nos situamos no ponto de vista do conhecimento, e não já no da ação. Mas conhecimento e ação são, aqui, dois aspectos de uma única faculdade. É fácil ver, com efeito, que a segunda definição não passa de uma nova forma da primeira.

Se o instinto é, por excelência, a faculdade de utilizar um instrumento natural organizado, deve incluir o conhecimento inato (virtual ou inconsciente, é certo) tanto desse instrumento como do objeto ao qual ele se aplica. O instinto é, portanto, o conhecimento inato de uma *coisa*. Mas a inteligência é a faculdade de fabricar instrumentos inorganizados, isto é, artificiais. Se, por ela, a natureza renuncia a dotar o ser vivo do instrumento que lhe servirá, é para que o ser vivo possa, segundo as circunstâncias, variar a sua fabricação. A função essencial da inteligência será, portanto, a de destrinçar, sejam quais forem as circunstâncias, o meio de resolver as dificuldades. Ela procurará o que melhor pode servi-lo, quer dizer o que melhor se inserir no quadro proposto. Incidirá essencialmente sobre as relações entre a situação dada e os meios de a utilizar. O que ela terá de inato será, portanto, a tendência para estabelecer relações, e essa tendência implica o conhecimento natural de certas relações muito gerais, verdadeiro tecido que a atividade própria a cada inteligência talhará em relações mais particulares. Onde a atividade se acha orientada para a fabricação, o conhecimento incide pois forçosamente sobre relações. Mas esse conhecimento inteiramente *formal* da inteligência tem sobre o conhecimento *material* do instinto uma superioridade incalculável. Uma forma, precisamente por ser vazia, pode ser sucessivamente cheia, conforme se queira, por um número indefinido de coisas, mesmo por aquelas que não servem para nada. De modo que um conhecimento formal não se limita ao que é praticamente útil, embora tenha surgido no mundo tendo em vista a utilidade prática. Um ser inteligente possui com que se ultrapassar a si próprio.

Contudo, ultrapassar-se-á menos do que pretenderia, e menos também do que imagina fazê-lo. O caráter puramente formal da inteligência priva-a do lastro que lhe seria necessário para aderir aos objetos que teriam o máximo interesse para a especulação. O instinto, pelo contrário, teria a materialidade requerida, mas é incapaz de ir procurar tão longe o seu objeto: não pode especular. Tocamos aqui o ponto que tem maior interesse para a nossa presente investigação. A diferença que vamos assinalar entre o instinto e a inteligência é aquela que toda a nossa análise tendia a destrinçar. Poderíamos formulá-la assim: *há coisas que só a inteligência é capaz de procurar, mas que, por si própria, jamais encontrará. Essas coisas, só o instinto as poderia encontrar, mas nunca as procura.*

É necessário que entremos aqui em alguns pormenores provisórios sobre o mecanismo da inteligência. Dissemos que a inteligência tem como função estabelecer relações. Determinemos com mais precisão a natureza das relações que a inteligência estabelece. Acerca desse ponto, não se sai do vago ou do arbitrário enquanto se considera a inteligência uma faculdade destinada à pura especulação. Fica-se assim reduzido a tomar os quadros gerais do entendimento como algo absoluto, irredutível e inexplicável. O entendimento teria caído do céu com a sua forma, tal como cada um de nós nasce com o seu rosto. Define-se essa forma, é certo, mas é tudo quanto se pode fazer, e não se precisa querer saber por que ela é o que é e não outra coisa. Assim, ensinar-se-á que a inteligência é essencialmente unificação, que todas as suas operações têm por objeto comum introduzir uma certa unidade na diversidade dos fenômenos etc. Mas, em primeiro lugar, "unificação" é um termo vago, menos claro do que "relação" ou até "pensamento", e que não diz mais que eles. Além disso, poderíamos perguntar-nos se a função da inteligência não seria mais a de dividir do que a de unir. Finalmente, se a inteligência procede conforme faz por querer unir e se procura a unificação simplesmente porque tem necessidade dela, o nosso conhecimento torna-se relativo a certas exigências do espírito que poderiam, sem dúvida, ter sido muito diferentes do que são. Para uma inteligência que tivesse outra conformação, o conhecimento teria sido outro. Não estando a inteligência suspensa de nada, então tudo fica suspenso dela. E assim, por se ter colocado o entendimento demasiado alto, chega-se ao resultado de colocar demasiado baixo o conhecimento que nos dá. Esse conhecimento torna-se relativo, se a inteligência é uma espécie de absoluto. Pelo contrário, consideramos a inteligência humana relativa às necessidades da ação. Dada a ação, a própria forma da inteligência dela se deduz. Portanto, essa forma não é irredutível nem inexplicável. E, precisamente porque ela não é independente, já não se pode dizer que o conhecimento dela dependa. O conhecimento deixa de ser um produto da inteligência para se tornar, em certo sentido, parte integrante da realidade.

Os filósofos poderão alegar que a ação se realiza em um mundo *ordenado*, que esta ordem é já pensamento, e que cometemos uma petição de princípio explicando a inteligência pela ação, que a pressupõe. No que teriam razão, se o ponto de vista em que nos colocamos no presente capítulo devesse ser o nosso ponto de vista definitivo. Seríamos então vítimas de uma ilusão como a de Spencer, ao supor que a inteligência ficava suficientemente explicada com a sua redução ao vestígio deixado em nós pelos caracteres gerais da matéria: como se a ordem inerente à matéria não fosse a própria inteligência! Mas reservamos para o próximo capítulo o problema de saber até que ponto, e com que método, poderia a filosofia tentar uma gênese verdadeira da inteligência, ao mesmo tempo que da matéria. No momento, o problema que nos preocupa é de ordem psicológica. Perguntamo-nos qual a porção do mundo material a que a nossa inteligência se acha especialmente adaptada. Ora, para responder a essa pergunta, não se torna necessário optar por um sistema de filosofia. Basta que nos situemos no ponto de vista do senso comum.

Partamos, pois, da ação, e estabeleçamos como princípio que a inteligência tem como primeiro objetivo fabricar. A fabricação exerce-se exclusivamente sobre a matéria bruta, quer dizer: mesmo quando emprega materiais organizados, trata-os como objetos inertes, sem se preocupar com a vida que lhes deu forma. Da própria matéria bruta retém apenas o sólido: o resto foge-lhe devido à sua própria fluidez. Portanto, se a inteligência tende a fabricar, pode prever-se que o que há de fluido no real lhe escapará em parte, e que lhe escapará totalmente o que há de vital no vivo. *A nossa inteligência, tal como sai das mãos da natureza, tem como principal objeto o sólido inorganizado.*

Se passássemos em revista as faculdades intelectuais, veríamos que a inteligência não se sente à vontade, não está inteiramente em sua casa, senão quando opera sobre a matéria bruta, em especial sobre sólidos. Qual é a propriedade mais geral da matéria bruta? É extensa, apresenta-nos objetos exteriores a outros objetos e, nesses objetos, partes exteriores a partes. É-nos útil, sem dúvida, tendo em vista as nossas manipulações ulteriores, considerar cada objeto divisível em partes arbitrariamente recortadas, sendo cada parte divisível ainda, segundo a nossa fantasia, e assim ao infinito. Mas é-nos antes de mais nada necessário, para a manipulação atual, ter o objeto real com que lidamos, ou os elementos reais em que o resolvemos, como *provisoriamente definitivos*, e tratá-los como outras tantas *unidades*. Fazemos alusão à possibilidade de decompor a matéria tanto quanto quisermos, e conforme nos agrade, quando falamos na *continuidade* da extensão material; mas essa continuidade reduz-se para nós, conforme se vê, à faculdade que a matéria nos deixa de escolher o modo de descontinuidade que acharmos nela. Resumindo, é sempre o modo de descontinuidade uma vez escolhido que nos aparece ser efetivamente real e que fixa a nossa atenção, visto ser por ele que se regula a nossa ação presente. Assim, a descontinuidade é pensada por ela própria, é pensável em si própria, a sua representação é-nos dada por um ato positivo do nosso espírito, ao passo que a representação intelectual da continuidade é antes negativa, visto ser no fundo a recusa do nosso espírito, perante qualquer sistema de decomposição atualmente dado, de o ter como único possível. *A inteligência só tem representação clara do descontínuo.*

Por outro lado, os objetos sobre os quais se exerce a nossa ação são, sem dúvida nenhuma, objetos móveis. Mas o que nos importa é saber *aonde* vai o móbil, *onde* ele se encontra em um momento qualquer do seu trajeto. Por outras palavras, importam-nos acima de tudo as suas posições atuais ou futuras, e não o *progresso* pelo qual ele passa de uma posição a outra, progresso que é o próprio movimento. Nas ações que realizamos, e que são movimentos sistematizados, é sobre a finalidade ou a significação do movimento, sobre o traçado do seu conjunto, em uma palavra, sobre o plano de execução imóvel, que fixamos o nosso espírito. O que há de movente na ação só nos interessa na medida em que por via dele o todo poderia ser adiantado, retardado ou impedido por este ou aquele incidente acontecido no caminho. Mas da própria mobilidade a nossa inteligência se desinteressa, porque não lhe importa de modo algum ocupar-se dela. Se fosse desejada para a teoria pura, instalar-se-ia no movimento, porque o movimento é sem dúvida a própria realidade, e a imobilidade é sempre aparente ou relativa. Mas a inteligência tem uma finalidade muito diferente. A menos que se violente, segue o caminho inverso: é da imobilidade que parte sempre, como se esta fosse a última realidade ou o último elemento – quando pretende ter a representação do movimento, reconstrói-o pela justaposição de imobilidades. Essa operação, cuja ilegitimidade e perigo na ordem especulativa vamos mostrar (pois conduz a impasses e cria artificialmente problemas filosóficos insolúveis), justifica-se sem dificuldade quando se tem em conta a sua finalidade. A inteligência, no estado natural, tem em vista uma finalidade praticamente útil. Quando substitui imobilidades justapostas ao movimento, não pretende reconstituir este tal qual é, mas simplesmente substituí-lo por um equivalente prático. São os filósofos que se enganam quando transferem para o campo da especulação um método de pensar que é feito para a ação. Mas voltaremos a abordar esse ponto. Limitemo-nos por agora a dizer que o estável e o imutável são aquilo a que a nossa inteligência adere, em virtude da sua disposição natural. *A nossa inteligência só tem representação clara da imobilidade.*

Ora, fabricar consiste em moldar uma matéria na forma de um objeto. O que acima de tudo importa é a forma a obter. Quanto à matéria, escolhe-se a que melhor convém; mas, para escolhê-la, isto é, para procurá-la entre muitas outras, é preciso ter experimentado, pelo menos em imaginação, dotar qualquer espécie de matéria da forma do objeto que se concebeu. Em outras palavras, uma inteligência que tem como função fabricar é uma inteligência que nunca se detém na forma atual das coisas, que não a considera definitiva, para a qual toda a matéria é, pelo contrário, moldável à vontade. Platão compara o bom dialetólogo ao hábil cozinheiro, que destrincha o animal sem lhe quebrar os ossos, seguindo as articulações desenhadas pela natureza. E, com efeito, uma inteligência que procedesse sempre assim seria uma inteligência voltada para a especulação. Mas a ação, em particular a fabricação, exige a tendência de espírito inversa. Pretende que consideremos qualquer forma atual das coisas, mesmo das naturais, como artificial e provisória, e que o nosso pensamento faça desaparecer do objeto, ainda que este seja organizado e vivo, as linhas que revelam exteriormente a sua estrutura interna, em suma, que tenhamos a sua matéria como indiferente à sua forma. O conjunto da matéria deverá aparecer portanto ao nosso pensamento como um imenso tecido que podemos cortar na forma que quisermos, para o recoser conforme nos agrade. Note-se de passagem que é esse poder que afirmamos ao dizer que há um *espaço*, isto é, um meio homogêneo e vazio, infinito e infinitamente divisível, prestando-se indiferentemente a qualquer espécie de decomposição. Nunca há percepção de um meio desse gênero, que é apenas concebido. Há percepção da extensão colorida, resistente, dividida segundo as linhas que desenham os contornos dos corpos reais, ou das suas partes reais elementares. Mas quando nos representamos o nosso poder sobre essa matéria, isto é, a nossa faculdade de a decompor e de a recompor conforme entendermos, projetamos, em bloco, todas essas decomposições e recomposições possíveis por trás da extensão real, sob a forma de um espaço homogêneo, vazio e indiferente, que a subtenderia. Esse espaço é, portanto, acima de tudo, o esquema da nossa ação possível sobre as coisas, embora estas tenham uma tendência natural, conforme explicaremos mais adiante, para entrar em um esquema desse gênero: é uma visão do espírito. O animal, provavelmente, não tem nenhuma ideia dela, mesmo quando percebe como nós as coisas extensas. É uma representação que simboliza a tendência fabricadora da inteligência humana. Mas por ora não nos deteremos nesse ponto. Limitemo-nos a dizer que *a inteligência é caracterizada pelo poder indefinido de decompor de acordo seja com que lei for e de recompor seja em que sistema for.*

Enumeramos alguns dos caracteres essenciais da inteligência humana. Mas supusemos o indivíduo isolado, sem ter em conta a vida social. Na realidade, o homem é um ser que vive em sociedade. Se é certo que a inteligência humana tem em vista fabricar, necessário é acrescentar que se associa, para isso e para o resto, a outras inteligências. Ora, é difícil imaginar uma sociedade cujos membros não se comuniquem entre si por meio de sinais. As sociedades de insetos possuem sem dúvida uma linguagem, e essa linguagem deve estar adaptada, como a do homem, às necessidades da vida em comum, permitindo que uma *ação comum* se torne possível. Mas essas necessidades da ação comum não são de forma alguma as mesmas para um formigueiro e para uma sociedade humana. Nas sociedades de insetos, há geralmente polimorfismo, a divisão do trabalho é natural, e cada indivíduo acha-se ligado pela sua estrutura à função que desempenha. Em todo o caso, essas sociedades têm como base o instinto, e, por consequência, certas ações ou fabricações que se acham mais ou menos ligadas à forma dos órgãos. Portanto, se as formigas, por exemplo, têm uma linguagem, os sinais que a compõem devem ser em número bem determinado, e cada um deles deve estar invariavelmente ligado, uma vez constituída a espécie, a determinado objeto ou a determinada operação. O sinal adere à coisa significada. Em uma sociedade humana, pelo contrário, a fabricação e a ação têm forma variável, e, além disso, cada indivíduo deve aprender o seu papel, não estando predestinado para ele pela sua estrutura. É, pois, necessária uma linguagem que permita passar-se, a qualquer momento, do que se sabe para o que se ignora. É necessária uma linguagem cujos sinais — que não podem ser em número infinito — sejam extensíveis a uma infinidade de coisas. Essa tendência do sinal para se transferir de um objeto a outro é característica da linguagem humana. Observa-se na criancinha, desde o dia em que começa a falar. Imediata e naturalmente, estende o sentido das palavras que vai aprendendo, aproveitando-se da mais acidental aproximação ou da mais longínqua analogia para desligar e transferir, para outro, o sinal que diante dela tinha sido ligado a determinado objeto. "Seja o que for pode designar seja o que for" é o princípio latente da linguagem infantil. Foi um erro confundir essa tendência com a faculdade de generalizar. Os próprios animais generalizam, e, aliás, um sinal, ainda que instintivo, representa sempre mais ou menos um gênero. O que caracteriza os sinais da linguagem humana não é tanto a sua generalidade como a sua mobilidade. *O sinal instintivo é um sinal* aderente, *o sinal inteligente é um sinal* móvel.

Ora, essa mobilidade das palavras, própria para elas irem de uma coisa a outra, permitiu-lhe estenderem-se das coisas às ideias. A linguagem não teria, é certo, dado a faculdade de refletir a uma consciência inteiramente exteriorizada, que fosse incapaz de se recolher em si própria. Uma inteligência que reflete é uma inteligência que, ao lado do esforço praticamente útil, tem um suplemento de força para gastar, uma consciência que, virtualmente, já se reconquistou a si própria. Mas falta ainda passar da virtualidade ao ato. É de presumir que, sem a linguagem, a inteligência teria ficado sujeita aos objetos materiais que era do seu interesse considerar. Teria vivido em um estado de sonambulismo, exteriormente a si própria, hipnotizada pelo seu trabalho. A linguagem contribuiu muito para libertá-la. A palavra, própria para ir de uma coisa a outra, é, com efeito, essencialmente deslocável e livre. Poderá pois estender-se não só de uma coisa percebida a outra coisa percebida, mas também da coisa percebida à recordação dela, da recordação nítida a uma imagem mais vaga, de uma imagem vaga, mas ainda representada, à representação do ato pelo qual se tem a representação dela, isto é, à ideia. Abre-se assim aos olhos da inteligência, que estava voltada para fora, todo um mundo interior, o espetáculo das suas próprias operações. Aliás, ela não esperava senão essa oportunidade. Tira proveito de a própria palavra ser uma coisa para penetrar, levada por ela, no interior do seu próprio trabalho. Embora o seu primeiro mister fosse fabricar instrumentos, essa fabricação só é possível recorrendo a certos meios que não foram talhados à exata medida do seu objeto, mas o ultrapassam, permitindo assim à inteligência um trabalho suplementar, quer dizer, desinteressado. No dia em que a inteligência, refletindo sobre as suas próprias atividades, se reconhece criadora de ideias, faculdade de representação em geral, já não há objeto de que ela não queira ter a ideia, mesmo não tendo relação direta com a ação prática. Por isso dizemos haver coisas que só a inteligência pode procurar. Somente ela, com efeito, se preocupa com teoria. E a sua teoria ambiciona tudo englobar, tanto a matéria bruta, sobre a qual tem naturalmente domínio, mas também a vida e o pensamento.

Podemos adivinhar quais os meios, quais os instrumentos e, finalmente, quais os métodos que usará para abordar esses problemas. Acha-se originariamente adaptada à forma da matéria bruta. A própria linguagem, que lhe permitiu alargar o seu campo de operações, é feita para designar coisas, e apenas coisas. Somente porque a palavra é móvel, por caminhar de uma coisa a outra, é que a inteligência iria mais cedo ou mais tarde apanhá-la *no caminho*, quando não se achava pousada sobre nada, para a aplicar a um objeto que não é uma coisa, e que, até então dissimulado, esperava o auxílio da palavra para passar da sombra à luz. Mas, ao cobrir esse objeto, a palavra também o converteu em coisa. Assim, a inteligência, mesmo quando não opera já sobre a matéria bruta, segue os hábitos adquiridos nessa operação: aplica formas que são as da própria matéria desorganizada. É para esse gênero de trabalho que ela é feita, e somente esse gênero de trabalho a satisfaz plenamente. E é isso que ela exprime ao dizer que somente assim alcança a *distinção* e a *clareza*.

A inteligência precisará, portanto, a fim de pensar clara e distintamente sobre si própria, aperceber-se sob a forma de descontinuidade. Com efeito, os conceitos são exteriores uns aos outros, como se fossem objetos no espaço. E têm a mesma estabilidade que os objetos, sobre cujo modelo foram criados. Reunidos, constituem um "mundo inteligível", que pelos seus caracteres essenciais se assemelha ao mundo dos sólidos, mas cujos elementos são mais leves, mais diáfanos, mais fáceis de manejar pela inteligência do que a imagem pura e simples das coisas concretas; com efeito, já não são a própria percepção das coisas, mas a representação do ato pelo qual a inteligência se fixa sobre elas. Já não são imagens, mas símbolos. A nossa lógica é o conjunto das regras que é necessário seguir na manipulação dos símbolos. Como esses símbolos derivam da consideração dos sólidos, como as regras da composição desses símbolos entre si se limitam a traduzir as relações mais gerais entre sólidos, a nossa lógica triunfa na ciência que toma como objeto a solidez dos corpos, quer dizer, a geometria. Lógica e geometria engendram-se reciprocamente uma à outra, conforme veremos um pouco mais adiante. A lógica natural saiu da extensão de uma certa geometria natural, sugerida pelas propriedades gerais e de imediato apreendidas dos sólidos. Foi dessa lógica natural que saiu, por sua vez, a geometria científica, que alarga indefinidamente o conhecimento das propriedades exteriores dos sólidos. Geometria e lógica são rigorosamente aplicáveis à matéria. Estão aí em sua casa, podem caminhar sozinhas. Mas, fora desses domínios, o puro raciocínio precisa ser vigiado pelo bom-senso, que é coisa muito diferente.

Assim, todas as forças elementares da inteligência tendem a transformar a matéria em instrumento de ação, isto é, no sentido etimológico da palavra, em *órgão*. A vida, não satisfeita com a produção de organismos, quereria atribuir-lhes como apêndice a própria matéria inorgânica, convertida por obra do ser vivo em um imenso órgão. Essa é a primeira tarefa que ela atribui à inteligência. E por isso a inteligência se comporta invariavelmente ainda como se estivesse fascinada pela contemplação da matéria inerte. É a vida olhando para fora, exteriorizando-se relativamente a si própria, adotando em princípio, para de fato os dirigir, os procedimentos da natureza desorganizada. Daí o seu espanto quando se volta para o vivo e se vê perante a organização. Faça ela então o que fizer resolve o organizado em inorganizado, pois não lhe seria possível, sem anular a sua direção natural e sem se violentar, pensar a verdadeira continuidade, a mobilidade real, a compenetração recíproca, em suma, essa evolução criadora que é a vida.

Se é da continuidade que se trata, então o aspecto da vida acessível à nossa inteligência, como aliás aos sentidos que a nossa inteligência prolonga, é aquele que permite a nossa ação. É necessário, para podermos modificar um objeto, ter a percepção dele como divisível e descontínuo. Do ponto de vista da ciência positiva, foi realizado um progresso incomparável no dia em que se distinguiram as células nos tecidos organizados. A seu turno, o estudo da célula revelou nela um organismo cuja complexidade parece aumentar à medida que se aprofunda o seu conhecimento. Quanto mais a ciência progride, mais numerosos se verifica serem os elementos heterogêneos, exteriores uns aos outros, que se justapõem para formar um ser vivo. Estaremos assim penetrando melhor o problema da vida? Ou, pelo contrário, não se diria que o que é propriamente vital na matéria viva parece recuar à medida que se investiga mais profundamente o pormenor das partes justapostas? Já se manifesta entre os sábios a tendência para considerar contínua a substância do organismo, e a célula uma entidade artificial. Mas, a supor que esse ponto de vista acabe por prevalecer, só poderia conduzir, ao tornar-se mais profundo, a outra modalidade de análise do ser vivo, e por consequência a nova descontinuidade, embora, talvez, menos afastada da continuidade real da vida. A verdade é que essa continuidade só poderia ser pensada por uma inteligência que se abandonasse ao seu movimento natural. Implica, ao mesmo tempo, a multiplicidade dos elementos e a penetração recíproca de todos por todos, duas propriedades que de forma alguma podem reconciliar-se no terreno em que se exerce a nossa indústria, e por consequência também a nossa inteligência.

Da mesma forma que separamos no espaço, fixamos no tempo. A inteligência não é feita para pensar a *evolução*, no sentido próprio da palavra, isto é, a continuidade de uma mudança que seja pura continuidade. Não insistiremos aqui sobre esse ponto, que nos propomos aprofundar em um capítulo especial. Digamos apenas que a inteligência tem a representação do devir como uma série de *estados*, em que cada um dos quais é homogêneo consigo mesmo e, por consequência, não muda. Se a nossa atenção é atraída para a modificação interna de um desses estados, logo a decompomos em outra série de estados que, reunidos, constituirão a sua modificação interna. Cada um desses novos estados será invariável, ou então, se a sua modificação interna nos chama a atenção, é imediatamente dividida em uma nova série de estados invariáveis, e por aí afora indefinidamente. Ainda aqui, pensar consiste em reconstituir, e, naturalmente, é com elementos dados, com elementos por consequência estáveis, que o fazemos. De maneira que podemos imitar, pelo progresso indefinido da nossa adição, a mobilidade do devir, mas o próprio devir nos deslizará por entre os dedos quando julgarmos tê-lo seguro. Precisamente por procurar sempre reconstituir, e reconstituir com o dado, a inteligência deixa fugir o que há de *novo* em cada momento de uma história. Não admite o imprevisível. Rejeita tudo o que seja criação. O que satisfaz a nossa inteligência é uma consequência determinada, calculada em virtude de antecedentes determinados. Ainda conseguimos compreender que um fim determinado suscite meios determinados para ele ser alcançado. Em ambos os casos, trata-se do conhecido composto com o conhecido e, em suma, do antigo que se repete. Aí a nossa inteligência acha-se à vontade, e, seja qual for o objeto, abstrairá, separará, eliminará, de maneira a substituir ao próprio objeto, sendo necessário um equivalente aproximado em que as coisas se passarão dessa maneira. Mas cada instante ser novo, e a novidade jorrar incessantemente; uma forma nascer, da qual se dirá sem dúvida, uma vez produzida, que é um efeito determinado pelas suas causas, mas acerca da qual era impossível supor previsto o que viria a ser, visto as causas, aqui, únicas no seu gênero, fazerem parte do efeito, terem tomado forma ao mesmo tempo que ele, e tanto serem determinadas por ele como o determinarem: eis o que poderemos sentir em nós e adivinhar por simpatia fora de nós, mas não exprimir em termos de puro entendimento nem, em sentido estrito, pensar. Não o estranharemos se pensarmos naquilo a que o nosso entendimento se destina. A causalidade que ele procura e acha em toda a parte exprime o próprio mecanismo da nossa indústria, no qual recompomos indefinidamente o mesmo todo com os mesmos elementos, no qual repetimos os mesmos movimentos para obter o mesmo resultado. A finalidade por excelência é, para o nosso entendimento, a da nossa indústria, na qual se trabalha sobre um modelo dado antecipadamente, isto é, antigo ou composto por elementos conhecidos. Quanto à invenção propriamente dita, embora ela seja o ponto de partida da própria indústria, a nossa inteligência não alcança apreendê-la no seu *jorrar*, isto é, no que ela tem de indivisível, nem na sua *genialidade*, isto é, no que ela tem de criador. Explicá-la consiste sempre em dividi-la, a ela que é imprevisível e nova, em elementos conhecidos ou antigos, dispostos em uma ordem diferente. A inteligência tampouco admite a novidade completa como o devir radical. Quer dizer que, ainda aqui, ela deixa escapar um aspecto essencial da vida, como se não fosse feita para pensar semelhante objeto.

Todas as nossas análises nos conduzem a essa conclusão. Mas não era necessário descer a tão extensa pormenorização do mecanismo do trabalho intelectual: seria suficiente considerar os seus resultados. Ver-se-ia que a inteligência, tão hábil na manipulação do inerte, revela a sua inabilidade mal toca no vivo. Quer se trate da vida do corpo, quer da vida do espírito, procede com o rigor, a rigidez e a brutalidade de um instrumento que não se destinava a tal uso. A história da higiene e da pedagogia seria muito elucidativa a esse respeito. Quando se pensa no interesse capital, premente e constante que temos em conservar os nossos corpos e elevar as nossas almas, nas facilidades especiais dadas a cada um para experimentar incessantemente sobre si próprio e sobre outrem, no prejuízo palpável pelo qual se manifestam e se pagam as deficiências de uma prática médica ou pedagógica, a grosseria e, sobretudo, a persistência dos erros fazem-nos pasmar. Não seria difícil descobrir que a sua origem está na nossa obstinação em tratar o vivo como se fosse inerte, e em pensar toda a realidade, por mais fluida que seja, sob a forma de sólido definitivamente fixado. Só nos sentimos à vontade no descontínuo, no imóvel no morto. *A inteligência é caracterizada por uma natural incompreensão da vida.*

Pelo contrário, o instinto é moldado sobre a própria forma da vida. Enquanto a inteligência trata mecanicamente todas as coisas, o instinto procede, se assim é lícito dizer, organicamente. Se a consciência que nele se acha adormecida despertasse, se ele se interiorizasse em conhecimento em vez de se exteriorizar em ação, se soubéssemos interrogá-lo e ele pudesse responder, desvendar-nos-ia os mais íntimos segredos da vida. Porque ele não faz outra coisa senão continuar o trabalho por meio do qual a vida organiza a matéria, a tal ponto que não poderíamos dizer, como tem sido demonstrado muitas vezes, onde acaba a organização e onde começa o instinto. Quando o pinto quebra de uma bicada a casca do ovo, age instintivamente, mas, todavia, limita-se a seguir o movimento que o conduziu ao longo da vida embrionária. Inversamente, no decurso da própria vida embrionária (sobretudo quando o embrião vive livremente sob a forma de larva) são realizados muitos processos que dependem do instinto. Os mais essenciais dos instintos primários são, pois, de fato, processos vitais. A consciência virtual que os acompanha somente se atualiza, o mais das vezes, na fase inicial do ato, e deixa que o resto do processo se efetue sozinho. Bastaria que se expandisse mais largamente, e que depois se aprofundasse completamente, para coincidir com a força geradora da vida.

Quando vemos, em um corpo vivo, milhares de células trabalhando juntas para um fim comum, partilhando a tarefa, vivendo cada uma por si e ao mesmo tempo para as outras, conservando-se, alimentando-se, reproduzindo-se, respondendo às ameaças de perigo por meio de reações defensivas apropriadas, como não pensar em outros tantos instintos? Trata-se contudo de funções naturais da célula, dos elementos constitutivos da sua vitalidade. Reciprocamente, quando vemos as abelhas de uma colmeia constituir um sistema tão organizado que nenhum dos indivíduos pode viver isolado para além de um certo tempo, mesmo que se lhe forneçam alojamento e alimentação, como poderemos deixar de reconhecer que a colmeia é realmente, e não metaforicamente, um único organismo, do qual cada abelha é uma célula unida às outras por laços invisíveis? O instinto que anima a abelha confunde-se, portanto, com a força que anima a célula, ou limita-se a prolongá-la. Em casos extremos como esse coincide com o trabalho de organização.

Há, sem dúvida, muitos graus de perfeição no mesmo instinto. Entre o zangão e a abelha, por exemplo, vai grande distância, e passar-se-ia de um ao outro por uma multidão de intermediários, que correspondem a outras tantas complicações da vida social. Mas igual diversidade se encontraria no funcionamento de elementos histológicos pertencentes a tecidos diferentes, mais ou menos aparentados entre si. Em ambos os casos, há variações múltiplas sobre o mesmo tema. A permanência do tema nem por isso é menos manifesta, e as variações apenas o adaptam à diversidade das circunstâncias.

Ora, tanto em um caso como no outro, quer se trate dos instintos do animal ou das propriedades vitais da célula, manifestam-se a mesma ciência e a mesma ignorância. As coisas passam-se como se a célula conhecesse o que lhe interessa a respeito das outras células, e o animal aquilo que poderá utilizar dos outros animais, tudo o mais permanecendo na sombra. Dir-se-ia que a vida, logo que se contrai em uma determinada espécie, perde contato com o resto dela própria, à exceção todavia de um ou dois pontos que interessam à espécie que acaba de nascer. Como não ver que a vida procede aqui tal como a consciência em geral, tal como a memória? Arrastamos conosco, sem de tal nos darmos conta, o nosso passado inteiro; mas a nossa memória só deposita no presente as duas ou três recordações que irão completar sob um ou outro aspecto a nossa situação atual. O conhecimento instintivo que uma espécie possui a respeito de outra espécie, quanto a um certo ponto em particular, tem portanto raiz na própria unidade da vida, a qual é, para usar a expressão de um filósofo antigo,[2] um todo simpático a si próprio. É impossível considerar certos instintos especiais do animal e da planta, nascidos evidentemente em circunstâncias extraordinárias, sem os aproximar dessas recordações aparentemente esquecidas que surgem de súbito sob a pressão de uma necessidade urgente.

É evidente que uma multidão de instintos secundários, e muitas modalidades do instinto primário, comportam uma explicação científica. Não obstante, é duvidoso que a ciência, com os seus processos de explicação atuais, chegue jamais a analisar completamente o instinto. A razão disso é serem ins-

---

[2] A expressão mencionada por Bergson é atribuída a Plotino. [N. E.]

tinto e inteligência dois desenvolvimentos divergentes de um único princípio, o qual em um dos casos permanece interior a si próprio, e no outro se exterioriza e se absorve na utilização da matéria bruta: essa divergência contínua prova uma incompatibilidade radical e a incapacidade da inteligência para assimilar o instinto. O que no instinto é essencial não poderia ser expresso em termos intelectuais, nem, por consequência, ser analisado.

Um cego de nascença que tivesse vivido entre cegos de nascença não admitiria que fosse possível a percepção de um objeto distante sem ter passado pela percepção de todos os objetos intermediários. Contudo, a visão realiza esse milagre. É certo que se poderá dar razão ao cego de nascença, e dizer que a visão, tendo como origem um abalo da retina devido às vibrações da luz, não seria, afinal, senão um tato retiniano. Será essa, admitamos, a explicação científica, porque o papel da ciência consiste precisamente em traduzir qualquer percepção em termos de tato: mas, conforme já mostramos em outro lugar, a explicação filosófica da percepção deveria ser de outra natureza, a admitir que ainda seja lícito falar aqui em explicação. Ora, o instinto é igualmente um conhecimento a distância. Está para a inteligência como a visão para o tato. A ciência não poderá fazer mais do que o traduzir em termos de inteligência, mas assim fazendo construirá uma imitação do instinto em vez de penetrar no próprio instinto.

O estudo das engenhosas teorias da biologia evolucionista convencer-nos-á disso. Reduzem-se elas a dois tipos, que, aliás, interferem muitas vezes um no outro. Algumas vezes, de acordo com os princípios do neodarwinismo, vê-se no instinto a soma de diferenças acidentais conservadas pela seleção: esta ou aquela solução útil, dada naturalmente pelo indivíduo em virtude de uma predisposição acidental do germe, ter-se-ia transmitido de germe para germe esperando que o acaso lhe viesse acrescentar, pelo mesmo processo, novos aperfeiçoamentos. Outras vezes, faz-se do instinto uma inteligência degradada: a ação julgada útil pela espécie ou por alguns dos seus representantes teria engendrado um hábito, e o hábito, hereditariamente transmitido, ter-se-ia tornado instinto. Dos dois sistemas, o primeiro tem a vantagem de poder falar, sem levantar objeção grave, em transmissão hereditária, porque a modificação acidental por ele dada como origem do instinto não seria adquirida pelo indivíduo, mas inerente ao germe. Pelo contrário, é inteiramente incapaz de explicar instintos tão sábios como os da maior parte dos insetos. É certo que esses instintos não devem ter alcançado de uma vez só o grau de complexidade que hoje possuem; provavelmente, evoluíram. Mas, segundo uma hipótese como a dos neodarwinistas, a evolução do instinto só poderia dar-se pela adição sucessiva de novas peças, digamos assim, que por acidentes felizes se engrenariam nas antigas. Ora, é evidente que, na maior parte dos casos, não é por um simples processo de acréscimo que o instinto poderia ter-se aperfeiçoado: com efeito, cada nova peça exigia, sob pena de estragar tudo, completa recomposição do conjunto. Como esperar do acaso tal recomposição? Admitamos que uma modificação acidental do germe se transmita hereditariamente e possa esperar, de certo modo, que novas modificações acidentais a venham complicar. Admitamos também que a seleção natural elimine todas as formas mais complicadas que não forem viáveis. Ainda assim seria necessário, para a vida do instinto evoluir, que se produzissem complicações viáveis. Ora, estas só poderão dar-se se, em certos casos, a adição de um novo elemento trouxer consigo a mudança correlativa de todos os elementos antigos. Ninguém pretenderá que o acaso possa realizar tal milagre. Sob uma ou outra forma, apelar-se-á para a inteligência. Supor-se-á ser graças a um esforço mais ou menos consciente que o ser vivo desenvolve em si próprio um instinto superior. Mas será então necessário admitir que um hábito contraído pode tornar-se hereditário, e que o faça de uma maneira suficientemente regular para poder garantir uma evolução. A coisa é duvidosa, para não dizer pior. Mesmo que se pudesse atribuir a um hábito hereditariamente transmitido e inteligentemente adquirido os instintos dos animais, não se compreende como essa forma de explicação poderia estender-se ao mundo vegetal, no qual o esforço nunca é inteligente, a supor que possa algumas vezes ser consciente. E, contudo, considerando a segurança e a precisão com que as plantas trepadeiras utilizam as suas gavinhas e as manobras maravilhosamente combinadas que as orquídeas executam para se fazerem fecundar pelos insetos, como não pensar em outros tantos instintos?

Isso não quer dizer que seja necessário renunciar inteiramente à tese dos neodarwinistas, como tampouco à dos neolamarckistas. Têm os primeiros certamente razão em afirmar que a evolução se faz de germe para germe e não de indivíduo para indivíduo, e os segundos ao dizerem que na origem do instinto há um esforço (embora, segundo cremos, seja coisa inteiramente diversa de um esforço *inteligente*). Mas aqueles provavelmente cometem um erro ao ver na evolução do instinto uma evolução acidental, e estes ao verem no esforço em que se origina o instinto um esforço individual. O esforço graças ao qual uma espécie modifica os seus instintos e se modifica também a si própria deve ser algo bem mais profundo, e que não dependerá unicamente das circunstâncias nem dos indivíduos. Não depende unicamente da iniciativa dos indivíduos, embora os indivíduos nele colaborem, e não é puramente acidental, embora o acidente tenha nele uma larga participação. Comparemos, com efeito, entre si as diversas formas do mesmo instinto em diversas espécies de himenópteros. A impressão que temos nem sempre é a que nos daria uma crescente complexidade obtida por elementos juntados sucessivamente uns aos outros, ou uma série ascendente de dispositivos dispostos, por assim dizer, ao longo de uma escada. Pensamos, pelo menos em muitos casos, em uma circunferência de diversos pontos, da qual essas diferentes variedades teriam partido, olhando todas para o mesmo centro, fazendo todo esforço nessa direção, mas cada qual só se aproximando dele na medida dos seus próprios meios, e na medida também em que se iluminaria para ela o ponto central. Por outras palavras, o instinto é por toda a parte completo, mas é mais ou menos simplificado, e, sobretudo, é simplificado *diversamente*. Por outro lado, onde se verifica uma gradação regular, o instinto complicando-se num único e mesmo sentido, como se subisse os degraus de uma escada, as espécies que o seu instinto classifica assim em série linear estão longe de ter sempre relações de parentesco entre si. Assim, o estudo comparativo, feito nestes últimos anos, do instinto social nos diversos apídeos estabeleceu que o instinto nas melíponas é intermediário, quanto à complexidade, entre a tendência ainda rudimentar dos bômbices e a ciência consumada das nossas abelhas. Contudo, não pode haver qualquer laço de filiação entre as abelhas e as melíponas. Verossimilmente, a maior ou menor complicação dessas diferentes sociedades não depende do número mais ou menos considerável de elementos adicionados. Estamos antes perante um certo *tema musical* que teria começado por se transpor a si próprio, por inteiro, em um certo número de tons, e sobre o qual, por inteiro também, se teriam executado em seguida variações diversas, umas muito simples, outras infinitamente sábias. Quanto ao tema original, está em toda a parte e em parte nenhuma. Em vão pretenderíamos registrá-lo em termos de representação: de início foi, sem dúvida, antes *sentido* do que *pensado*. Temos a mesma impressão perante o instinto paralisador de certas vespas. Como é sabido, as diversas espécies de himenópteros paralisadores depõem os ovos em aranhas, em escaravelhos, em lagartas, que continuarão a viver imóveis durante certo número de dias, e que servirão, portanto, de alimento fresco às larvas, tendo sido previamente submetidos pela vespa a uma sábia operação cirúrgica. Na injeção que dão nos centros nervosos da vítima, para a imobilizar sem a matar, essas diversas espécies de himenópteros procedem diferentemente segundo a espécie de presa. A escólia que ataca uma larva de cetônia pica-a em um único ponto, mas nele acham-se concentrados os gânglios motores, e apenas esses; a picada em outros gânglios poderia provocar a morte e o apodrecimento, que é preciso evitar. O esfege (*Sphex*) de asas amarelas, que escolheu para vítima o grilo, sabe que este possui três centros nervosos que comandam os seus três pares de patas, ou procede pelo menos como se o soubesse. Pica o inseto primeiro no pescoço, depois atrás do protórax, e finalmente no nascimento do abdome. A amófila eriçada dá nove espetadelas sucessivas em nove centros nervosos da sua lagarta, e, finalmente, agarra-lhe a cabeça e trinca-a apenas o suficiente para determinar a paralisia, sem a matar. O tema geral é "a necessidade de paralisar sem matar": as variações acham-se

A evolução criadora

subordinadas à estrutura da vítima. É certo que a operação nem sempre é executada de maneira perfeita. Mostrou-se, recentemente, que acontece ao esfege amófilo matar a lagarta, em vez de a paralisar, e outras vezes semiparalisá-la apenas. Mas, se o instinto é falível como a inteligência, se é igualmente suscetível de manifestar desvios individuais, não decorre daí que o instinto do esfege tenha sido adquirido, conforme se pretendeu, em resultado de um tatear inteligente. A supor que, no decorrer dos séculos, o esfege tenha chegado a reconhecer, um por um, tateando, os pontos da sua vítima que é necessário picar para a paralisar e o tratamento especial que é necessário infligir ao cérebro para que se dê a paralisia sem morte, como supor que os elementos tão especiais de um conhecimento tão exato tenham sido transmitidos regularmente, um por um, por hereditariedade? Se houvesse, em toda a nossa experiência atual, um só exemplo indiscutível de uma transmissão desse gênero, a hereditariedade dos caracteres adquiridos não seria contestada por ninguém. Na realidade, a transmissão hereditária do hábito contraído efetua-se de maneira imprecisa e irregular, a admitir que se faça regularmente em algum caso.

Mas toda a dificuldade resulta de querermos traduzir a ciência do himenóptero em termos de inteligência. Temos então de assimilar o esfege ao entomologista, que conhece a lagarta tal qual todas as outras coisas, isto é, de fora, sem ter, desse lado, um interesse especial e vital. O esfege teria tido, portanto, de aprender uma por uma, como o entomologista, as posições dos centros nervosos da lagarta, teria de adquirir pelo menos o conhecimento prático dessas posições experimentando os efeitos da sua picada. Mas a situação seria diferente se supuséssemos entre o esfege e a sua vítima uma *simpatia* (no sentido etimológico da palavra) que o informasse de dentro, por assim dizer, a respeito da vulnerabilidade da lagarta. Esse sentimento de vulnerabilidade poderia não dever nada à percepção externa, e resultar apenas de o esfege e a lagarta se acharem um diante do outro, não considerados já como dois organismos, mas como duas atividades. Exprimiria sob uma forma concreta a relação de um com o outro. Não há dúvida de que uma teoria científica não pode recorrer a considerações desse gênero. Não deve colocar a ação antes da organização, a simpatia antes da percepção e do conhecimento. Mas, repetimos uma vez mais, ou a filosofia nada tem a ver com isso, ou o seu papel começa onde acaba o da ciência.

Quer veja no instinto um "reflexo composto", ou um hábito inteligentemente contraído e tornado automatismo, ou uma soma de pequenas vantagens acidentais acumuladas e fixadas graças à seleção, em todos os casos a ciência pretende reduzir inteiramente o instinto, quer a atividades inteligentes, quer a mecanismos construídos peça por peça, como os que a nossa inteligência combina. Admitamos que a ciência esteja aqui no seu papel. Dela receberemos, à falta de uma análise real do objeto, uma tradução desse objeto em termos de inteligência. Mas como não daremos conta de que a própria ciência convida a filosofia a encarar as coisas de outro ponto de vista? Se a nossa biologia estivesse ainda em Aristóteles, se considerasse unilinear a série dos seres vivos, se nos mostrasse a vida inteira evoluindo para a inteligência, e passando, para tal fim, pela sensibilidade e pelo instinto, teríamos o direito, nós, seres inteligentes, de nos voltar para as manifestações anteriores e, por consequência, inferiores da vida e pretender integrá-las, sem as deformar, nos quadros da nossa inteligência. Mas um dos resultados mais claros da biologia foi mostrar que a evolução se deu seguindo linhas divergentes. É na extremidade de duas dessas linhas — as duas principais — que encontramos a inteligência e o instinto sob as suas formas quase puras. Por que, então, se reduziria o instinto a termos de inteligência? Por que, sequer, a termos inteiramente inteligíveis? Pois não é evidente que pensar aqui no que é inteligência, ou no inteiramente inteligível, é voltar à teoria aristotélica da natureza? E sem dúvida mais valeria fazer isso do que ficar parado diante do instinto como perante um mistério insondável. Mas, embora estando fora dos domínios da inteligência, não deixa o instinto de estar situado dentro dos limites do espírito. Nos fenômenos do sentimento, nas simpatias e antipatias irrefletidas, experimentamos em nós próprios, sob uma forma muito mais vaga, e também demasiado marcada pela inteligência, algo do que deve passar-se na consciência de um inseto agindo instintivamente. A evolução limitou-se a afastar um do outro, para os desenvolver até o fim, elementos que na origem se penetravam mutuamente. Mais precisamente, a inteligência é, antes de mais nada, a faculdade de relacionar um ponto do espaço com outro ponto do espaço, um objeto material a outro objeto material; aplica-se a todas as coisas, mas permanecendo exterior a elas, e não distinguindo nunca, de uma causa profunda, senão a sua difusão em efeitos justapostos. Seja qual for a força que se traduz na gênese do sistema nervoso da lagarta, não o aprendemos, com os nossos olhos e a nossa inteligência, senão como justaposição de nervos e de centros nervosos. Certo é que, desse modo, lhe apreendemos todo o efeito exterior. O esfege, pelo seu lado, certamente apenas se dá conta de pouca coisa, precisamente do que lhe interessa; mas pelo menos apreende-o de dentro, e, muito pelo contrário de um processo de conhecimento, graças a uma intuição (antes *vivida* do que *representada*) que se assemelha sem dúvida ao que entre nós tem o nome de simpatia divinatória.

Um fato notável é o vaivém das teorias científicas do instinto entre o *inteligente* e o simplesmente *inteligível*, isto é, entre a assimilação do instinto a uma inteligência "caída" e a redução do instinto a puro mecanismo. Cada um desses dois sistemas de explicação triunfa na crítica que faz do outro, o primeiro quando nos mostra que o instinto não pode ser puro reflexo, o segundo ao dizer que se trata de coisa muito diferente da inteligência, mesmo caída na inconsciência. Que significa isso, senão que se trata de dois simbolismos igualmente aceitáveis por certos lados e, por outros, igualmente inadequados ao seu objeto? A explicação concreta, já não científica, mas metafísica, deve ser procurada por uma via inteiramente diversa, não na direção da inteligência, mas na da "simpatia".

O instinto é simpatia. Se essa simpatia pudesse alargar o seu objeto e refletir-se assim sobre si própria, teríamos a chave das operações vitais, da mesma forma que pela inteligência, desenvolvida e corrigida, somos introduzidos na matéria. Porque, nunca será demais repeti-lo, a inteligência e o instinto acham-se voltados em dois sentidos opostos, aquela para a matéria inerte, este para a vida. A inteligência, por intermédio da ciência, que é sua obra, cada vez nos dará mais completamente o segredo das operações físicas: mas, da vida, só nos dá, e não pretende aliás outra coisa, uma tradução em termos de inércia. Rodeia-a, tomando, de fora, o maior número possível de imagens desse objeto que chama a si, em vez de nele penetrar. Mas é ao próprio interior da vida que nos conduziria a *intuição*, isto é, o instinto tornado desinteressado, consciente de si próprio, capaz de refletir sobre o seu objeto e de o alargar indefinidamente.

Que não é impossível um esforço desse gênero, mostra-o já a existência, no homem, de uma faculdade estética ao lado da percepção normal. O nosso olho distingue os traços do ser vivo, mas justapostos uns aos outros e não organizados entre si. Mas escapa-lhe a intenção da vida, o movimento simples que corre pelas linhas, que as liga umas às outras e lhes dá sentido. É essa intenção que o artista visa apreender recolocando-se no interior do objeto por uma espécie de simpatia, eliminando, por um esforço de intuição, a barreira que o espaço interpõe entre ele e o modelo. É certo que essa intuição estética, como aliás a percepção externa, só atinge o individual. Mas podemos conceber uma procura orientada no mesmo sentido que a arte, e que teria como objeto a vida em geral, da mesma forma que a ciência física, seguindo até o fim a direção marcada pela percepção externa, prolonga em leis gerais os fatos individuais. Não há dúvida de que essa filosofia nunca poderá alcançar um conhecimento do seu objeto comparável ao que a ciência tem do dela. A inteligência permanece o núcleo luminoso em torno do qual o instinto, mesmo alargado e depurado como intuição, constitui apenas uma vaga nebulosidade. Mas, na ausência do conhecimento propriamente dito, reservado à pura inteligência, a intuição poderá fazer-nos apreender aquilo para que os dados da inteligência são aqui insuficientes, e deixar-nos entrever o meio de os completar. Por um lado, com efeito, utilizará o próprio mecanismo da inteligência para mostrar como os moldes intelectuais já não têm aqui a sua exata aplicação, e, por outro lado, pelo seu próprio trabalho, nos sugerirá pelo menos o vago sentimento do que é necessário substituir aos quadros intelectuais. Assim, poderá levar a inteligência a reconhecer que a vida não entra inteiramente nem na categoria do múltiplo nem na do uno, que nem a causalidade mecânica nem a finalidade oferecem uma tradução suficiente do processo vital. Em seguida, pela comunicação simpática que estabelecerá entre nós e o resto dos seres vivos, pela dilatação da nossa consciência por ela estabelecida, nos introduzirá no próprio mundo da vida, que é compenetração recíproca, criação indefinidamente continuada. Mas se assim ultrapassar a inteligência, desta é que terá vindo o abalo graças ao qual a intuição se terá exigido ao ponto alcançado. Sem a inteligência teria ficado amarrada, sob a forma do instinto, ao objeto especial que a interessa praticamente, e exteriorizada por ele em movimentos de locomoção.

De que maneira a teoria do conhecimento deve ter em conta essas duas faculdades, inteligência e intuição, e de que maneira, além disso, por falta de uma distinção suficientemente nítida entre a intuição e a inteligência, se envolve em dificuldades inextricáveis, criando fantasmas de ideias aos quais se agarram fantasmas de problemas, eis o que tentaremos mostrar um pouco mais longe. Ver-se-á como o problema do conhecimento, encarado desse ponto de vista, se assimila ao problema metafísico, e como um e outro dependem então da experiência. Por um lado, com efeito, se a inteligência está identificada com a matéria, e a intuição com a vida, será necessário premi-las uma contra a outra para delas extrair a quintessência do seu objeto; a metafísica achar-se-á, portanto, suspensa da teoria do conhecimento. Mas, por outro lado, se a consciência se cindiu assim em intuição e inteligência foi devido à necessidade de se ajustar à matéria ao mesmo tempo que de seguir a corrente da vida. O desdobramento da consciência dependeria assim da dupla forma do real, e a teoria do conhecimento deveria estar suspensa da metafísica. Na verdade, cada uma dessas investigações conduz à outra; formam círculo, e o círculo não pode ter outro centro senão o estudo empírico da evolução. Só poderemos formar uma ideia da oposição dos dois termos entre si, como também, porventura, da sua comum origem, vendo a consciência correr através da matéria, nela se perder e se reencontrar, dividir-se e reconstituir-se. Mas, por outro lado, insistindo nessa oposição dos dois elementos e nessa comunidade de origem, sem dúvida tornaremos mais claro o sentido da própria evolução.

Será esse o objeto do nosso próximo capítulo. Mas os fatos que acabamos de passar em revista já nos sugeririam a ideia de ligar a vida, quer à própria consciência, quer a algo que se lhe assemelhe.

Como dissemos, em toda a extensão do reino animal a consciência revela-se proporcional ao poder de escolha permitido ao ser vivo, iluminando a zona de virtualidades que rodeia o ato, medindo a distância entre o que se faz e o que se poderia fazer. Ao encará-la de fora, poderíamos, pois, tomá-la como simples auxiliar da ação, por uma luz que a ação acenderia, clarão fugidio que jorraria do premir da ação sobre as ações possíveis. Mas é necessário observar que as coisas se passariam exatamente da mesma forma se a consciência, em vez de ser efeito, fosse causa. Poderia supor-se que, mesmo no animal mais rudimentar, a consciência abarque, de direito, um campo enorme, mas que se acha comprimida, de fato, em uma espécie de prensa. Cada progresso dos centros nervosos, dando a escolher ao organismo entre um número maior de atos, lançaria um apelo às virtualidades capazes de envolver o real, e assim eliminaria a pressão, deixando passar mais livremente a consciência. Nessa segunda hipótese, tal como na primeira, seria de fato a consciência o instrumento da ação: mas estaria ainda mais certo dizer-se que a ação é o instrumento da consciência, pois a complicação da ação consigo mesma e o choque de ação contra ação seriam, para a consciência prisioneira, a única forma possível de libertação. Como escolher entre as duas hipóteses? Se a primeira fosse verdadeira, a consciência desenharia exatamente, a cada instante, o estado do cérebro: o paralelismo (na medida em que é inteligível) entre o estado psicológico e o estado cerebral seria perfeito. Pelo contrário, na segunda hipótese, haveria de fato solidariedade e interdependência entre o cérebro e a consciência, mas não paralelismo: quanto mais o cérebro se complicar, aumentando assim o número de ações possíveis entre as quais o organismo pode escolher, tanto mais a consciência deverá transbordar sobre o seu concomitante físico. Assim, a recordação do mesmo espetáculo a que tiverem assistido modificará provavelmente da mesma maneira um cérebro de cão e um cérebro de homem, se a percepção for a mesma. Todavia, a recordação em uma consciência de homem e em uma consciência de cão deverá ser inteiramente diversa. No cão, a recordação permanecerá cativa da percepção e só despertará quando uma percepção análoga reproduzir o mesmo espetáculo, manifestando-se então mais pelo reconhecimento, antes *interpretado* do que *pensado*, da percepção atual, do que por um verdadeiro renascimento da própria recordação. Pelo contrário, o homem é capaz de evocar a recordação à sua vontade, seja em que momento for, independentemente da percepção atual. Não se limita a interpretar a vida passada, tem a representação dela e sonha-a. Sendo nos dois casos a mesma modificação local do cérebro à qual a recordação se acha ligada, a diferença psicológica entre as duas recordações não poderá assentar nesta ou naquela diferença de pormenor entre os dois mecanismos cerebrais, mas na diferença entre os dois cérebros tomados globalmente: o mais complexo dos dois, pondo maior número de mecanismos em correlação, terá permitido à consciência libertar-se do domínio de uns e de outros, e alcançar a independência. Que assim se passam as coisas, e que é pela segunda das duas hipóteses que devemos optar, eis o que já tentamos provar, em um trabalho anterior, pelo estudo dos fatos que melhor põem em relevo a relação do estado consciente com o estado cerebral, os fatos de reconhecimento normal e patológico, em particular as afasias. Mas isso é o que o próprio raciocínio também faria prever. Mostramos ser sobre um postulado contraditório consigo mesmo, sobre uma confusão de dois simbolismos entre si incompatíveis, que assenta a hipótese de uma equivalência entre o estado cerebral e o estado psicológico.

A evolução da vida, assim encarada, toma um sentido mais preciso, embora não se possa subsumi-la a uma verdadeira ideia. Tudo se passa como se uma larga corrente de consciência tivesse penetrado na matéria, carregada, como toda a consciência, de enorme multiplicidade de virtualidades que se interpenetrassem. Pôde arrastar a matéria à organização, mas isso fez seu movimento ao mesmo tempo se retardar e se dividir ao infinito. Por um lado, com efeito, a consciência teve de entrar em dormência, como a crisálida no invólucro onde prepara as suas asas, e por outro lado as múltiplas tendências que em si continha repartiram-se entre séries divergentes de organismos, que, aliás, antes exteriorizavam essas tendências em movimentos do que as interiorizavam em representações. No decurso dessa evolução, enquanto uns adormeciam cada vez mais profundamente, outros despertavam cada vez mais completamente, e o torpor de uns favorecia a atividade dos outros, mas o despertar podia fazer-se de duas maneiras diferentes. A vida, isto é, a consciência lançada por meio da matéria, fixava a atenção, quer sobre o seu próprio movimento, quer sobre a matéria que atravessava. Orientava-se, assim, quer no sentido da intuição, quer no da inteligência. À primeira vista, a intuição parece de muito preferível à inteligência, visto que a vida e a consciência, nela, se conservam interiores a si próprias. Mas o espetáculo da evolução dos seres vivos mostra-nos que não podia ir muito longe. Do lado da intuição, a consciência viu-se a tal ponto comprimida pelo seu invólucro que teve de reduzir a intuição a instinto, isto é, abarcar apenas a reduzida porção de vida que lhe interessava — e é, aliás, na sombra que o faz, tocando-a quase sem a ver. Desse lado, o horizonte ficou imediatamente fechado. Pelo contrário, a consciência, determinando-se em inteligência, isto é, concentrando-se primeiro sobre a matéria, parece assim exteriorizar-se em relação a si mesma. Entretanto, precisamente por ser de fora que se adapta aos objetos, consegue circular no meio deles, ladear as barreiras que se lhe opõem, alargar indefinidamente o seu domínio. Uma vez liberta, pode aliás reverter ao interior, e despertar as virtualidades de intuição que nela ainda estão adormecidas.

Desse ponto de vista, não só a consciência aparece como o princípio motor da evolução, mas, além disso, o homem vem ocupar, entre os próprios seres conscientes, um lugar privilegiado. Entre os animais e ele não há uma diferença de grau, mas de natureza. Enquanto essa conclusão não é posta a claro pelo nosso próximo capítulo, mostremos de que maneira o sugerem as nossas análises anteriores.

A extraordinária desproporção entre as consequências de uma invenção e a própria invenção é fato digno de nota. Dizíamos que a inteligência se acha modelada sobre a matéria e que visa em primeiro lugar à fabricação. Mas fabricará ela por fabricar, ou terá, involuntária, ou até inconscientemente, outro fim em vista? Fabricar consiste em informar a matéria, torná-la flexível, dobrá-la, convertê-la em instrumento a fim de a dominar. É esse *domínio* que se torna proveitoso para a humanidade, muito mais ainda do que o resultado material da própria invenção. Se tiramos uma vantagem imediata do objeto fabricado, tal como poderia fazê-lo um animal inteligente, e mesmo se essa vantagem é tudo quanto o inventor desejava, pouca coisa é, comparada às ideias novas, aos sentimentos novos que a invenção pode suscitar por toda a parte, como se tivesse por efeito essencial elevar-nos acima de nós próprios e, assim, alargar os nossos horizontes. A desproporção entre o efeito e a causa é aqui tão grande que se torna difícil ver na causa a *produtora* do seu efeito, o qual ela apenas *suscita*, é certo, determinando a sua direção. Em suma, tudo se passa como se o domínio da inteligência sobre a matéria tivesse como principal objetivo *deixar passar alguma coisa* que a matéria detém.

Igual impressão nos dará a comparação entre o cérebro do homem e o dos animais. De início, a diferença parece ser apenas de volume e de complexidade. Mas deve haver ainda outra coisa, a julgar pelo funcionamento. No animal, os mecanismos motores que o cérebro consegue montar, ou, por outras palavras, os hábitos que a sua vontade contrai, não têm outro objetivo nem outro efeito senão realizar os movimentos desenhados nesses hábitos, armazenados nesses mecanismos. Mas, no homem, o hábito motor pode ter um segundo resultado, incomensurável com o primeiro. Pode vencer outros hábitos motores, e desse modo, domando o automatismo, pôr a consciência em liberdade. Como se sabe, a linguagem ocupa vastos territórios no cérebro humano. Os mecanismos cerebrais que correspondem às palavras têm a particularidade de poderem entrar em luta com outros mecanismos, como os que correspondem às próprias coisas, ou mesmo uns com os outros – durante esse tempo, a consciência, que teria sido arrastada e afogada na realização do ato, ganha o domínio de si e liberta-se.

A diferença deve ser, portanto, mais radical do que um exame superficial poderia deixar supor. É a mesma que encontraríamos entre um mecanismo que absorve a atenção e um mecanismo com o qual nos podemos distrair. A máquina a vapor primitiva, tal como Newcomen a tinha concebido, exigia a presença de uma pessoa exclusivamente ocupada em manobrar as torneiras, quer para fazer entrar o vapor nos cilindros, quer para lançar nestes a chuva fria destinada à condensação. Conta-se que uma criança, empregada nesse trabalho e muito aborrecida por ter de fazê-lo, teve a ideia de ligar com cordéis as manivelas das torneiras ao pêndulo da máquina, permitindo à própria máquina abrir e fechar as suas torneiras, funcionando sozinha. Ora, um observador que tivesse comparado a estrutura desta segunda máquina à da primeira, sem ter em conta as duas crianças encarregadas da vigilância, só teria encontrado entre elas uma pequena diferença de complicação. É tudo quanto se pode distinguir, com efeito, quando apenas se olham as máquinas. Mas se voltarmos os olhos para as crianças, verificamos que uma delas se acha absorvida na vigilância, enquanto a outra se está divertindo a seu gosto, e que, por esse lado, a diferença entre as duas máquinas é radical, a primeira mantendo a atenção cativa; a segunda, desatenta. É uma diferença do mesmo gênero, segundo julgamos, que se encontraria entre o cérebro do animal e o cérebro humano.

Em resumo, se nos quiséssemos exprimir em termos finalistas, seria necessário dizer que a consciência, depois de ter sido obrigada, para libertar a si própria, a cindir a organização em duas partes complementares, vegetais de um lado, animais do outro, procurou uma saída na dupla direção do instinto e da inteligência: não a encontrou no instinto e só a conseguiu do lado da inteligência pelo salto brusco do animal ao homem. De maneira que, em última análise, o homem seria a razão de ser de toda a organização da vida no nosso planeta. Mas isso não passaria de uma maneira de dizer. Na realidade, não há senão uma certa corrente de existência e a corrente antagônica; daí parte toda a organização da vida. Agora precisamos acompanhar mais de perto a oposição das duas correntes. Talvez assim lhes descubramos uma origem comum e assim penetraremos também, sem dúvida, nas mais obscuras regiões da metafísica. Mas, como as duas direções que temos de seguir se acham marcadas, de um lado pela inteligência, do outro pelo instinto e a intuição, não receamos extraviar-nos. O espetáculo da evolução da vida sugere-nos certa concepção do conhecimento, assim como certa metafísica, que se implicam reciprocamente. Depois de postas a claro, essa metafísica e essa crítica poderão lançar alguma luz, por sua vez, sobre a evolução no seu conjunto.

Capítulo III
Da significação da vida.
A ordem da natureza e a forma da inteligência

No decurso do nosso primeiro capítulo, estabelecemos uma linha divisória entre o inorgânico e o organizado, mas indicando ser o seccionamento da matéria em corpos inorganizados relativo aos nossos sentidos e à nossa inteligência, devendo a matéria, considerada como um corpo indiviso, ser antes um fluxo do que uma coisa. Preparávamos assim o caminho para uma aproximação entre o inerte e o vivo.

Por outro lado, mostramos no segundo capítulo que a mesma oposição vai se encontrar entre a inteligência e o instinto, este em harmonia com certas determinações da vida, aquela modelada sobre a configuração da matéria bruta. Mas o instinto e a inteligência, conforme acrescentamos, destacam-se sobre um fundo único, ao qual se poderia chamar, à falta de melhor palavra, a Consciência em geral, e que deve ser coextensivo à vida universal. Deixávamos assim entrever a possibilidade de engendrar a inteligência, partindo da consciência que a envolve.

Seria, pois, o momento de tentar uma gênese da inteligência ao mesmo tempo que uma gênese dos corpos – dois empreendimentos que são evidentemente correlativos um do outro, se é certo que as linhas gerais da nossa inteligência desenham a forma geral da nossa ação sobre a matéria e que o pormenor da matéria se regula pelas exigências da nossa ação. Intelectualidade e materialidade ter-se-iam constituído no pormenor, por adaptação recíproca. Uma e outra derivariam de sua forma de existência mais vasta e mais elevada. Eis onde seria necessário recolocá-las, para vê-las sair daí.

Semelhante tentativa há de parecer, à primeira vista, exceder em temeridade as mais ousadas especulações dos metafísicos. Pretenderia ir mais longe do que a psicologia, mais longe do que as cosmogonias, mais longe do que a metafísica tradicional, visto que tanto a psicologia, como a cosmogonia e a metafísica começam por estabelecer o que a inteligência tem de essencial, ao passo que se trata, aqui, de engendrá-la na sua forma e na sua matéria. Na realidade, a empresa é muito mais modesta, conforme vamos mostrar. Mas é necessário começar por dizer em que ela se distingue das outras.

Para começar pela psicologia, é preciso não se supor que ela *engendre* a inteligência quando lhe segue o desenvolvimento ao longo da série animal. A psicologia comparada mostra-nos que, quanto mais inteligente é um animal, mais tende a refletir sobre os atos por meio dos quais utiliza as coisas, e a aproximar-se, portanto, do homem; mas os seus atos adotavam já, por si próprios, as linhas principais da ação humana, já distinguiam no mundo material as mesmas direções gerais que nele distinguimos, apoiando-se sobre os mesmos objetos ligados entre si pelas mesmas relações, de maneira que a inteligência animal, embora não forme conceitos propriamente ditos, move-se já em uma atmosfera conceitual. Constantemente absorvida pelos atos e atitudes que dela saem, chamada por eles ao exterior, e assim se exteriorizando em relação a si mesma, desempenha as representações, mais do que as pensa; seja como for, tal desempenho desenha já, em traços largos, o esquema da inteligência humana. Explicar a inteligência do homem pela do animal consiste, portanto, simplesmente, em desenvolver como humano um embrião de humanidade. Mostra-se como uma certa direção foi sendo levada cada vez mais longe por seres cada vez mais inteligentes. Mas, desde que se estabelece a direção, está dada a inteligência.

Dada ela é também, e com ela a matéria, em uma cosmogonia como a de Spencer. A matéria é-nos mostrada obedecendo a leis, os objetos ligando-se aos objetos e os fatos aos fatos por meio de relações constantes, a consciência recebendo a marca dessas relações e destas leis, adotando assim a configuração geral da natureza e determinando-se em inteligência. Mas como deixar de ver que, dados os objetos e os fatos, se supõe a inteligência? *A priori* à margem de qualquer hipótese sobre a essência da matéria, é evidente que a materialidade de um corpo não termina no ponto em que o tocamos, mas se acha presente em toda a parte onde a sua influência se faz sentir. Ora, a sua força de atração, para não falar senão dela, exerce-se sobre o Sol, sobre os planetas, talvez sobre o universo inteiro. Quanto mais a física progride, mais se apaga a individualidade dos corpos e até das partículas nas quais a imaginação científica começara por os decompor; corpos e corpúsculos tendem a fundir-se em uma interação universal. As nossas percepções dão-nos o desenho da nossa ação possível sobre as coisas, muito mais do que o das próprias coisas. Os contornos que achamos nos objetos marcam apenas aquilo que deles podemos alcançar e modificar. As linhas que vemos traçadas por meio da matéria são as mesmas sobre as quais temos de circular. Contornos e caminhos acentuaram-se à medida que se preparava a ação da consciência sobre a matéria, isto é, em suma, à medida que a inteligência se constituía. É pouco crível que os animais construídos segundo um plano diferente do nosso, por exemplo um molusco ou um inseto, recortem a matéria segundo as mesmas articulações. Nem sequer é necessário que a fragmentem em corpos. Para seguir as indicações do instinto não é necessário distinguir *objetos*, basta distinguir *propriedades*. Pelo contrário, a inteligência, mesmo sob a sua forma mais humilde, aspira já a fazer agir a matéria sobre a matéria. Se, por algum lado, a matéria se presta a uma divisão entre agentes e pacientes, ou, mais simplesmente, em fragmentos coexistentes e distintos, será nessa direção que a inteligência olhará. E, quanto mais se ocupar em dividir, tanto mais se estenderá no espaço, sob a forma de extensão justaposta à extensão, uma matéria que tende sem dúvida para a espacialidade, mas cujas partes ainda se acham, todavia, no estado de implicação e de compenetração recíprocas. Assim, o mesmo movimento que conduz o espírito a determinar-se em inteligência, isto é, em conceitos distintos, leva a matéria a fragmentar-se em objetos nitidamente exteriores uns aos outros. *Quanto mais a consciência se intelectualiza, tanto mais a matéria se espacializa.* Quer dizer que a filosofia evolucionista, quando representa no espaço uma matéria recortada segundo as próprias linhas que a nossa ação seguirá, dá por antecipação, já feita, a inteligência que pretendia engendrar.

A metafísica entrega-se a um trabalho do mesmo gênero, embora mais sutil e mais consciente de si, quando deduz *a priori* as categorias do pensamento. A inteligência é comprimida, reduzida à sua quintessência, reduzida a um princípio tão simples que poderíamos supô-lo vazio: desse princípio se extrai em seguida aquilo que lá se colocou em potência. Dessa forma, mostra-se sem dúvida a coerência da inteligência consigo mesma, define-se a inteligência, dá-se a sua fórmula, mas de forma alguma se traça a sua gênese. Um empreendimento como o de Fichte, embora sendo mais filosófico do que o de Spencer, visto respeitar mais a ordem verdadeira das coisas, todavia não nos leva mais adiante do que este. Fichte toma o pensamento no estado de concentração e dilata-o em realidade. Spencer parte da realidade exterior e condensa-a novamente em inteligência. Mas, tanto em um caso como no outro, é necessário que se comece por considerá-la como dada, quer contraída, quer expandida, apreendida em si mesma por uma visão direta, ou vista por reflexão na natureza, como em um espelho.

O entendimento da maior parte dos filósofos sobre esse ponto resulta do seu acordo em afirmar a unidade da natureza e em representarem essa unidade sob uma forma abstrata e geométrica. Não veem, e não querem ver, o corte entre o organizado e o inorganizado. Uns partem do inorgânico e pretendem, complicando-o consigo mesmo, reconstituir o vivo; os outros têm a vida como dada e encaminham-se para a matéria bruta por um *decrescendo* habilmente preparado; mas, tanto para uns como para os outros, existem na natureza apenas diferenças de grau – graus de complexidade na primeira hipótese, graus de intensidade na segunda. Uma vez admitido esse princípio, a inteligência torna-se tão vasta quanto o real, pois é incontestável ser inteiramente acessível à inteligência humana aquilo que as coisas têm de geométrico; e, se é perfeita a continuidade entre a geometria e o resto, todo o resto se torna igualmente inteligível, igualmente inteligente. Tal é o postulado da maior parte dos sistemas, do que é fácil convencer-se comparando entre si doutrinas que parecem não ter nenhum ponto de contato, nenhuma medida comum, como as de um Fichte e um Spencer – dois nomes que o acaso acaba de nos fazer aproximar.

No fundo dessas especulações acham-se, portanto, as duas convicções (correlativas e complementares) de que a natureza é una e de que a inteligência tem como função apreendê-la na sua totalidade. Sendo a faculdade de conhecer supostamente coextensiva à totalidade da experiência, está fora de questão que possa ser engendrada. Tem-se como dada e a utilizamos tal como se utiliza a vista para abarcar o horizonte. É certo que haverá diferenças de opinião quanto ao valor do resultado: para uns, o que a inteligência abarca é a própria realidade, enquanto para outros é apenas o seu fantasma. Mas, fantasma ou realidade, o que a inteligência abarca é tido como a totalidade do que pode ser abarcado.

Assim se explica a exagerada confiança da filosofia nas forças do espírito individual. Quer seja dogmática ou crítica, quer admita a relatividade do nosso conhecimento ou pretenda instalar-se no absoluto, uma filosofia é geralmente obra de um filósofo, uma visão única e global do todo, para se aceitar ou recusar por inteiro.

É mais modesta, e só assim capaz de se completar e de se aperfeiçoar, a filosofia que reivindicamos. A inteligência humana, conforme a concebemos, não é de modo nenhum o que Platão nos mostra na alegoria da caverna. Tampouco tem por função ver passar sombras vãs, como contemplar, voltando-se para trás, o astro ofuscante. Cabe-lhe fazer coisa muito diferente. Jungidos, como bois de lavoura, a uma pesada tarefa, sentimos os nossos músculos e as nossas articulações, o peso da charrua e a resistência da terra: agir e saber agir, entrar em contato com a realidade e mesmo vivê-la, mas somente na medida em que ela interessa à obra que se realiza e ao sulco que se está abrindo, eis a função da inteligência humana. Todavia, um benéfico fluido nos banha, do qual tiramos a própria força para trabalhar e para viver. Desse oceano de vida em que estamos imersos, aspiramos sem cessar a alguma coisa, e sentimos que o nosso ser, ou pelo menos a inteligência que o guia, nele se formou por uma espécie de solidificação local. A filosofia não pode deixar de ser um esforço para se fundir novamente no todo. A inteligência, sendo reabsorvida no seu próprio princípio, reviverá em sentido inverso a sua própria gênese. Mas a empresa já não poderá ser levada a cabo de uma vez só; será necessariamente coletiva e progressiva, e consistirá em uma troca de impressões que, corrigindo-se entre si e sobrepondo-se assim umas às outras, acabarão por dilatar em nós a humanidade e por conseguir que ela se transcenda a si mesma.

Mas esse método tem contra ele os mais inveterados hábitos do espírito. Sugere imediatamente a ideia de um círculo vicioso. Em vão se pretenderá, dir-nos-ão, ir mais além da inteligência: como se poderia fazê-lo, senão com a própria inteligência? Tudo o que é luminoso na consciência é inteligência. Estamos no interior do nosso pensamento, não sairemos dele. Poderá dizer-se, se se quiser, que a inteligência é capaz de progredir e que verá cada vez mais claramente um número cada vez maior de coisas. Mas não se pode falar em engendrá-la, pois essa gênese só poderia ser feita com a nossa inteligência.

É uma objeção que se apresenta naturalmente ao espírito. Mas também se poderia provar, raciocinando assim, a impossibilidade de se adquirir qualquer novo hábito. Está na essência do raciocínio fechar-nos no círculo daquilo que é dado. Mas esse círculo é quebrado pela ação. Se nunca tivéssemos visto um homem nadar, talvez disséssemos ser impossível fazê-lo, visto que, para se aprender a nadar, seria necessário começar por nos mantermos à superfície da água, e, portanto, já saber nadar. O raciocínio, com efeito, não nos deixará abandonar a terra firme. Mas se me lanço à água sem temor, aguentar-me-ei primeiro à superfície, bem ou mal, lutando contra a água, adaptar-me-ei pouco a pouco a esse novo meio e aprenderei a nadar. Assim, em teoria, é uma espécie de absurdo ter um conhecimento que não seja dado pela inteligência; mas, se aceitarmos corajosamente o risco, talvez a ação corte o nó que o raciocínio deu, e que ele não desatará.

Aliás, o risco verificar-se-á menor à medida que se adotar melhor o ponto de vista em que nos colocamos. Mostramos que a inteligência se desligou de uma realidade mais vasta, mas que nunca houve corte total entre elas: em torno do pensamento conceitual subsiste uma franja indistinta que evoca a sua origem. Mais ainda, comparávamos a inteligência a um núcleo sólido que se teria formado por meio de condensação. Esse núcleo não difere radicalmente do fluido que o envolve, e somente será reabsorvido nele porque é feito da mesma substância. Uma pessoa que se lança na água, não tendo antes conhecido senão a resistência da terra firme, afogar-se-ia imediatamente se não se debatesse contra a fluidez do novo meio, e precisa agarrar-se ao que a água ainda lhe oferece, por assim dizer, de sólido. Só obedecida essa condição acabamos por nos acomodar ao fluido naquilo que ele tem de inconsistente. O mesmo se dá com o nosso pensamento, quando se decide a dar o salto.

Mas é necessário que ele salte, isto é, que saia do seu meio. Jamais a razão, raciocinando sobre os seus poderes, conseguiria estendê-los, embora se verifique ser essa extensão inteiramente razoável, uma vez realizada. Em vão faríamos mil e uma variações sobre o tema da marcha, nunca tiraríamos daí uma regra para nadar. Entramos na água e, depois de sabermos nadar, compreendemos que o mecanismo da natação se liga ao da marcha. Aquele prolonga este, mas este não nos teria introduzido no primeiro. Quer dizer que, por mais inteligentemente que possamos especular sobre o mecanismo da inteligência, nunca alcançaremos, com tal método, ultrapassá-la. Obteremos algo mais complicado, mas não algo superior, ou sequer diferente. É necessário precipitar as coisas e graças a um ato de vontade, conduzir a inteligência para fora dela.

Portanto, o círculo vicioso é apenas aparente. Pelo contrário, é, segundo cremos, real de acordo com uma maneira de filosofar totalmente diversa. É o que queríamos mostrar em algumas palavras, quando mais não seja para provar que a filosofia não pode e não deve aceitar a relação estabelecida pelo puro intelectualismo entre a teoria do conhecimento e a teoria do conhecido, entre a metafísica e a ciência.

À primeira vista pode afigurar-se prudente abandonar à ciência positiva a consideração dos fatos. A física e a química ocupar-se-ão da matéria bruta, as ciências biológicas e psicológicas estudarão as manifestações da vida. A tarefa do filósofo estará assim nitidamente demarcada. Das mãos do sábio ele recebe os fatos e as leis, e, quer procure ultrapassá-los para chegar às suas causas profundas, quer considere impossível ir mais longe e o prove pela própria análise do conhecimento científico, em ambos os casos tem pelos fatos e pelas relações, tais como a ciência lhos transmite, o respeito devido à coisa julgada. A esse conhecimento sobreporá uma crítica da faculdade de conhecer e também, sendo esse o caso, uma metafísica: quanto ao próprio conhecimento, na sua materialidade, tem-no como da competência da ciência e não da filosofia.

Mas como não ver que essa pretensa divisão do trabalho resulta afinal em tudo misturar e confundir? A metafísica ou a crítica, que o filósofo se reserva fazer, iria recebê-las já feitas das mãos da ciência positiva, estaria já contida nas descrições e nas análises que teria deixado ao cuidado do sábio. Por não ter querido intervir, desde o início, nas questões de fato, ficaria reduzido, nas questões de princípio, a formular pura e simplesmente em termos mais precisos a metafísica e a crítica inconscientes, e portanto inconsistentes, implícitas na própria atitude da ciência em relação à realidade. Não nos deixemos iludir por uma aparente analogia entre as coisas da natureza e as coisas humanas. Não estamos aqui no domínio judiciário, no qual a descrição do fato e o juízo sobre ele são duas coisas diferentes, pela simples razão de existir acima e independente do fato uma lei proferida por um legislador. Aqui, as leis são intrínsecas aos fatos e relativas às linhas segundo as quais dividimos o real em fatos separados. Não se pode descrever o aspecto do objeto sem prejulgar a sua natureza íntima e a sua organização. A forma já não pode ser inteiramente isolada da matéria, e aquele que começou por reservar à filosofia as questões de princípio, pretendendo pôr, assim, a filosofia acima das ciências, como um Tribunal Supremo acima dos Tribunais de Justiça e de Recursos, será conduzido, passo a passo, a não fazer dela mais do que um simples cartório de registro, que não vai além de redigir em termos mais exatos as sentenças que já lhe chegam como decisão irrevogável.

Com efeito, a ciência positiva é pura obra da inteligência. Ora, quer se aceite, quer se recuse a nossa concepção da inteligência, há um ponto que toda a gente nos concederá, é que a inteligência se sente sobretudo à vontade em presença da matéria inorganizada, pois desse modo tira cada vez melhor partido das invenções mecânicas, e as invenções mecânicas tornam-se-lhe tanto mais fáceis quanto mais mecanicamente ela pensa a matéria. Possui, sob a forma de lógica natural, um geometrismo latente que se vai afirmando à medida que penetra mais na intimidade da matéria inerte. Está afinada com essa matéria, e é por isso que a física e a metafísica da matéria bruta se acham tão perto uma da outra. Mas quando a inteligência aborda o estudo da vida, é forçosamente levada a tratar o vivo como inerte, aplicando a esse novo objeto as mesmas formas, transferindo para esse novo campo os mesmos hábitos que tão bem lhe resultaram no outro. E tem motivo para o fazer, pois somente sob tal condição poderá a nossa ação ter sobre o vivo domínio igual ao que tem sobre a matéria inerte. Mas a verdade que se alcança desse modo resulta inteiramente relativa à nossa faculdade de agir. Não é mais do que uma verdade simbólica. Não pode ter o mesmo valor que a verdade física, sendo apenas uma extensão da física a um objeto que *a priori* convencionamos considerar unicamente sob o aspecto exterior. O dever da filosofia seria, pois, intervir aqui ativamente, examinar o vivo sem segundas intenções de utilização prática, libertando-se das formas e dos hábitos propriamente intelectuais. O seu objeto é especular, ou seja, ver: a sua atitude em relação ao vivo não poderia ser a mesma da ciência, cujo objetivo é agir, e que, só podendo agir por intermédio da matéria inerte, encara somente sob esse aspecto a realidade restante. Que acontecerá se ela abandonar à ciência positiva os fatos biológicos e os fatos psicológicos, tal como, justificadamente, lhe abandonou os fatos físicos! Aceitará a *priori* uma concepção mecanicista da natureza inteira, concepção irrefletida e até inconsciente, nascida da necessidade material. Aceitará *a priori* a doutrina da unidade simples do conhecimento e da unidade abstrata da natureza.

E assim a filosofia está feita. Não resta ao filósofo senão a escolha entre um dogmatismo e um ceticismo metafísico que, no fundo, assentam no mesmo postulado, e que nada acrescentam à ciência positiva. O filósofo poderá hipostasiar a unidade da natureza ou, o que vem a resultar no mesmo, a unidade da ciência, em um ser que não será nada porque nada fará, em um Deus ineficaz, que será apenas como que o resumo de todo o dado, ou em uma Matéria eterna, do seio da qual brotariam as propriedades das coisas e as leis da natureza, ou ainda em uma Forma pura que procuraria apreender uma multiplicidade inapreensível e que será, conforme se queira, forma da natureza ou forma do pensamento. Todas essas filosofias dirão, em variadas linguagens, que a ciência tem razão ao tratar o vivo como se fosse inerte, e que não há nenhuma diferença de valor, nenhuma distinção a fazer entre os resultados alcançados pela inteligência graças à aplicação das suas categorias, quer repouse na matéria inerte, quer se volte para a vida.

Contudo, em muitos casos sente-se estalar a moldura. Mas, como não se começou por distinguir entre o inerte e o vivo, um antecipadamente adaptado à moldura em que é inserido, o outro incapaz de caber dentro dela a não ser graças a uma convenção que dele elimina o essencial, fica-se reduzido a considerar igualmente suspeito tudo quanto a moldura contém. A um dogmatismo metafísico, erigindo em absoluto a unidade fictícia da ciência, sucederá agora um ceticismo ou um relativismo que universalizará e estenderá a todos os resultados da ciência o caráter artificial de alguns deles. Assim, a filosofia oscilará doravante entre a doutrina que considera a realidade absoluta incognoscível e aquela que, na ideia que nos dá dessa realidade, não diz nada além do que dizia a ciência. Por se ter pretendido evitar o conflito entre a ciência e a filosofia, acabou-se por sacrificar a filosofia, sem que a ciência tenha ganhado grande coisa com isso. E, por se ter pretendido evitar o círculo vicioso aparente que consistiria em usar a inteligência para ultrapassar a inteligência, fica-se rodando em um círculo bem real, naquele que consiste em alcançar laboriosamente, na metafísica, uma unidade que se começou por ser como dada *a priori*, uma unidade que se admitiu cegamente, inconscientemente, pela simples razão de que se abandonava toda a experiência à ciência e todo o real ao puro entendimento.

Comecemos, pelo contrário, por traçar uma linha divisória entre o inerte e o vivo. Verificaremos que o primeiro entra naturalmente nos moldes da inteligência, e o segundo só artificialmente o permite, pelo que se torna necessário adotar em relação a este uma atitude especial, e examiná-lo com olhos que não são os da ciência positiva. A filosofia invade desse modo o campo da experiência. Embrenha-se em muitas coisas que, até então, não lhe diziam respeito. Ciência, teoria do conhecimento e metafísica serão levadas a encontrar-se no mesmo terreno. Daí resultará, de início, certa confusão entre elas. De princípio as três hão de achar que perderam assim alguma coisa, mas acabarão por tirar partido do encontro.

O conhecimento científico podia, com efeito, orgulhar-se de se atribuir valor uniforme às suas afirmações no campo inteiro da experiência. Mas, precisamente porque todas elas eram postas no mesmo nível, acabavam por sofrer da mesma relatividade. Já assim não acontecerá desde que se comece por fazer a distinção que, em nosso entender, se impõe. O entendimento acha-se à vontade no campo da matéria inerte. Sobre essa matéria se exerce essencialmente a ação humana, e, conforme acima dissemos, a ação não poderia mover-se no irreal. Assim, logo que se considera somente a forma geral da física, e não o pormenor da sua realização, pode-se dizer que ela atinge o absoluto. Pelo contrário, foi por acidente – acaso ou convenção, conforme se queira – que a ciência conseguiu obter sobre o vivo domínio análogo ao que possui sobre a matéria bruta. Aqui, a aplicação dos moldes do entendimento já não é natural. Não queremos dizer que já não seja legítima, no sentido científico da palavra. Se a ciência deve alargar a nossa ação sobre as coisas, e se não podemos agir senão tendo a matéria inerte como instrumento, a ciência pode e deve continuar tratando o vivo tal como tratava o inerte. Mas será coisa entendida que, quanto mais ela penetrar nas profundidades da vida, mais simbólico se tornará o conhecimento relativo às contingências da ação que ela nos fornece. A filosofia deverá, portanto, seguir a ciência nesse novo terreno, para sobrepor à verdade científica um conhecimento de outro gênero, ao qual se poderá chamar metafísico. Assim todo o nosso conhecimento, científico ou metafísico, se eleva. No absoluto estamos, circulamos e vivemos. O conhecimento que dele temos é, sem dúvida, incompleto, mas não exterior ou relativo. É o próprio ser que alcançamos, nas suas profundidades, pelo desenvolvimento combinado e progressivo da ciência e da filosofia.

Renunciando assim à unidade fictícia que o entendimento impõe de fora à natureza, voltaremos talvez à verdadeira unidade dela, interior e viva. Porque o esforço que fazemos para ultrapassar o puro entendimento introduz-nos em algo mais vasto, onde o nosso entendimento se recorta, e do qual se deve ter destacado. E, como a matéria se regula pela inteligência, como há entre elas um acordo evidente, não se pode engendrar uma sem suscitar a gênese da outra. Idêntico processo deve ter talhado ao mesmo tempo matéria e inteligência em um tecido que continha ambas. Nessa realidade nos reinstalaremos cada vez mais completamente, à medida que nos esforçamos mais para transcender a inteligência pura.

Concentremo-nos, pois, sobre o que é em nós, ao mesmo tempo, mais independente do exterior e menos imbuído de intelectualidade. Procuremos, no mais profundo de nós mesmos, o ponto em que nos sentimos mais interiores à nossa própria vida. Será na pura duração que voltamos a mergulhar, em uma duração em que o passado, sempre em marcha, se acresce sem cessar de um presente inteiramente novo. Mas, ao mesmo tempo, sentimos que a mola da nossa vontade se torna tensa até ao seu extremo limite. É necessário que, graças a uma contração violenta da nossa personalidade sobre si própria, concentremos o nosso passado que nos quer fugir, para o impelirmos, compacto e indiviso, em um presente que ele criará quando nele se introduz. Bem raros são os momentos em que nos reapoderamos assim de nós mesmos e que se identificam com os nossos atos verdadeiramente livres. E, mesmo então, nunca o alcançamos totalmente. O nosso sentimento da duração, isto é, a coincidência do nosso eu consigo mesmo, é suscetível de ter graus diversos. Mas, quanto mais profundo é o sentimento e mais completa a coincidência, tanto mais a vida em que eles nos reinstalam absorve a intelectualidade, ultrapassando-a. Porque a inteligência tem como função essencial ligar o mesmo ao mesmo, e somente são adaptáveis aos moldes da inteligência os fatos que se repetem. Ora, a inteligência tem certamente a capacidade de vir a apreender os momentos reais da duração real, reconstituindo o novo estado com uma série de visões sobre ele, tomadas do exterior, e que se assemelham tanto quanto possível ao já conhecido: nesse sentido, o estado contém intelectualidade "em potência", por assim dizer. Todavia, excede-a, permanece incomensurável com ela, sendo indivisível e novo.

Descansemos agora, interrompamos o esforço que impele para o presente a maior parte possível de passado. Se o descanso fosse completo, não haveria memória nem vontade: quer dizer, não caímos nunca nessa passividade absoluta, como também não podemos tornar-nos inteiramente livres. Mas, no limite, entrevemos uma existência formada por um presente que recomeçaria sem cessar — nenhuma duração real, nada senão o instantâneo morrendo e renascendo indefinidamente. Será essa a existência da matéria? Não inteiramente, sem dúvida, porque a análise a divide em oscilações elementares das quais as mais breves têm uma duração muito pequena, quase evanescente, mas que não é nula. Pode, todavia, presumir-se que a existência física se inclina para esse segundo sentido, como a existência psíquica se inclina para o primeiro.

Assim, no fundo da "espiritualidade", por um lado, e por outro no da "materialidade" com a intelectualidade, haveria dois processos de direção oposta, e passar-se-ia do primeiro ao segundo por via de inversão, talvez até de simples interrupção, se é certo ser inversão e interrupção dois termos que devemos ter aqui como sinônimos, conforme adiante mostraremos em pormenor. Tal presunção confirmar-se-á se considerarmos as coisas do ponto de vista da extensão, e não somente da duração. Quanto mais tomamos consciência do nosso progresso na pura duração, melhor sentimos as diversas partes do nosso ser entrar umas nas outras, e a nossa personalidade inteira concentrar-se em um ponto, ou melhor, em uma ponta, que se insere no futuro, penetrando nele incessantemente. Nisso consistem a vida e a ação livres. Deixemo-nos ir, pelo contrário; em vez de agir, sonhemos. Logo o nosso eu se dispersa; o nosso passado, que até aí se concentrava sobre si mesmo no impulso indivisível que nos comunicava, decompõe-se em mil e uma recordações que se exteriorizam umas em relação às outras, e que renunciam a se interpenetrar à medida que se tornam mais rígidas. A nossa personalidade volta assim a descer em direção ao espaço. Ladeia-o aliás, sem cessar, na sensação. Não insistiremos aqui sobre um ponto que aprofundamos em outro lugar.[1] Limitemo-nos a recordar que a extensão é suscetível de ter graus diversos, que toda sensação é em certa medida extensível, e que a ideia de sensações inextensas, artificialmente localizadas no espaço, exprime somente um ponto de vista do espírito, sugerido mais por uma metafísica inconsciente do que pela observação psicológica.

Não damos sem dúvida mais do que os primeiros passos em direção à extensão, mesmo quando nos abandonamos o mais que nos é possível. Mas suponhamos, por um instante, que a

---

[1] BERGSON, H. *Matéria e memória:* ensaio sobre a relação do corpo com o espírito. São Paulo: WMF Martins Fontes, 2010. [N. E.]

matéria consista nesse mesmo movimento levado mais longe e que o físico não seja mais do que o psíquico invertido. Compreender-se-ia então que o espírito se sentisse tão à vontade e circulasse tão naturalmente no espaço, logo que a matéria lhe sugerisse uma representação dela mais distinta. Desse espaço tinha ele a representação implícita no próprio sentimento de seu eventual *afrouxamento*, isto é, de sua possível *extensão*. Encontra-se nas coisas, mas poderia obtê-lo sem elas se tivesse a imaginação suficientemente poderosa para levar até o fim a inversão do seu movimento natural. Por outro lado, teríamos assim a explicação para o fato de a matéria acentuar ainda mais a sua materialidade sob o olhar do espírito. Ela começou por ajudá-lo a descer de novo o próprio plano inclinado dela. Deu-lhe o impulso. Mas o espírito continua, uma vez iniciado o movimento. A representação por ele formada do espaço puro é apenas o *esquema* do termo ao qual esse movimento conduziria. Uma vez possuidor da forma do espaço, o espírito serve-se dela como de uma rede cujas malhas se fazem e se desfazem como se queira, a qual, lançada sobre a matéria, a divide de acordo com as exigências da nossa ação. Assim, o espaço da nossa geometria e a espacialidade das coisas engendram-se mutuamente graças à ação e a reação recíprocas de dois termos que têm a mesma essência, mas que avançam em sentido inverso um do outro. Nem o espaço é tão alheio à nossa natureza quanto imaginamos, nem a matéria se acha também tão completamente estendida no espaço quanto a nossa inteligência e os nossos sentidos a representam.

Do primeiro ponto ocupamo-nos em outro lugar.[2] No que diz respeito ao segundo, apenas faremos notar que a perfeita

---

2 BERGSON, H. Op. cit.

espacialidade consistiria em uma perfeita exterioridade das partes em relação umas às outras, isto é, em uma total independência recíproca. Ora, não existe ponto material que não atue sobre qualquer outro ponto material. Se observarmos que uma coisa está verdadeiramente onde atua, seremos levados a dizer (como faria Faraday) que todos os átomos se interpenetram e que cada um deles enche o mundo. Em tal hipótese, o átomo, ou mais genericamente o ponto material, tornara-se um simples ponto de vista do espírito, aquele aonde se chega ao levar bastante longe o trabalho (relativo à nossa faculdade de agir) por meio do qual subdividimos a matéria em corpos. Contudo, é incontestável que a matéria se presta a essa subdivisão, e que, ao supô-la fragmentável em partes exteriores umas às outras, construímos uma ciência suficientemente representativa do real. É incontestável que, embora não havendo sistema inteiramente isolado, a ciência acha, todavia, maneira de dividir o universo em sistemas relativamente independentes uns dos outros, e que, assim fazendo, não comete um erro sensível. O que isso quer dizer, senão que a matéria se *estende* no espaço sem que nele se ache inteiramente *estendida*, e que ao considerá-la decomponível em sistemas isolados, ao atribuir-lhe elementos bem distintos que mudam uns em relação aos outros sem que eles próprios mudem (que "se deslocam", diremos nós, sem se alterar), e, finalmente, ao conferir-lhe as propriedades do espaço puro, nos transportamos ao termo do movimento de que ela apenas esboça a direção?

    O que a *Estética transcendental* de Kant nos parece ter estabelecido de forma definitiva é que a extensão não é um atributo material comparável aos outros. Sobre a noção de calor, sobre a de cor ou de peso, o raciocínio não trabalhará indefinidamente: para conhecer as modalidades do peso ou do calor, será necessário retomar contato com a experiência. Já o mesmo não se passa com a noção de espaço. A supor que ela nos seja empiricamente dada pela vista e pelo tato (e Kant nunca o pôs em dúvida), apresenta esta característica notável: o espírito, especulando sobre ela com as suas próprias forças, nela recorta *a priori* figuras cujas propriedades ele próprio *a priori* determina. A experiência, com a qual não manteve contato, segue-o todavia por meio das complicações infinitas dos seus raciocínios e dá--lhes invariavelmente razão. Eis o fato. Kant pô-lo em plena luz. Mas a explicação do fato deve ser procurada, segundo cremos, em uma direção muito diferente da seguida por Kant.

A inteligência, segundo a representação que Kant dela nos dá, está mergulhada em uma atmosfera de espacialidade à qual se acha tão inseparavelmente unida como o corpo vivo ao ar que respira. As nossas percepções só nos chegam depois de terem atravessado essa atmosfera. Nela se impregnaram antecipadamente da nossa geometria, de modo que a nossa faculdade de pensar se limita a reencontrar, na matéria, as propriedades matemáticas que nela antecipadamente depositou a nossa faculdade perceptiva. Assim, temos a garantia de que a matéria se amoldará docilmente aos nossos raciocínios. Entretanto, essa matéria é, naquilo que tem de inteligível, nossa obra: da realidade "em si" não sabemos e nunca saberemos nada, pois dela só apreendemos a refração por meio das formas da nossa faculdade perceptiva. E, se acerca dela alguma coisa pretendemos afirmar, logo a afirmação contrária surge, igualmente demonstrável, igualmente plausível: a idealidade do espaço, provada diretamente pela análise do conhecimento, é-o indiretamente pelas antinomias a que conduz a tese oposta. Tal é a ideia diretora da crítica kantiana. Foi essa ideia que inspirou a Kant uma refutação peremptória das chamadas teorias "empirísticas" do conhecimento. Em nosso entender, é definitiva naquilo que nega. Mas traz-nos ela, naquilo que afirma, a solução do problema? Segundo ela, o espaço é uma forma já feita da nossa faculdade de perceber – verdadeiro *deus ex machina* do qual não se vê nem como surgiu, nem porque é o que é em vez de qualquer outra coisa. Segundo ela, há "coisas em si" das quais nada podemos conhecer: então com que direito afirma a existência delas, mesmo como "problemática"? Se a incognoscível realidade projeta na nossa faculdade de perceber uma diversidade sensível, capaz de nela se inserir exatamente, não será ela, por isso mesmo, conhecida em parte? E, aprofundando essa inserção, não seremos levados, pelo menos quanto a um ponto, a supor um acordo preestabelecido entre as coisas e o nosso espírito – hipótese preguiçosa, que Kant tinha razão em querer dispensar? No fundo, foi por não ter distinguido graus na espacialidade que Kant teve de recorrer ao espaço já feito – e daí a questão de saber como a "diversidade sensível" se lhe adapta. Foi pela mesma razão que supôs a matéria inteiramente desenvolvida em partes inteiramente exteriores umas às outras: daí antinomias, das quais se veria sem dificuldade que a tese e a antítese supõem a coincidência perfeita da matéria com o espaço geométrico, mas que se desvanecem logo que se deixa de estender à matéria o que é verdadeiro quanto ao espaço puro. Daí, finalmente, a conclusão de haver três alternativas, e apenas três, entre as quais optar para a teoria do conhecimento: ou o espírito se regula pelas coisas, ou as coisas se regulam pelo espírito, ou é necessário supor uma misteriosa concordância entre as coisas e o espírito.

Mas a verdade é que há uma quarta alternativa, na qual Kant parece não ter pensado — em primeiro lugar por não pensar que o espírito transbordasse da inteligência, e em seguida (e é, no fundo, a mesma coisa) porque não atribuía à duração uma existência absoluta, tendo *a priori* colocado o tempo na mesma linha que o espaço. Essa solução consistiria de início em considerar a inteligência uma função especial do espírito, voltada essencialmente para a matéria inerte. E consistiria, depois, em dizer que nem a matéria determina a forma da inteligência, nem a inteligência impõe a sua forma à matéria, nem a matéria e a inteligência foram reguladas uma pela outra porque não se sabe a harmonia preestabelecida, mas sim que a inteligência e a matéria se adaptaram progressivamente uma à outra, e alcançaram finalmente uma forma comum. *Essa adaptação ter-se-ia aliás efetuado naturalmente, porque é a mesma inversão do mesmo movimento que cria simultaneamente a intelectualidade do espírito e a materialidade das coisas.*

Desse ponto de vista, o conhecimento que nos dão da matéria, por um lado a nossa percepção, por outro a ciência, aparece-nos aproximativo, sem dúvida, mas não relativo. A nossa percepção, cujo papel é esclarecer os nossos atos, secciona a matéria de modo sempre demasiado nítido, demasiado subordinado a exigências práticas, e consequentemente sempre a rever. A nossa ciência, que aspira a tomar a forma matemática, acentua mais do que necessário a espacialidade da matéria; os seus esquemas serão, portanto, em geral, demasiado precisos e, aliás, sempre a refazer. Para que uma teoria científica fosse definitiva, seria necessário que o espírito pudesse abarcar em bloco a totalidade das coisas, e situá-las exatamente umas em relação às outras. Porém, na realidade, vemo-nos obrigados a formular os problemas um por um, em termos que por isso mesmo são provisórios, de modo que a solução de cada problema terá de ser indefinidamente corrigida pela solução que será dada aos problemas seguintes, e que a ciência, no seu conjunto, é relativa à ordem contingente na qual os problemas foram postos sucessivamente. É nesse sentido, e nessa medida, que se tornou necessário ter a ciência como convencional, mas é, por assim dizer, uma convencionalidade de fato e não de direito. Em princípio, a ciência positiva incide sobre a própria realidade, logo que não saia do seu próprio campo, que é a matéria inerte.

Assim considerado, o conhecimento científico eleva-se. Em compensação, a teoria do conhecimento torna-se empresa infinitamente difícil e que excede as forças da pura inteligência. Não basta já, com efeito, determinar, por meio de uma análise conduzida com prudência, as categorias do pensamento, mas trata-se de engendrá-las. Pelo que diz respeito ao espaço, seria necessário, graças a um esforço *sui generis* do espírito, seguir a progressão, ou antes, a regressão do extraespacial degradando-se em espacialidade. Situando-nos de início tão alto quanto possível na nossa própria consciência para nos deixarmos em seguida cair pouco a pouco, temos a perfeita noção de que o nosso eu se estende em recordações inertes exteriorizadas umas em relação às outras, em vez de ficar tenso em uma vontade indivisível e ativa. Mas isso é apenas um começo. A nossa consciência, ao esboçar o movimento, mostra-nos a sua direção e deixa-nos entrever a possibilidade de ele continuar até ao fim; ela não vai tão longe. Em compensação, se consideramos a matéria, que a princípio nos parece coincidir com o espaço, verificamos que, quanto mais a nossa atenção nela se firma, tanto mais as partes que dizíamos justapostas entram umas nas outras, cada uma delas sofrendo a ação de tudo o que, por consequência, lhe é de algum modo presente. Assim, embora se estendendo no sentido do espaço, a matéria não o alcança inteiramente: de onde se pode concluir que ela não faz mais do que levar muito mais longe o movimento que a consciência podia esboçar em nós em estado nascente. Possuímos, pois, as duas extremidades da cadeia, embora não possamos agarrar os outros elos. Ficarão sempre fora do nosso alcance? É necessário ter em consideração que a filosofia, tal como a definimos, ainda não tomou perfeita consciência de si mesma. A física compreende o seu papel ao impelir a matéria no sentido da espacialidade; mas a metafísica terá compreendido o seu, ao limitar-se a ir atrás da física, com a esperança quimérica de ir mais longe na mesma direção? A sua tarefa específica não seria, pelo contrário, voltar a subir a encosta que a física desce, fazer voltar a matéria à sua origem e constituir progressivamente uma cosmologia que fosse, se assim é lícito dizer, uma psicologia invertida? Tudo quanto aparece ao físico e ao geômetra como *positivo* tornar-se-ia, desse novo ponto de vista, interrupção ou intervenção da verdadeira positividade, que seria necessário definir em termos psicológicos.

Evidentemente que, se considerarmos a ordem admirável da matemática, o acordo perfeito dos objetos de que ela se ocupa, a lógica imanente aos números e às figuras, a certeza que temos, sejam quais forem a diversidade e a complexidade dos nossos raciocínios sobre esse assunto, de chegarmos sempre à mesma conclusão, hesitaremos em ver nessas propriedades de tão positiva aparência um sistema de negações, e antes a ausência do que a presença de uma realidade verdadeira. Mas não se deve esquecer que a nossa inteligência, a qual constata e admira essa ordem, é dirigida no próprio sentido do movimento que conduz à materialidade e à espacialidade do seu objeto. Quanto mais introduz complicação ao analisar o seu objeto, mais complicada é a ordem que encontra. E essa ordem e essa complicação não podem deixar de lhe aparecer como efeito de uma realidade positiva, visto serem do mesmo sentido que ela.

Quando um poeta me lê os seus versos, posso interessar-me por ele o suficiente para penetrar no seu pensamento, para me inserir nos seus sentimentos e reviver o estado simples que ele dispersou em frases e em palavras. Simpatizo então com a sua inspiração, acompanho-a em um movimento contínuo que é, como a própria inspiração, um ato indiviso. Bastará, agora, que eu afrouxe a atenção, que deixe distender-se o que havia em mim de tenso, para que os sons, até então afogados na significação, me apareçam distintamente, um por um, na sua materialidade. Para o conseguir não preciso acrescentar nada, basta que suprima alguma coisa. À medida que me for abandonando, os sucessivos sons se individualizarão mais: como as frases se tinham decomposto em palavras, assim também as palavras se destacarão em sílabas que distinguirei sucessivamente. Avancemos ainda mais no sentido do sonho: serão as letras que se distinguirão umas das outras, e que verei desfilar, entrelaçadas, sobre uma folha de papel imaginária. Admirarei então a precisão dos entrelaçamentos, a ordem maravilhosa do cortejo, a inserção exata das letras nas sílabas, das sílabas nas palavras e das palavras nas frases. Quanto mais longe tiver ido na direção toda negativa do afrouxamento, maior será a extensão e a complicação suscitada; e quanto maior for, por sua vez, a complicação, mais admirável se me afigurará a ordem que continua a reinar, incólume, entre os elementos. Todavia, essa complicação e essa extensão nada representam de positivo: exprimem uma deficiência do querer. E, por outro lado, é preciso que a ordem aumente ao mesmo tempo que a complicação, visto ser apenas um aspecto dela – quanto mais partes se distinguem simbolicamente em um todo indivisível, maior se torna, necessariamente, o número das relações das partes entre si, pois a mesma indivisão do real continua a planar sobre a crescente multiplicidade dos elementos simbólicos em que a decompôs a dispersão da atenção. Uma comparação desse gênero fará compreender, em certa medida, como a própria supressão da realidade positiva, a própria inversão de um movimento originário, pode ao mesmo tempo criar a extensão no espaço e a ordem admirável que nele descobre a nossa inteligência. Existe sem dúvida, entre os dois casos, uma diferença: as palavras e as letras foram inventadas por um esforço positivo da humanidade, enquanto o espaço surgiu automaticamente, tal como surge, uma vez dados os dois termos, o resultado de uma subtração.³ Mas, tanto em um

---

3 A nossa comparação limita-se a desenvolver o conteúdo do termo λόγος, tal como o entende Plotino, visto que, por um lado, λόγος deste filósofo é uma potência geradora e informadora, um aspecto ou um fragmento da ψυχή, e por outro lado Plotino se lhe refere por vezes como a um *discurso*. Mais genericamente, a relação que estabelecemos, no presente capítulo, entre a "extensão" e a "distensão" assemelha-se sob alguns aspectos àquela que Plotino supõe (em desenvolvimentos dos quais o Sr. Ravaisson viria a inspirar-se), ao ver na extensão, não, sem dúvida, uma inversão do Ser originário, mas um enfraquecimento da sua essência, uma das fases derradeiras da processão. (Ver sobretudo PLOTINO. *Ennéades*. IV, III, 9-11 e III, VI, 17-18). Contudo, a filosofia antiga não viu as consequências que daí resultavam para a matemática, porque Plotino, tal como Platão, erigiu as essências matemáticas em realidades absolutas e, sobretudo, a filosofia antiga deixou-se enganar pela analogia, apenas externa,

caso como no outro, a complicação das partes ao infinito e a sua perfeita coordenação entre si são criadas simultaneamente por uma inversão que é, no fundo, uma interrupção, isto é, uma diminuição de realidade positiva.

Todas as operações da nossa inteligência tendem para a geometria como termo no qual irão encontrar o seu perfeito acabamento. Mas, como a geometria lhes é necessariamente anterior (visto que essas operações não conduzem nunca à reconstrução do espaço e não podem fazer outra coisa senão tê-lo como dado), é evidente que o próprio motor da nossa inteligência é uma geometria latente, imanente à nossa representação do espaço. Para nos convencermos disso basta considerar as duas funções essenciais da inteligência, a faculdade de deduzir e a de induzir.

Comecemos pela dedução. O próprio movimento com que traço uma figura no espaço engendra as respectivas propriedades, que são visíveis e tangíveis no próprio movimento; sinto, vivo no espaço a relação entre a definição e as suas consequências, entre as premissas e a conclusão. Todos os outros conceitos cuja ideia me foi sugerida pela experiência só em parte são reconstituíveis *a priori*; a sua definição será portanto imperfeita, e as deduções nas quais entrarem esses conceitos, por mais rigor que se ponha no encadeamento da conclusão às premissas, participarão dessa imperfeição. Mas quando desenho grosseiramente na areia a base de um triângulo e co-

---

da duração com a extensão. Viu naquela o mesmo que nesta, considerando a mudança uma degradação da imutabilidade, o sensível uma queda do inteligível, do que resultou, conforme mostraremos no próximo capítulo, uma filosofia que ignora a função e o alcance reais da inteligência.

meço a formar os dois ângulos na base, sei com toda a certeza e compreendo perfeitamente que, se esses dois ângulos são iguais, os lados o serão também, podendo então a figura ser invertida sem que nada seja mudado. Sei isto muito antes de ter aprendido geometria. Assim, anteriormente à geometria dos sábios, há uma geometria natural cuja clareza e evidência excedem as das outras deduções. Estas incidem sobre qualidades, e já não sobre grandezas. Formam-se pois, sem dúvida, tendo as primeiras como modelo, e a sua força deve-se ao fato de que, sob a qualidade, vemos transparecer confusamente a grandeza. Note-se que os problemas de situação e de grandeza são os primeiros a serem oferecidos à nossa atividade e aqueles que a inteligência exteriorizada em ação resolve antes mesmo de ter surgido a inteligência refletida: o selvagem sabe melhor do que o civilizado calcular as distâncias, determinar uma direção, memorizar o esquema muitas vezes complexo do caminho que percorreu e voltar assim, em linha reta, ao ponto de partida. Se o animal não deduz explicitamente, se não forma explicitamente conceitos, nem por isso deixa de ter a representação de um espaço homogêneo. Não podemos dar-nos esse espaço sem ao mesmo tempo introduzir uma geometria virtual que se degradará, por si própria, em lógica. Toda a repugnância dos filósofos em considerar as coisas sob esse ângulo resulta de o trabalho lógico da inteligência representar aos seus olhos um esforço positivo do espírito. Mas, se se entende por espiritualidade uma marcha frente a criações sempre novas, a conclusões incomensuráveis com as premissas e indetermináveis em relação a elas, deverá dizer-se, a respeito de uma representação que se move entre relações de determinação necessária, por meio das premissas que contêm antecipadamente a sua conclusão, que ela segue a direção inversa, a da materialidade. Aquilo que, do ponto de vista da inteligência, aparece como esforço, é em si abandono. E ao passo que, do ponto de vista da inteligência, há uma petição de princípio em fazer sair automaticamente a geometria do espaço, a lógica da geometria, pelo contrário, se o espaço é o último termo do movimento de distensão do espírito, o espaço não pode ser dado sem a lógica e a geometria, que se encontram no trajeto cujo termo é a pura intuição espacial.

Não se ressaltou suficientemente o quanto é reduzido, nas ciências psicológicas e morais, o alcance da dedução. De uma proposição verificada pelos fatos só é possível, aqui, tirar consequências verificáveis até um certo ponto e em certa medida. Não tarda a ter de se recorrer ao bom-senso, isto é, à experiência contínua do real, para infletir as consequências deduzidas, adaptando-as às sinuosidades da vida. A dedução só é eficiente, por assim dizer metaforicamente, nas coisas morais e na exata medida em que o moral pode ser transposto em físico, quer dizer, traduzível em símbolos espaciais. A metáfora nunca vai muito longe, da mesma forma que a curva não se deixa confundir por muito tempo com a sua tangente. Como poderemos não achar estranha, e até paradoxal, essa debilidade da dedução? Eis uma pura operação do espírito, efetuando-se só pela força do espírito. Supor-se-ia que se em algum lugar ela deveria sentir-se à vontade e evoluir livremente seria entre as coisas do espírito, nos domínios do espírito. Pelo contrário, é aí que ela imediatamente se esgota, ao passo que, na geometria, na astronomia e na física, quando estão em causa coisas externas a nós, a dedução se revela onipotente! A observação e a experiência são aqui evidentemente necessárias para se alcançar o princípio, isto é, para se descobrir sob que aspecto é necessário considerar as coisas; mas, a rigor, poder-se-ia, com muita sorte, encontrá-lo imediatamente; e, logo que se possui esse princípio, dele se tiram e se levam longe consequências que a experiência verificará sempre. Que devemos concluir daí, senão que a dedução é uma operação que se regula pelos passos da matéria, decalcada sobre as articulações móveis da matéria e, em suma, dada implicitamente com o espaço que subtende a matéria? Enquanto rola no espaço ou no tempo espacializado basta que se deixe levar. É a *duração* que lhe cria dificuldades.

Há, portanto, na dedução um substrato de intuição espacial. Mas o mesmo se poderá dizer da indução. É evidente que não há necessidade de se pensar como geômetra, nem sequer de simplesmente pensar, para esperar que das mesmas condições resulte a repetição do mesmo fato. Já a consciência do animal efetua esse trabalho e, independentemente de qualquer consciência, o próprio corpo vivo já é construído para extrair das situações sucessivas em que se encontra as semelhanças que lhe interessam, e para responder assim às excitações com reações apropriadas. Mas há uma grande diferença entre uma expectativa e uma reação maquinais do corpo e a indução propriamente dita, que é uma operação intelectual. Esta baseia-se na crença de haver causas e efeitos, e de os mesmos efeitos se seguirem às mesmas causas. Mas, se aprofundamos essa dupla crença, eis o que encontramos: implica ela, em primeiro lugar, que a realidade é decomponível em grupos, suscetíveis de serem considerados praticamente isolados e independentes. Se fazemos ferver água em uma panela colocada sobre um fogareiro, a operação e os objetos que a suportam são, na realidade, solidários de uma multidão de outros objetos e de outras operações, e não se tardaria a achar o sistema solar inteiro interessado no que se realiza naquele ponto do espaço. Mas, em certa medida, e para o fim particular que temos em vista, podemos admitir que as coisas se passam como se o grupo *água-panela-fogareiro aceso* fosse um microcosmo independente. Eis o que afirmo de início. Mas quando digo que esse microcosmo se comportará sempre da mesma maneira, que o calor provocará necessariamente, ao fim de algum tempo, a ebulição da água, admito que, dado um certo número de elementos do sistema, tanto basta para que o sistema se ache completo: ele completa-se automaticamente, não tenho a liberdade de o completar pelo pensamento conforme me aprouver. Dados o fogareiro aceso, a panela e a água, assim como um certo intervalo de duração, a ebulição, que a experiência me mostrou ontem ser o que faltava ao sistema para ele estar completo, completá-lo-á amanhã, seja quando for, sempre. Que está no fundo dessa crença? É necessário notar que ela está mais ou menos garantida, conforme os casos, e que ganha caráter de certeza definitiva quando o microcosmo considerado apenas contém grandezas. Dados dois números, com efeito, já não tenho liberdade de escolher a sua diferença. Dados dois ângulos de um triângulo, incluído o ângulo, o terceiro lado surge por si próprio, o triângulo completa-se automaticamente. Posso, onde e quando quiser, traçar os dois mesmos lados compreendendo o mesmo ângulo; é evidente que os novos triângulos assim formados poderão ser sobrepostos ao primeiro, e que, por consequência, o mesmo terceiro lado terá vindo completar o sistema. Ora, se a minha certeza é perfeita no caso de raciocinar sobre puras determinações espaciais, não deverei supor que, nos outros casos, ela o será tanto mais quanto mais se aproximar desse caso-limite? E não seria até o caso-limite que transpareceria através de todos os outros e que lhes daria, segundo a sua maior ou menor transparência, uma tonalidade mais ou menos acentuada de necessidade geométrica? De fato, quando digo que a minha água, colocada sobre o meu fogareiro, irá ferver hoje tal como ferveu ontem, e que há nisso uma necessidade absoluta, sinto confusamente que a minha imaginação transporta o fogareiro de hoje sobre o de ontem, a panela sobre a panela, a água sobre a água, a duração que se escoa sobre a duração que se escoa, e que assim o resto parece dever coincidir também, pela mesma razão que faz os terceiros lados de dois triângulos que sobrepomos coincidirem se os dois primeiros já coincidiam. Mas a minha imaginação só assim procede por fechar os olhos ante dois pontos essenciais. Para que o sistema de hoje pudesse ser sobreposto ao de ontem, seria necessário que este tivesse esperado aquele, que o tempo se tivesse detido e que tudo se tivesse tornado simultâneo de tudo: é o que se passa com a geometria, mas só com a geometria. A indução implica, portanto, em primeiro lugar, que, tanto no mundo físico como no do geômetra, o tempo não tenha importância. Mas implica também a possibilidade de se poderem sobrepor qualidades umas às outras como se fossem grandezas. Se transporto idealmente o fogareiro aceso de hoje sobre o de ontem, verifico sem dúvida que a forma permaneceu a mesma. Para tal, basta que as superfícies e as arestas coincidam; mas o que é a coincidência de duas qualidades, e como sobrepô-las uma à outra para nos certificarmos de que são idênticas? Contudo, transfiro para a segunda ordem de realidade tudo o que se aplica à primeira. O físico legitimará mais tarde essa operação, reduzindo, na medida do possível, as diferenças de qualidade a diferenças de grandeza; mas, antes de qualquer ciência, a minha tendência é para assimilar as qualidades às quantidades, como se avistasse atrás daquelas, à transparência, um mecanismo geométrico. Quanto mais completa for essa transparência, mais me parece necessária, nas mesmas condições, a repetição do mesmo fato. Aos nossos olhos, as nossas induções são certas na exata medida em que fazemos fundirem-se as diferenças qualitativas na homogeneidade do espaço que as subentende, de maneira que a geometria é o limite ideal, tanto das nossas induções como das nossas deduções. O movimento em cujo termo se acha a espacialidade depõe ao longo do seu trajeto a faculdade de induzir, da mesma forma que a de deduzir a intelectualidade inteira.

Cria-as no espírito. Mas cria também, nas coisas, a "ordem" que a nossa indução, ajudada pela dedução irá encontrar. Tal ordem, na qual a nossa ação se apoia e na qual a nossa inteligência se reconhece, parece-nos maravilhosa. Não só as mesmas causas produzem sempre os mesmos efeitos de conjunto, como, sob as causas e os efeitos visíveis, a nossa ciência descobre uma infinidade de modificações infinitesimais que se inserem cada vez mais exatamente umas nas outras à medida que se leva mais longe a análise; de maneira que, ao cabo desta análise, a matéria nos parece ser a própria geometria. Não há dúvida de que a inteligência admira aqui, justificadamente, a ordem crescente na crescente complexidade: uma e outra têm a seu favor uma realidade positiva, pois é da mesma ordem que ela. Mas as coisas mudam de aspecto quando se considera a realidade no seu todo como uma marcha em frente, indivisa, para criações que se sucedem. Adivinha-se então que a complicação dos elementos materiais e a ordem matemática que os liga entre si devem surgir automaticamente, mal se produz, no seio do todo, uma interrupção ou uma inversão parciais. Aliás, como a inteligência se destaca no espírito por um processo do mesmo gênero, está de harmonia com essa ordem e essa complicação, e admira-as porque nelas se reconhece. Mas o que é admirável *em si*, o que deveria ser motivo de espanto é a criação incessantemente renovada que o real, no seu todo indiviso, efetua avançando, porque nenhuma complicação da ordem matemática consigo mesma, por mais sábia que a possamos supor, introduzirá um átomo que seja de novidade no mundo, ao passo que, uma vez dado esse poder de criação (e ele existe, já que pelo menos em nós tomamos consciência dele quando agimos livremente), basta que ele se distraia de si próprio para afrouxar, basta que afrouxe para se estender, e basta estender-se para que a ordem matemática que preside à disposição dos elementos assim separados, e o inflexível determinismo que os liga, manifestem a interrupção do ato criador, interrupção com a qual, aliás, se identificam.

É essa tendência inteiramente negativa que exprimem as leis particulares do mundo físico. Nenhuma delas, particularmente, tem realidade objetiva: é a obra de um sábio que considerou as coisas de um certo ângulo, que isolou certas variáveis e aplicou certas unidades convencionais de mensuração. E, todavia, há uma ordem aproximativamente matemática imanente à matéria, ordem objetiva, da qual a nossa ciência se vai aproximando à medida que progride. Porque, se a matéria é um afrouxamento do inextenso em extenso e, portanto, da liberdade em necessidade, embora não coincidindo inteiramente com o puro espaço homogêneo, foi constituída pelo movimento que a ele conduz, e está, portanto, no caminho da geometria. É certo que nunca se lhe aplicarão completamente leis de forma matemática. Para tal seria necessário que ela fosse puro espaço e que saísse da duração.

A evolução criadora

Nunca será demasiado insistir sobre o que há de artificial na forma matemática de uma lei física e, por consequência, no nosso conhecimento científico das coisas. As nossas unidades de medida são convencionais e, se assim é lícito dizer, alheias às intenções da natureza: como admitir que esta tenha feito depender todas as modalidades de calor das dilatações de uma mesma massa de mercúrio, ou das modificações de pressão de uma mesma massa de ar mantida em um volume constante? Mas há mais. De uma maneira geral, *medir* é uma operação inteiramente humana, que implica sobreporem-se realmente ou idealmente dois objetos um ao outro, um certo número de vezes. A natureza não pensou em tal sobreposição. Ela não mede, tampouco conta. Todavia, a física conta, mede, relaciona umas com as outras variações "quantitativas" para chegar assim a leis, e acerta. O seu sucesso seria inexplicável se o movimento constitutivo da materialidade não fosse o próprio movimento que, prolongado por *nós* até ao seu termo, ou seja, até ao espaço homogêneo, alcança fazer-nos contar, medir, acompanhar, nas suas respectivas variações, termos que são função uns dos outros. Para efetuar esse prolongamento, basta que a nossa inteligência se prolongue ela própria, pois ela vai naturalmente ao espaço e à matemática, visto intelectualidade e materialidade serem da mesma natureza e se produzirem da mesma maneira.

Se a ordem matemática fosse coisa positiva, se existissem, imanentes à matéria, leis comparáveis às dos nossos códigos, o sucesso da nossa ciência seria miraculoso. Quais probabilidades haveria, com efeito, para nós de achar o módulo da natureza e isolar, precisamente, para lhes determinar as relações recíprocas, as variáveis que ela teria escolhido? Mas o sucesso de uma ciência de forma matemática não seria menos incompreensível se a matéria não tivesse tudo o que é necessário para ser integrada nos nossos quadros. Uma única hipótese plausível nos resta, portanto: é que a ordem matemática nada tenha de positivo, que seja a forma para a qual tende, por si própria, uma certa *interrupção*, e que a materialidade consista precisamente em uma interrupção desse gênero. Compreender-se-á assim que a nossa ciência seja contingente, relativa às variáveis por ela escolhidas, relativa à ordem em que pôs sucessivamente os problemas, e que não obstante triunfe. Teria podido ser, no conjunto, inteiramente diversa, e todavia triunfar ainda. Precisamente porque nenhum sistema definido de leis matemáticas está na base da natureza, e porque a matemática em geral representa simplesmente o sentido no qual a matéria cai. Seja qual for a posição em que se coloque um desses bonecos de cortiça com base de chumbo, quer o deitemos de costas, ou de cabeça para baixo, quer o lancemos ao ar, ele ficará sempre de pé, automaticamente. O mesmo se passa com a matéria: podemos pegá-la por qualquer ponta e manipulá-la seja de que maneira for, ela recairá sempre em qualquer dos nossos quadros matemáticos, porque tem um lastro de geometria.

Mas o filósofo recusar-se-á sempre a fundamentar uma teoria do conhecimento em tais considerações, que lhe repugnam, porque a ordem matemática, sendo ordem, lhe parecerá conter algo de positivo. Em vão diremos que essa ordem se produz automaticamente pela interrupção da ordem inversa, e que ela própria é essa interrupção. Nem por isso deixa de subsistir a ideia de que poderia *não existir nenhuma ordem*, e que a ordem matemática das coisas, sendo uma conquista sobre a desordem, possui uma realidade positiva. Aprofundando esse ponto, ver-se-ia como é capital o papel desempenhado pela ideia da *desordem* nos problemas relativos à teoria do conhecimento. Não aparece neles explicitamente, e é por isso que não se lhe tem dado atenção. E todavia, uma teoria do conhecimento deveria começar pela crítica dessa ideia, visto que, se o problema principal é saber como e porque a realidade se submete a uma ordem, é porque a ausência de uma ordem, seja de que espécie for, parece possível ou concebível. É nessa ausência de uma ordem que o realista e o idealista creem pensar, aquele quando fala na regulamentação que as leis "objetivas" impõem efetivamente a uma desordem possível da natureza, e o idealista quando supõe uma "diversidade sensível" que se coordenaria – sendo consequentemente destituída de ordem – sob a influência organizadora do nosso entendimento. A ideia de desordem, tomada no sentido de *ausência de ordem*, é portanto a ideia que se devia começar por analisar. A filosofia foi buscá-la na vida corrente. E é incontestável que, correntemente, quando falamos em desordem, em alguma coisa pensamos. Mas em quê?

Ver-se-á, no próximo capítulo, como é difícil determinar o conteúdo de uma ideia negativa, e a que ilusões nos expomos, em que inextricáveis dificuldades cai a filosofia, por não ter empreendido esse trabalho. Dificuldades e ilusões resultam, habitualmente, de se aceitar como definitiva uma maneira de nos exprimirmos que é essencialmente provisória. Resultam de se transferir para o campo da especulação um processo feito para a prática. Se escolho, ao acaso, um volume na minha biblioteca, posso tornar a colocá-lo na estante depois de o ter olhado de relance, dizendo: "Não são versos". Foi isso o que realmente vi ao folhear o livro? Evidentemente que não. Não vi e nunca verei uma ausência de versos. Vi prosa. Mas como o que desejo é poesia, exprimo o que encontro em função daquilo que procuro e, em vez de dizer "Prosa", digo "Não são versos". Inversamente, se o que desejo ler é prosa e tiro um volume de versos da estante, exclamarei: "Não é prosa", traduzindo assim os dados da minha percepção, que me mostra versos, na linguagem da minha experiência e da minha atenção, que se acham fixadas na ideia de prosa e não querem ouvir falar em outra coisa. Mas, se o Sr. Jourdain me estivesse escutando, inferiria certamente da minha dupla exclamação que prosa e poesia são duas formas de linguagem reservadas aos livros, e que tais formas cultas se sobrepuseram a uma linguagem bruta, que não é verso nem prosa. Falando dessa coisa que nem é prosa nem verso, julgaria ele, aliás, pensar nela: mas isso seria apenas uma pseudorrepresentação. Vamos mais longe: a pseudorrepresentação poderia criar um pseudoproblema, se o Sr. Jourdain perguntasse ao seu professor de filosofia como é que a forma prosa e a forma poesia vieram acrescentar-se àquilo que não possuía nem uma nem outra, e se quisesse conhecer a teoria da imposição dessas duas formas a esta simples matéria. A sua pergunta seria absurda, e o absurdo resultaria de ele ter hipostasiado em substrato comum da prosa e da poesia a negação simultânea das duas, esquecendo que a negação de uma delas consiste na posição da outra.

Ora, suponhamos que haja duas espécies de ordem, e que essas duas ordens sejam dois contrários no seio do mesmo gênero. Suponhamos ainda que a ideia de desordem surja no nosso espírito sempre que, procurando uma das duas espécies de ordem, encontremos a outra. A ideia de desordem teria então uma significação clara na prática corrente da vida; objetivaria, para comodidade da linguagem, a decepção de um espírito que encontra pela frente uma ordem diferente da que necessita, ordem que não lhe pode ser útil de momento e que, nesse sentido, não existe para ele. Mas ela não comportaria nenhum emprego teórico. E se pretendêssemos, apesar de tudo, introduzi-la na filosofia, perderíamos infalivelmente de vista a sua verdadeira significação. Ela notava a ausência de uma certa ordem, mas em *proveito de outra* (da qual não teríamos de nos ocupar); simplesmente, como ela se aplica alternadamente a cada uma das duas, e vai e vem incessantemente entre ambas, pegá-la-emos a caminho, ou antes, no ar, como a bola entre duas raquetes, e tratá-la-emos como se representasse não a ausência de uma ou da outra ordem indiferentemente, mas a ausência das duas ao mesmo tempo – coisa que não é percebida nem concebida, simples entidade verbal. Surgiria assim o problema de saber como é que a ordem se impõe à desordem, a forma à matéria. Analisando a ideia de desordem assim sutilizada, ver-se-ia que ela nada representa, e desvanecer-se-iam ao mesmo tempo os problemas que se faziam aparecer em torno dela.

É certo que seria necessário começar por distinguir, e até por opor uma à outra, duas espécies de ordem que habitualmente se confundem uma com a outra. Como essa confusão deu origem às principais dificuldades do problema do conhecimento, não será inútil acentuar uma vez mais os traços pelos quais as duas ordens se distinguem.

De uma maneira geral, a realidade é *ordenada* na exata medida em que satisfaz o nosso pensamento. A ordem consiste, portanto, em um certo acordo entre o sujeito e o objeto. É o espírito que se reencontra nas coisas. Mas o espírito pode, conforme dizíamos, caminhar em dois sentidos opostos. Umas vezes segue a sua direção natural, e temos então o progresso sob a sua forma de tensão, a criação contínua, a atividade livre.

Outras vezes inverte a direção, e tal inversão, levada até o fim, conduziria à extensão, à determinação recíproca necessária dos elementos exteriorizados relativamente uns aos outros, em suma, ao mecanismo geométrico. Ora, quer a experiência nos pareça adotar a primeira direção, quer se oriente no sentido da segunda, em ambos os casos dizemos haver ordem, visto que o espírito se acha nos dois processos. A confusão entre eles é, assim, natural. Para evitá-la, seria necessário dar nomes diferentes às duas espécies de ordem, o que não é fácil, devido à variedade e à variabilidade de formas que elas assumem. A ordem do segundo gênero poderia ser definida pela geometria, que é o seu extremo limite: mais genericamente, é dela que se trata sempre que se encontra uma reação de determinação necessária entre causas e efeitos. Evoca ideias de inércia, de passividade, de automatismo. Quanto à ordem ao primeiro gênero, não há dúvida que oscila em torno da finalidade: todavia não poderia ser definida por ela, pois umas vezes acha-se acima, outras abaixo. Nas suas formas mais elevadas é mais do que finalidade, pois se poderá dizer de um ato livre ou de uma obra de arte que manifestam uma ordem perfeita e, no entanto, não é possível exprimi-los em termos de ideias senão *a posteriori* e de uma maneira aproximativa. A vida no seu conjunto, considerada como uma evolução criadora, é algo análogo: transcende a finalidade, se entendermos por finalidade a realização de uma ideia concebida ou concebível por antecipação. O molde da finalidade é, portanto, demasiado estreito para a vida na sua totalidade. Pelo contrário, é muitas vezes demasiado largo para esta ou aquela manifestação da vida, tomada em particular. Seja como for, é sempre do *vital* que se trata aqui, e todo este estudo tende a estabelecer que o vital se acha na direção do voluntário. Poder-

-se-ia dizer, portanto, que esse primeiro gênero de ordem é o do *vital* e do *querido*, em oposição ao segundo, que é o do *inerte* e do *automático*. Aliás, o senso comum estabelece instintivamente a distinção entre as duas espécies de ordem, pelo menos nos casos extremos, e também instintivamente os aproxima. Dir--se-á dos fenômenos astronômicos que manifestam uma ordem admirável, entendendo-se por isso que é possível prevê--los matematicamente. E achar-se-á uma ordem não menos admirável em uma sinfonia de Beethoven, que é a genialidade, a originalidade e, por conseguinte, a própria imprevisibilidade.

Mas somente por exceção a ordem do primeiro gênero assume forma tão nítida. Em geral apresenta-se com caracteres que se tem todo o interesse em confundir com os da ordem oposta. Não há dúvida, por exemplo, de que, se considerássemos a evolução da vida no seu conjunto, se imporiam à nossa atenção a espontaneidade do seu movimento e a imprevisibilidade dos seus rumos. Mas o que encontramos na nossa experiência corrente é este ou aquele ser vivo determinado, estas ou aquelas manifestações especiais da vida, que repetem *mais ou menos* formas e fatos já conhecidos; mesmo a semelhança de estrutura que verificamos por toda a parte entre o que engendra e o que é engendrado, semelhança que nos permite encerrar um número indefinido de indivíduos vivos no mesmo grupo, é aos nossos olhos o próprio tipo do *genérico*, parecendo--nos os gêneros inorgânicos tomar como modelo os gêneros vivos. Sucede pois que a ordem vital, tal como se nos oferece na experiência que a fragmenta, apresenta o mesmo caráter e desempenha a mesma função que a ordem física: uma e outra fazem que a nossa experiência *se repita*, uma e outra permitem que o nosso espírito *generalize*. Na realidade, esse caráter tem origens muito diferentes nos dois casos e até significações opostas. No segundo, tem como tipo, como limite ideal, e também como fundamento, a necessidade geométrica em virtude da qual os mesmos componentes têm uma resultante idêntica. No primeiro, implica pelo contrário a intervenção de algo que se arranja de maneira a obter o mesmo efeito, mesmo quando as causas elementares, infinitamente complexas, possam ser todas diferentes. Insistimos sobre este último ponto no nosso primeiro capítulo, ao mostrarmos como estruturas idênticas se encontram em linhas de evolução independentes. Mas, sem procurar tão longe, pode-se presumir que a simples reprodução do tipo do ascendente pelos seus descendentes é já coisa muito diferente da repetição da mesma composição de forças que se resumiriam em uma resultante idêntica. Quando se pensa na infinidade de elementos infinitesimais e de causas infinitesimais que concorrem para a gênese de um ser vivo, quando se pensa que bastaria a ausência ou o desvio de um deles para tudo falhar, o primeiro movimento do espírito é o de fazer vigiar esse exército de pequenos operários por um contramestre experiente, o "princípio vital", que repararia a cada instante os erros cometidos, corrigiria os efeitos das distrações, reporia as coisas no seu lugar: tenta-se desse modo traduzir a diferença entre a ordem física e a ordem vital, aquela levando a mesma combinação de causas a dar o mesmo efeito de conjunto, esta garantindo a estabilidade do efeito mesmo quando haja flutuação nas causas. Mas isso não passa de uma tradução: refletindo bem, verifica-se ser impossível que haja contramestre, pela simples razão de não haver operários. As causas e os elementos que a análise físico-química descobre são causas e elementos reais, sem dúvida, para os fatos de destruição orgânica; são então em número limitado. Mas os fenômenos vitais propriamente ditos, ou fatos de criação orgânica, abrem-nos, quando os analisamos, a perspectiva de um progresso ao infinito: de onde se pode inferir que causas e elementos múltiplos não são aqui mais do que pontos de vista do espírito, que tenta uma imitação indefinidamente aproximada da operação da natureza, ao passo que a operação imitada é um ato indivisível. A semelhança entre indivíduos da mesma espécie teria assim sentido inteiramente diverso, origem inteiramente diversa da semelhança entre efeitos complexos obtidos pela mesma composição das mesmas causas. Mas, tanto em um caso como no outro, há semelhança e, por consequência, generalização possível. E como isso é tudo quanto na prática nos interessa, visto a nossa vida cotidiana ser necessariamente a expectativa das mesmas coisas e das mesmas situações, era natural que esse caráter comum, essencial do ponto de vista da nossa ação, aproximasse uma da outra as duas ordens, a despeito da sua interna diversidade, a qual só importa à especulação. Daí a ideia de uma *ordem geral da natureza*, a mesma em toda a parte, planando ao mesmo tempo sobre a vida e sobre a matéria. Daí o nosso hábito de designar pela mesma palavra, e de nos representarmos da mesma maneira, a existência de *leis* no campo da matéria inerte e a de *gêneros* no campo da vida.

Aliás, não nos parece duvidoso que essa confusão esteja na origem da maior parte das dificuldades levantadas pelo problema do conhecimento, tanto entre os antigos como entre os modernos. Com efeito, sendo a generalidade das leis e a dos gêneros designadas pela mesma palavra, sujeitas à mesma ideia, a ordem geométrica e a ordem vital estavam desde logo confundidas entre si. Conforme o ponto de vista, a generalidade das leis era explicada pela dos gêneros, ou a dos gêneros pela das leis. Das duas teses assim definidas, a primeira é característica do pensamento antigo; a segunda pertence à filosofia moderna. Mas, tanto em uma filosofia como na outra, a ideia de "generalidade" é uma ideia equívoca, que reúne na sua extensão e na sua compreensão objetos e elementos incompatíveis entre si. Tanto em uma como na outra, agrupam-se sob o mesmo conceito duas espécies de ordem que apenas se assemelham pela facilidade que dão à nossa ação sobre as coisas. Aproximam-se dois termos em virtude de uma semelhança apenas exterior, que sem dúvida justifica na prática a sua designação pela mesma palavra, mas de modo algum nos autoriza, no campo especulativo, a confundi-las na mesma definição.

Com efeito, os antigos não se interrogaram sobre o porquê de a natureza se submeter a leis, mas sobre o porquê de ela se ordenar em gêneros. A ideia de gênero corresponde sobretudo a uma realidade objetiva nos domínios da vida, onde traduz um fato incontestável, a hereditariedade. Aliás, só pode haver gêneros onde há objetos individuais. Ora, se o ser organizado é destacado do conjunto da matéria pela sua própria organização, isto é, pela natureza, é a nossa percepção que fragmenta a matéria inerte em corpos distintos, guiada pelos interesses da ação, guiada pelas reações nascentes que o nosso corpo esboça, quer dizer, como em outro lugar mostramos, pelos gêneros virtuais que aspiram a constituir-se. Gêneros e indivíduos determinam-se, portanto, aqui um ao outro por meio de uma operação semiartificial, inteiramente relativa à nossa ação futura sobre as coisas. Não obstante, os antigos não hesitaram em colocar todos os gêneros no mesmo nível, em atribuir-lhes a mesma existência absoluta. Tornando-se assim a realidade um sistema de gêneros, a generalidade das leis deveria ser reduzida à generalidade dos gêneros (isto é, em suma, à generalidade expressiva da ordem vital). A esse respeito, seria interessante comparar a teoria aristotélica da queda dos corpos com a explicação dada por Galileu. Aristóteles preocupa-se unicamente com os conceitos de "alto" e "baixo", de "lugar próprio" e de lugar emprestado, de "movimento natural" e de "movimento forçado": a lei física em virtude da qual a pedra cai significa para ele que a pedra volta do "lugar natural" de todas as pedras, isto é, a terra. Aos seus olhos, a pedra não é inteiramente pedra enquanto não se acha no seu lugar normal; ao cair nesse lugar tem em vista completar-se como um ser vivo que cresce, e realizar assim plenamente a essência do gênero pedra.[4] Se essa concepção da lei física fosse exata, a lei já não seria uma simples relação estabelecida pelo espírito, a subdivisão da matéria em corpos já não seria mais relativa à nossa faculdade de perceber: todos os corpos teriam a mesma individualidade dos corpos vivos, e as leis do universo físico exprimiriam relações de parentesco real entre gêneros reais. Sabemos qual a física que saiu daí e como, por ter acreditado na possibilidade de uma ciência una e definitiva, englobando a totalidade do real e coincidindo com o absoluto, os antigos ficaram reduzidos, de fato, a uma tradução mais ou menos grosseira do físico em vital.

Mas a mesma confusão reaparece entre os modernos, com a diferença de que a relação entre os dois termos é invertida, e em vez de as leis serem reduzidas aos gêneros, são os gêneros que são reduzidos às leis, e a ciência, uma vez mais suposta una,

---

4 ARISTÓTELES. *De Cælo.* IV, 310 a 34: τὸ δ' εἰς τὸν αὑτοῦ τόπον φέρεσθαι ἕκαστον τὸ εἰς τὸ αὑτοῦ εἶδός ἐστι φέρεσθαι.

torna-se toda ela relativa, em vez de, como pretendiam os antigos, toda ela coincidir com o absoluto. O eclipse do problema dos gêneros na filosofia moderna é um fato notável. A nossa teoria do conhecimento incide quase exclusivamente sobre o problema das leis: os gêneros deverão achar a maneira de se pôr de acordo com as leis, pouco importa como. A razão disso é que a nossa filosofia tem como ponto de partida as grandes descobertas astronômicas e físicas dos tempos modernos. As leis de Kepler e de Galileu permaneceram, para ela, o tipo ideal e único de todo o conhecimento. Ora, uma lei é uma relação entre coisas ou entre fatos. Mais precisamente, uma lei de forma matemática exprime que uma certa grandeza é função de uma ou de diversas outras variações, convenientemente escolhidas. Ora, na escolha das grandezas variáveis, na repartição da natureza em objetos e em fatos, já existe algo contingente e convencional. Mas admitamos que a escolha seja indicada ou até imposta pela experiência: a lei nem por isso deixará de ser uma relação, e uma relação consiste essencialmente em uma comparação; só tem realidade objetiva para uma inteligência que se represente ao mesmo tempo vários termos. Essa inteligência pode não ser a minha nem a vossa; uma ciência que se baseia em leis pode ser portanto uma ciência objetiva, que se achava antecipadamente contida na experiência e que nos limitamos a fazê-la exprimir. Nem por isso é menos certo que a comparação, se não é obra de ninguém em particular, se efetua pelo menos impessoalmente, e que uma experiência feita de leis, isto é, de termos que *aludem* a outros termos, é uma experiência feita de comparações, que teve já de atravessar, quando a recolhemos, uma atmosfera de intelectualidade. A ideia de uma ciência e de uma experiência inteiramente relativas ao entendimento humano acha-se, portanto, implicitamente contida na concepção de uma ciência una e integral que seria constituída por leis: Kant limitou-se a pô-la a claro. Mas essa concepção resulta de uma confusão arbitrária entre a generalidade das leis e a dos gêneros. Se é necessária uma inteligência para condicionar termos uns em relação aos outros, concebe-se que, em certos casos, os termos possam existir de uma maneira independente. E se, ao lado das relações de termo a termo, a experiência nos oferecesse também termos independentes, sendo os gêneros vivos coisa muito diferente de sistemas de leis, pelo menos metade do nosso conhecimento incidiria sobre a "coisa em si", sobre a própria realidade. Esse conhecimento seria muito difícil, precisamente porque não poderia construir o seu objeto e, pelo contrário, teria de aceitá-lo; mas, por pouco que nele penetrasse, teria sido contudo uma penetração no absoluto. Iremos mais longe: a outra metade do conhecimento já não seria tão radicalmente, tão definitivamente relativa quanto o dizem certos filósofos, caso se pudesse estabelecer que ela incide sobre uma realidade de ordem inversa, realidade que exprimimos sempre em leis matemáticas, ou seja, em relações que implicam comparações, mas que somente se presta a esse trabalho por ter um lastro de espacialidade e consequentemente de geometria. Seja como for, é a confusão entre as duas espécies de ordem que se encontra por trás do relativismo dos modernos, como já acontecia com o dogmatismo dos antigos.

Dissemos sobre isso o suficiente para assinalar a origem dessa confusão. Resulta ela de a ordem "vital", que é essencialmente criação, se nos manifestar menos na sua essência do que em alguns dos seus acidentes: estes *imitam* a ordem física e geométrica, apresentam-nos, como ela, repetições que tornam possível a generalização, e isso é tudo quanto nos importa. Não se pode duvidar que a vida seja, no seu conjunto, uma evolução, isto é, uma incessante transformação. Mas a vida não pode progredir senão por intermédio dos vivos, que são os seus depositários. É necessário que milhares e milhares deles, mais ou menos semelhantes, se repitam uns aos outros no espaço e no tempo para que cresça e amadureça a novidade que eles elaboram, como um livro que se encaminhasse para a sua refundição atravessando milhares de tiragens de milhares de exemplares. Há, todavia, entre os dois casos a diferença de as sucessivas tiragens serem idênticas, idênticos também os exemplares simultâneos da mesma tiragem, ao passo que nem nos diversos pontos do espaço, nem nos diversos momentos do tempo, os representantes da mesma espécie se assemelham inteiramente. A hereditariedade não transmite apenas os caracteres; transmite também o impulso graças ao qual os caracteres se modificam, e esse impulso é a própria vitalidade. Por isso dizemos que a repetição na qual se baseiam as nossas generalizações é essencial na ordem física e acidental na ordem vital. Aquela é uma ordem "automática"; esta é, não direi uma ordem voluntária, mas análoga à ordem "querida".

Ora, desde que temos uma representação clara da distinção entre a ordem "querida" e a ordem "automática", o equívoco que alimenta a ideia de *desordem* dissipa-se e, com ele, uma das principais dificuldades do problema do conhecimento.

O problema capital da teoria do conhecimento está, com efeito, em saber-se como é possível a ciência, isto é, em suma, o porquê da ordem, e não da desordem, nas coisas. A ordem existe, é um fato. Mas, por outro lado, a desordem, *que nos parece ser menos do que a ordem*, seria, segundo parece, de direito. A existência da ordem seria, portanto, um mistério a esclarecer, em todo o caso um problema que se deve pôr. Mais simplesmente, logo que se pretende fundar a ordem, é porque se supõe a sua contingência, senão nas coisas, pelo menos aos olhos do espírito: não se pediria nenhuma explicação de uma coisa que não se considerasse contingente. Se a ordem não se nos afigurasse uma conquista sobre alguma coisa, ou como uma adição a alguma coisa (que seria a "ausência de ordem"), nem o realismo antigo teria falado em uma "matéria" à qual se acrescentaria a Ideia, nem o idealismo moderno teria suposto uma "diversidade sensível" que o entendimento organizaria em natureza. E é com efeito incontestável que toda a ordem é contingente e concebida como tal. Mas contingente em relação a quê?

Em nosso entender, a resposta não oferece dúvida. Uma ordem é contingente, e aparece-nos contingente, em relação à ordem inversa, como os versos são contingentes em relação à prosa, e a prosa em relação aos versos. Mas, da mesma forma que toda a fala que não é prosa é verso, e necessariamente concebida como verso, da mesma forma que toda a fala que não é verso é prosa e necessariamente concebida como prosa, assim também toda a maneira de ser que não é uma das duas ordens é a outra, e necessariamente concebida como a outra. Mas podemos não nos dar conta daquilo que concebemos, e só distinguir a ideia realmente presente no nosso espírito por meio de uma névoa de estados afetivos. Podemos convencer--nos de que assim é considerando o emprego que fazemos da ideia de desordem na vida corrente. Quando entro em um quarto e acho que está "em desordem", que quero dizer com isso? A posição de cada objeto explica-se pelos movimentos automáticos da pessoa que dorme nesse quarto, ou pelas causas eficientes, sejam elas quais forem, que colocaram cada móvel, cada peça de roupa etc., no lugar onde se encontram: a ordem, no segundo sentido da palavra, é perfeita. Mas o que eu espero é a ordem do primeiro gênero, a ordem que uma pessoa arrumada põe conscientemente na sua vida, em suma, a ordem querida e não a automática. Dou então o nome de desordem a essa ausência de ordem. No fundo, tudo o que há de real, de percebido e até de concebido nessa ausência de uma das duas ordens é a presença da outra. Mas a segunda é-me indiferente aqui, *só me interessa a primeira*, e exprimo a presença da segunda em função da primeira, em vez de a exprimir, por assim dizer, em razão dela própria, chamando-lhe desordem. Inversamente, quando declaramos ter a representação de um caos, isto é, um estado de coisas no qual o mundo físico já não obedece a leis, em que estamos pensando? Imaginamos fatos que apareceriam e desapareceriam *caprichosamente*. Começamos por pensar no universo físico tal como o conhecemos, com efeitos e causas bem proporcionados uns aos outros; depois, por uma série de decretos arbitrários, aumentamos, diminuímos, suprimimos, de maneira a obter aquilo a que chamamos desordem. Na realidade, substituímos a vontade ao mecanismo da natureza; substituímos a "ordem automática" por uma multidão de vontades elementares, tantas quantas forem as aparições e os desaparecimentos de fenômenos que imaginamos. Sem dúvida, para que todas essas pequenas vontades constituíssem uma "ordem querida", seria necessário que se tivesse aceitado a direção de uma vontade superior. Mas, olhando bem, ver-se-á ser isso mesmo que elas fazem: a nossa vontade lá está, objetivando-se a si própria sucessivamente em cada uma dessas vontades caprichosas e cuidando de não ligar o mesmo ao mesmo, de não deixar o efeito proporcional à causa, em suma, fazendo planar sobre o conjunto das volições elementares uma intenção simples. Assim, a ausência de uma das duas ordens consiste ainda aqui na presença da outra. Analisando-se a ideia de acaso, parente próxima da ideia de desordem, nela encontraríamos os mesmos elementos. Se a ação inteiramente mecânica das causas que fazem a roleta deter-se em um número me faz ganhar, operando por consequência como uma fada benfazeja atenta aos meus interesses; se a força apenas mecânica do vento arranca uma telha do telhado e a lança à minha cabeça, isto é, agindo como uma feiticeira conspirando contra a minha pessoa, nos dois casos encontro um mecanismo onde teria procurado, onde deveria ter encontrado, segundo parece, uma intenção; é o que exprimo falando em *acaso*. E de um mundo anárquico, no qual os fenômenos se sucedessem ao sabor do seu capricho, eu diria também que é o reino do acaso, entendendo por isso que se me deparam vontades, ou antes, *decretos*, quando esperava encontrar mecanismo. Assim se explica a singular flutuação do espírito ao tentar definir o acaso. Nem a causa eficiente nem a causa final lhe podem oferecer a definição procurada, e o espírito fica oscilando, incapaz de se decidir entre a ideia de uma ausência de causa final e a de uma ausência de causa eficiente, pois cada uma das definições o reenvia para a outra. O problema permanece insolúvel, com efeito, enquanto se toma a ideia de acaso por uma ideia pura, sem mistura afetiva. Mas, na realidade, o acaso apenas objetiva o estado de alma daquele que estaria à espera de uma das duas espécies de ordem, e que encontra a outra. Acaso e desordem são, pois, concebidos necessariamente como relativos. E se pretendemos representá-los como absolutos, damo-nos conta de ir e vir como uma lançadeira entre as duas espécies de ordem, passando para uma no exato momento em que nos surpreenderíamos na outra, e de que a suposta ausência de qualquer ordem é na realidade a presença de ambas, juntas; além disso, ao balançar de um espírito que não se fixa definitivamente nem em uma nem na outra. Nas coisas, tampouco como na nossa representação delas, está fora de questão ter essa desordem como substrato da ordem, pois ela implica as duas espécies de ordem e é feita da sua combinação.

Mas a nossa inteligência passa adiante. Com um simples *sic jubeo*, supõe uma desordem que seria uma "ausência de ordem", pensando destarte somente uma palavra, ou uma justaposição de palavras, nada mais. Se ela procura meter uma ideia dentro dessa palavra, dar-se-á conta de que a desordem pode muito bem ser a negação de uma ordem, mas que essa negação será então a constatação implícita da presença da ordem oposta, constatação acerca da qual fechamos os olhos porque não nos interessa, ou à qual fugimos negando a seu turno a segunda ordem, isto é, no fundo, restabelecendo a primeira. Como falar então de uma diversidade incoerente que seria organizada por um entendimento? Será inútil alegar que ninguém supõe tal incoerência realizada ou realizável: se falo nela, é porque julgo pensar nela. Ora, analisando a ideia efetivamente presente, não se encontrará, uma vez mais, senão a decepção do espírito perante uma ordem que não lhe interessa, ou uma oscilação do espírito entre duas espécies de ordem, ou finalmente a representação pura e simples da palavra vazia que se criou juntando o prefixo negativo a uma palavra que significava alguma coisa. Mas essa análise é o que não se faz, precisamente porque não se pensa em distinguir duas espécies de ordem irredutíveis uma à outra.

Dizíamos, com efeito, que a ordem se apresenta sempre contingente. Se há duas espécies de ordem, essa contingência da ordem explica-se: uma das formas é contingente em relação à outra. Onde encontramos o geométrico, o vital era possível; onde a ordem é vital, teria podido ser geométrica. Mas suponhamos que a ordem seja por toda a parte da mesma espécie e comporte simplesmente graus, indo do geométrico ao vital. Se uma determinada ordem continua a parecer-me contingente, mas já não o pode ser relativamente a uma ordem de outro gênero, serei necessariamente levado a crer que ela é contingente em relação a uma *ausência de si própria*, quer dizer, em relação a um estado de coisas "no qual não haveria ordem de espécie nenhuma". E suporei pensar nesse estado de coisas porque, segundo parece, ele se acha implícito na própria contingência da ordem, a qual é um fato incontestável. Colocarei, pois, no cume da hierarquia, a ordem vital e, em seguida, como uma diminuição ou uma complicação menos elevada daquela, a ordem geométrica, e finalmente, cá embaixo, a ausência de ordem, a própria incoerência, às quais se sobreporia a ordem. Por isso é que a incoerência me aparecerá como uma palavra atrás da qual deve haver alguma coisa, senão realizada, pelo menos pensada. Mas se eu notar que o estado de coisas que a contingência de uma ordem determinada implica é simplesmente a presença da ordem contrária, se, por isso mesmo, admito duas espécies de ordem inversas, dar-me-ei conta de que entre as duas ordens não seria possível imaginar graus intermediários, e que tampouco seria possível descer dessas duas ordens para o "incoerente". Ou o incoerente não passa de uma palavra vazia de sentido, ou, se lhe atribuo uma significação, será sob a condição de situar a incoerência a meio caminho entre as duas ordens, e não abaixo de ambas. Não há o incoerente primeiro, depois o geométrico, depois o vital: há simplesmente o geométrico e o vital, e depois, pelo balançar do espírito entre um e outro, a ideia do incoerente. Falar em uma diversidade incoordenada à qual a ordem se acrescenta é, portanto, cometer uma verdadeira petição de princípio, porque imaginando o incoordenado se supõe realmente uma ordem, ou antes, supõem-se duas.

Essa longa análise era necessária a fim de mostrar como poderia o real passar da tensão à extensão e da liberdade à necessidade mecânica por meio de inversão. Não bastava estabelecer que essa relação entre os dois termos nos é sugerida, ao mesmo tempo, pela consciência e pela experiência sensível. Era necessário provar que a ordem geométrica não tem necessidade de explicação, sendo pura e simplesmente a supressão da ordem inversa. E, para isso, era indispensável estabelecer que a supressão é sempre uma substituição, e até que é necessariamente concebida como tal: somente as exigências da vida prática nos sugerem aqui uma maneira de falar que nos engana ao mesmo tempo quanto ao que se passa nas coisas e ao que está presente ao nosso pensamento. É necessário examinarmos agora mais de perto a inversão cujas consequências acabamos de descrever. Qual é, pois, o princípio ao qual basta distender-se para se estender, a interrupção da causa equivalendo aqui a uma inversão do efeito?

À falta de melhor palavra chamamos-lhes consciência. Mas não se trata dessa consciência diminuída que funciona em cada um de nós. A nossa consciência é a consciência de um certo ser vivo, colocado em um certo ponto do espaço; e, se vai de fato na mesma direção que o seu princípio, é incessantemente puxada no sentido inverso e obrigada, embora caminhando para a frente, a olhar para trás. Essa visão retrospectiva é, conforme mostramos, a função natural da inteligência e, por consequência, da consciência clara. Para que a nossa consciência coincidisse com alguma coisa do seu princípio seria necessário que se desligasse do *já feito* e se ligasse ao *se fazendo*. Seria necessário que, voltando-se e torcendo-se sobre si própria, a faculdade de *ver* se identificasse com o ato de *querer*. Esforço doloroso, que podemos realizar bruscamente violentando a natureza, mas que não podemos manter senão por alguns instantes. Na ação livre, quando contraímos todo o nosso ser para lançá-lo avante, temos a consciência mais ou menos clara dos motivos e dos móveis, e até, a rigor, do devir por meio do qual eles se organizam em ato; mas o puro querer, a corrente que atravessa essa matéria, comunicando-lhe a vida, é coisa que mal sentimos, que, quando muito, tocamos ao passar. Tentemos instalar-nos nela, ainda que apenas por um momento: mesmo então, será um querer individual, fragmentário, que apreenderemos. Para atingir o princípio de toda a vida, bem como o de toda a materialidade, seria necessário ir ainda mais longe. Será impossível? Sem dúvida que não; a história da filosofia aí está para o testemunhar. Não há sistema duradouro que não seja, pelo menos em algumas das suas partes, vivificado pela intuição. A dialética é necessária para pôr à prova a intuição, necessária também para que a intuição se refrate em conceitos e se propague a outros homens; mas muitas vezes não faz mais do que desenvolver o resultado dessa intuição que a ultrapassa. Na verdade, os dois caminhos são de sentido contrário: o mesmo esforço por meio do qual se ligam ideias com ideias faz desvanecer-se a intuição que as ideias se propunham armazenar. O filósofo é obrigado a abandonar a intuição, uma vez recebido o impulso, e fiar em si próprio para continuar o movimento, agora empurrando os conceitos uns atrás dos outros. Mas não tarda a sentir que perdeu o pé; novo contato se torna necessário – será preciso desfazer a maior parte daquilo que se tinha feito. Em resumo, a dialética é aquilo que garante o acordo do nosso pensamento consigo mesmo. Mas para a dialética – que não é senão um afrouxamento da intuição –, muitos acordos diferentes são possíveis, e há, todavia, somente uma verdade. Se a intuição pudesse prolongar-se para além de alguns instantes não garantiria apenas o acordo do filósofo com o seu próprio pensamento, mas ainda o de todos os filósofos entre si. Tal como existe, fugidia e incompleta, é, em cada sistema, aquilo que vale mais do que o sistema, aquilo que lhe sobrevive. O objeto da filosofia seria alcançado se essa intuição pudesse sustentar-se, generalizar-se, e sobretudo assegurar-se pontos de referência exteriores para não se extraviar. Para isso é necessário um contínuo vaivém entre a natureza e o espírito.

Quando recolocamos o nosso ser no nosso querer, e este no impulso que ele prolonga, compreendemos, sentimos que a realidade é um perpétuo crescer, uma criação que continua sem fim. A nossa vontade faz já esse milagre. Toda a obra humana que encerra uma parte de invenção, todo ato voluntário que encerra uma parte de liberdade, todo movimento de um organismo que manifesta espontaneidade trazem algo novo ao mundo. Não passam, é certo, de criações de forma. Como poderiam ser outra coisa? Não somos a própria corrente vital; somos essa corrente já carregada de matéria, quer dizer, de partes congeladas da sua substância, que ela arrasta ao longo do seu percurso. Tanto na composição de uma obra genial como em uma simples decisão livre, mesmo levando à sua máxima tensão a nossa atividade e criando o que nenhuma reunião pura e simples de materiais teria podido produzir (que justaposição de curvas conhecidas poderá equivaler jamais ao traço do lápis de um grande artista?), nem por isso deixa de haver aqui elementos que preexistem e sobrevivem à sua organização. Mas se uma simples paragem da ação geradora da forma pudesse constituir-lhe a matéria (não são as linhas originais desenhadas por um artista elas próprias a fixação e como que o congelar-se de um movimento?), uma criação de matéria não seria incompreensível nem inadmissível. Porque nós apreendemos de dentro, nós vivemos a todo instante uma criação de forma, e haveria precisamente aí, no caso em que a forma é pura e em que a corrente criadora se interrompe momentaneamente, uma criação de matéria. Consideremos todas as letras do alfabeto que entram na composição de tudo quanto já foi escrito: não podemos conceber que outras letras surjam e venham acrescentar-se àquelas para formar um novo poema. Mas compreendemos muito bem que o poeta crie o poema e que o pensamento humano seja por este enriquecido; essa criação é um ato simples do espírito, e basta à ação fazer uma pausa, em vez de se continuar em uma nova criação, para que, de si própria, se disperse em palavras que se dissociam em letras, as quais se juntarão a quantas letras já havia no mundo. Assim, caso o número de átomos que em um dado momento constituem o universo material aumentasse, isso escandalizaria os nossos hábitos de pensamento, estaria em contradição com a nossa experiência. Mas se uma realidade de ordem completamente diversa, e que se distingue do átomo tal como o pensamento do poeta quanto às letras do alfabeto, crescesse por adições bruscas, isso já não seria inadmissível; e o avesso de cada adição poderia ser muito bem um mundo, o que nos representamos, aliás simbolicamente, como uma justaposição de átomos.

O mistério espalhado sobre a existência do universo resulta por uma grande parte, com efeito, de supormos que a sua gênese se tenha dado duma só vez, ou então que toda a matéria seja eterna. Se se falar de criação, ou se supuser uma matéria incriada, em ambos os casos é a totalidade do universo que é posta em questão. Aprofundando esse hábito do espírito, iríamos encontrar o preconceito que analisaremos no próximo capítulo, a ideia, comum aos materialistas e a seus adversários, de que não há duração de fato agente, e que o absoluto – matéria ou espírito – não teria lugar no tempo concreto, no tempo que sentimos ser o próprio tecido da nossa vida: de onde resultaria que tudo é dado uma vez por todas, e que é necessário supor de toda a eternidade ou a própria multiplicidade material, ou o ato criador dessa multiplicidade, dado em bloco na essência divina. Uma vez destruído tal preconceito, a ideia de criação torna-se mais clara, porque se confunde com a de acréscimo. Mas então já não é do universo na sua totalidade que deveremos falar.

Por que teríamos de falar nele? O universo é uma reunião de sistemas solares que temos todos os motivos para supor análogos ao nosso. Sem dúvida esses sistemas não são inteiramente independentes uns dos outros. O nosso Sol irradia calor e luz para além do mais longínquo planeta, e por outro lado todo o nosso sistema solar se move em uma direção definida, como se fosse atraído. Existe, portanto, um laço entre os mundos. Mas esse laço pode ser considerado infinitamente frouxo, em comparação com a solidariedade que une entre si as partes de cada um deles. De modo que não é artificialmente, por motivo de simples comodidade, que isolamos o nosso sistema solar; a própria natureza nos incita a isolá-lo. Como seres vivos, dependemos do planeta em que nos achamos, e do Sol que o alimenta, mas de nada mais. Como seres pensantes, podemos aplicar as leis da nossa física ao nosso mundo e sem dúvida estendê-las também a cada um dos mundos tomados isoladamente, mas nada nos diz que se possam aplicar também ao universo inteiro, nem sequer que haja sentido em uma tal afirmação, porque o universo não está feito, mas se está fazendo incessantemente, e aumenta sem dúvida indefinidamente pela junção de novos mundos.

Alarguemos então ao conjunto do nosso sistema solar, mas limitemos a esse sistema relativamente fechado, assim como aos outros sistemas relativamente fechados, as duas leis mais gerais da nossa ciência, o princípio da conservação da energia e o da degradação. Vejamos o que resultará daí. É necessário observar em primeiro lugar que esses dois princípios não têm o mesmo alcance metafísico. O primeiro é uma lei quantitativa, e consequentemente relativa, em parte, aos nossos processos de medição. Segundo ele, em um sistema que se supõe fechado, a energia total, isto é, a soma das energias cinética e potencial, permanece constante. Ora, se no mundo houvesse unicamente energia cinética, ou até se não houvesse, além da energia cinética, senão uma única espécie de energia potencial, o artifício da medição não bastaria para tornar a lei artificial. A lei da conservação da energia exprimiria de fato que *alguma coisa* se conserva em quantidade constante. Mas há na realidade energias de natureza diversa, e a medida de cada uma delas foi evidentemente escolhida de forma a justificar o princípio da conservação da energia. A parte de convenção inerente a esse princípio é, portanto, bastante grande, embora haja, sem dúvida, entre as variações das diversas energias que compõem cada sistema, uma solidariedade que precisamente tornou possível a extensão do princípio, graças a medidas convenientemente escolhidas. Portanto, se o filósofo aplicar esse princípio ao conjunto do sistema solar, terá pelo menos de lhe atenuar os contornos. A lei da conservação da energia já não poderá agora exprimir a permanência objetiva de certa quantidade de uma certa coisa, mas antes a necessidade para toda mudança que se produzir de ser contrabalançada, em alguma parte, por uma mudança de sentido contrário. Quer dizer que, mesmo regendo o conjunto do nosso sistema solar, a lei de conservação da energia informa-nos mais sobre a relação de um fragmento deste mundo com outro fragmento do que sobre a natureza do todo.

Não é isto que se passa com o segundo princípio da termodinâmica. Com efeito, a lei de degradação da energia não diz essencialmente respeito a grandezas. A sua ideia inicial nasceu certamente, no pensamento de Carnot, de certas considerações quantitativas sobre o rendimento das máquinas térmicas. Foi também em termos matemáticos, sem dúvida, que Clausius a generalizou, sendo conduzido a conceber uma grandeza calculável, a "entropia". Essas precisões são necessárias às aplicações. Mas a lei permaneceria vagamente formulável e poderia, a rigor, ter sido formulada *grosso modo*, mesmo que nunca se tivesse pensado em medir as diversas energias do mundo físico, mesmo que não tivesse sido criado o conceito de energia. Com efeito, ela exprime essencialmente que todas as modificações físicas tendem a degradar-se em calor, e que o próprio calor tende a repartir-se uniformemente entre os corpos. Sob essa forma menos precisa, torna-se independente de qualquer convenção; é a mais metafísica das leis da física, pois nos aponta, sem interposição de símbolos, sem artifícios de mensuração, em que direção o mundo caminha. Indica que as mudanças visíveis e heterogêneas umas às outras se diluirão cada vez mais em mudanças invisíveis e homogêneas, e que a instabilidade à qual devemos a riqueza e a variedade das mudanças que se efetuam no nosso sistema solar irá dando lugar, pouco a pouco, à estabilidade relativa de oscilações elementares que se repetirão indefinidamente umas às outras. Tal como um homem cujas forças se conservassem, mas que as empenhasse cada vez menos em atos e acabasse por empregá-las unicamente para fazer respirar os seus pulmões e palpitar o seu coração.

Encarado desse ponto de vista, um mundo como o nosso sistema solar estaria esgotando a cada instante alguma coisa da mutabilidade nele contida. De início era o máximo de utilização possível da energia; essa mutabilidade foi diminuindo sem cessar. De onde provém? De início, poderia supor-se que veio de qualquer outro ponto do espaço, mas isso somente recuaria a dificuldade, e o mesmo problema se poria a respeito dessa fonte externa de mutabilidade. Poderia acrescentar-se, é certo, que o número dos mundos capazes de transferir mutabilidade uns aos outros é ilimitado, que é infinita a soma de mutabilidade contida no universo, e que, portanto, tampouco importaria procurar-lhe a origem como prever-lhe o fim. Uma hipótese desse gênero é tão irrefutável quanto indemonstrável; mas falar de um universo infinito consiste em admitir uma coincidência perfeita da matéria com o espaço abstrato, e consequentemente uma exterioridade absoluta de todas as partes da matéria em relação umas às outras. Vimos anteriormente o que se deve pensar dessa última tese e como é difícil conciliá-la com a ideia de uma influência recíproca de todas as partes da matéria entre si, influência para a qual, precisamente, se pretende aqui apelar. Finalmente poderia supor-se que a instabilidade geral saiu de um estado geral de estabilidade, que o período em que nos encontramos, e durante o qual a energia utilizável vai diminuindo, foi precedido por um período em que a mutabilidade se achava em vias de aumento, e que, aliás, as alternativas de aumento e de diminuição se sucedem indefinidamente. Essa hipótese é teoricamente concebível, conforme foi mostrado com precisão nestes últimos tempos, porém, segundo os cálculos de Boltzmann, é de uma improbabilidade matemática que ultrapassa a que se possa imaginar, e que equivale, praticamente, à impossibilidade absoluta. Na realidade, o problema é insolúvel caso não se abandone o terreno da física, porque o físico é obrigado a ligar a energia a partículas extensas, e, mesmo que não veja nas partículas senão reservatórios de energia, permanece no espaço; não estaria no seu papel se fosse procurar a origem dessas energias em um processo extraespacial. É neste, contudo, em nosso entender, que se torna necessário procurá-la.

Se considerarmos *in abstracto* a extensão em geral, a extensão aparece-nos apenas como, segundo dizíamos, uma *tensão* interrompida. Se encararmos a realidade concreta que enche essa extensão, a ordem que nela reina, e que se manifesta pelas leis da natureza, surge-nos como uma ordem que deve nascer por si própria quando é suprimida a ordem inversa: um afrouxamento do querer produziria precisamente essa supressão. Finalmente, eis que o sentido da marcha dessa realidade nos sugere agora a ideia de uma coisa *que se desfaz*; nisso está, sem dúvida nenhuma, um dos traços essenciais da materialidade. Que devemos concluir, senão que o processo por meio do qual esta coisa *se*

A evolução criadora

faz é dirigido em sentido contrário dos processos físicos, e que é, portanto, por sua própria definição, imaterial? A nossa visão do mundo material é a de um peso que cai; nenhuma imagem tirada da matéria propriamente dita nos poderá dar uma ideia do peso que se ergue. Mas essa conclusão ainda se imporá a nós com mais força se cingirmos de mais perto a realidade concreta, se já não considerarmos apenas a matéria em geral, mas, no interior dessa matéria, os corpos vivos.

Efetivamente, todas as nossas análises nos mostram na vida um esforço para escalar a vertente que a matéria desce, deixando-nos, pois, entrever a possibilidade, e até a necessidade, de um processo inverso da materialidade, pela sua simples interrupção, criador da matéria. Sem dúvida, a vida que evolui na superfície do nosso planeta está sujeita à matéria. Se ela fosse pura consciência, e, com mais razão ainda, supraconsciência, seria pura atividade criadora. Na realidade, acha-se presa a um organismo que a submete às leis gerais da matéria inerte. Mas tudo se passa como se ela fizesse todo o possível para se libertar dessas leis. Não tem poder para inverter a direção das mudanças físicas, tal como o princípio de Carnot a determina. Mas, pelo menos, comporta-se inteiramente como o faria uma força que, abandonada a si própria, trabalharia na direção inversa. Incapaz de *deter* a marcha das modificações materiais, consegue todavia *retardá-las*. A evolução da vida continua efetivamente, conforme mostramos, um impulso inicial; esse impulso, que determinou o desenvolvimento da função clorofílica na planta e do sistema sensório-motor no animal, conduz a vida a atos cada vez mais eficazes para a fabricação e o emprego de explosivos cada vez mais poderosos. Ora, que representam esses explosivos senão uma armazenagem da energia solar, energia cuja degradação se acha ainda provisoriamente suspensa em alguns dos pontos nos quais era despendida? A energia utilizável que o explosivo contém será gasta, sem dúvida, no momento da explosão: mas ter-se-ia gasto mais cedo se não tivesse encontrado um organismo para lhe deter a dissipação, para a reter e a adicionar a ela mesma. Tal como hoje se oferece aos nossos olhos, no ponto ao qual foi conduzida por uma cisão das tendências, complementares uma da outra, que em si continha, a vida inteira se acha suspensa da função clorofílica da planta. Quer dizer que, considerada no seu impulso inicial, antes de qualquer cisão, era uma tendência para acumular em um reservatório, como fazem sobretudo as partes verdes dos vegetais, tendo em vista um gasto instantâneo eficaz, como o que efetua o animal, algo que se não fosse ela se teria escoado. É como que um esforço para levantar o peso que cai. É certo que só consegue retardar-lhe a queda, mas, pelo menos, pode dar-nos uma ideia do que foi a elevação do peso.[5]

---

[5] Em livro muito rico de fatos e de ideias (*La dissolution opposée à l'évolution*. Paris: Félix Alcan, 1899), André Lalande mostra-nos todas as coisas caminhando para a morte, não obstante a resistência momentânea que os organismos parecem opor. Mas, mesmo do lado da matéria inorganizada, teremos o direito de estender ao universo inteiro considerações tiradas ao estado atual do nosso sistema solar? Ao lado dos mundos que morrem, há sem dúvida mundos nascendo. Por outro lado, no mundo organizado, a morte dos indivíduos não aparece de modo algum como diminuição da "vida em geral", ou como uma necessidade que esta sofreria a seu pesar. Conforme observamos mais de uma vez, a vida nunca fez esforço para prolongar indefinidamente a existência do indivíduo, ao passo que sobre tantos outros pontos fez tantos esforços coroados de êxito. Tudo se passa *como se* essa morte fosse querida, ou pelo menos aceita, a bem do maior progresso da vida em geral.

A evolução criadora

Imaginemos portanto um recipiente cheio de vapor a alta pressão e, aqui e ali, nas paredes do recipiente, fendas pelas quais o vapor sai em jatos. O vapor lançado no ar condensa-se quase todo em gotinhas que caem, e essa condensação e essa queda representam simplesmente a perda de alguma coisa, uma interrupção, um *déficit*. Mas uma reduzida parte do jato de vapor subsiste, por condensar, durante alguns instantes; esta esforça-se por erguer as gotas que caem, mas, quando muito, só consegue retardar-lhes a queda. Da mesma forma, um imenso reservatório de vida deve lançar incessantemente jatos, cada um dos quais, ao cair, é um mundo. A evolução das espécies vivas no interior desse mundo representa aquilo que subsiste da direção primitiva do jato originário, e de um impulso que prossegue em sentido inverso à materialidade. Mas não nos deixemos prender demasiado a essa comparação. Ela só nos poderia dar uma imagem diminuída e até enganadora da realidade, porque a fenda, o jato de vapor, o elevar-se das pequenas gotas são necessariamente determinados, ao passo que a criação de um mundo é um ato livre, e que a vida, no interior do mundo material, participa dessa liberdade. Pensemos, pois, de preferência, em um gesto como o do braço que se ergue; suponhamos depois que o braço, deixado a si próprio, descai, e que nele subsiste todavia, esforçando-se por tornar a erguê-lo, algo do querer que o animou: com essa imagem de um *gesto criador que se desfaz* teremos já uma representação mais exata da matéria. E veremos então, na atividade vital, o que subsiste ao movimento direto no movimento invertido, *uma realidade que se faz por meio daquela que se desfaz*.

Tudo é obscuro na ideia de criação se pensarmos em *coisas* que seriam criadas, e em uma *coisa* que se cria, conforme habitualmente se faz, conforme o entendimento não pode deixar de fazer. Mostraremos, no próximo capítulo, a origem dessa ilusão, que é natural à nossa inteligência, função essencialmente prática, mais apta a nos dar a representação das coisas e dos estados do que das mudanças e dos atos. Mas coisas e estados não passam de pontos de vista do nosso espírito sobre o devir. Não há coisas, há apenas ações. Mais particularmente, ao considerar o mundo em que vivemos, verifico que a evolução automática e rigorosamente determinada desse todo bem interligado é ação que se desfaz, e que as formas imprevistas que a vida nele recorta, formas capazes de se prolongarem a seu turno em movimentos imprevistos, representam ação que se faz. Ora, tenho todos os motivos para crer que os outros mundos são análogos ao nosso, que as coisas se passam neles da mesma maneira. E sei que eles não se constituíram todos ao mesmo tempo, visto que a observação me mostra, hoje ainda, nebulosas em vias de concentração. Se é a mesma espécie de ação que se realiza por toda a parte, quer ela se desfaça, quer tente se refazer, exprimo simplesmente essa provável semelhança quando falo de um centro de onde os mundos jorrariam como os rojões de um imenso fogo de artifício – contanto que eu, todavia, não tenha esse centro como uma *coisa*, mas como uma continuidade jorrante. Deus, assim definido, nada tem de já feito; é vida incessante, ação, liberdade. A criação, assim concebida, não é um mistério, é em nós que dela temos a experiência logo que agimos livremente. Que novas coisas possam acrescentar-se às coisas que já existem, isso é sem dúvida absurdo, visto a *coisa* resultar de uma solidificação operada pelo nosso entendimento, e visto não haver nunca outras coisas senão aquelas que foram constituídas pelo entendimento. Falar de coisas que se criam equivaleria, pois, a dizer que o entendimento se dá mais do que de fato se dá – afirmação contraditória consigo mesma, representação vazia e vã. Mas que a ação cresça à medida que progride, que se crie a *pari passu* do seu avanço, é o que cada qual verifica quando se vê agir. As coisas constituem-se pelo corte instantâneo que o entendimento pratica, em dado momento, em um fluxo desse gênero, e aquilo que é misterioso quando se comparam entre si os cortes torna-se claro quando o relacionamos com o fluxo. Mesmo as modalidades da ação criadora, na medida em que esta se continua na organização das formas vivas, simplificam-se singularmente quando encaradas desse ângulo. Perante a complexidade de um organismo e a quase infinita multidão de análises e de sínteses entrelaçadas que ela pressupõe, o nosso entendimento recua desconcertado. Temos dificuldade em admitir que o puro e simples jogo das forças físicas e químicas possa fazer essa maravilha. E se for obra de uma ciência profunda, como compreender a influência exercida sobre a matéria sem forma por essa forma sem matéria? Mas a dificuldade resulta de nos representarmos, estatisticamente, partículas materiais já feitas, justapostas umas às outras e, estatisticamente também, uma causa exterior que sobre elas assentaria uma organização sábia. Na realidade, a vida é um movimento, a materialidade é o movimento inverso, e cada um desses dois movimentos é simples, sendo a matéria que forma um mundo um fluxo indiviso, e indivisa sendo também a vida que a atravessa e nela recorta seres vivos. Dessas duas correntes, a segunda contraria a primeira, mas a primeira obtém não obstante alguma coisa da segunda: do que resulta um *modus vivendi* entre elas, que é precisamente a organização. Essa organização toma, para os nossos sentidos e para a nossa inteligência, a forma de partes inteiramente externas a partes no tempo e no espaço. Não somente fechamos os olhos à unidade do impulso que, atravessando as gerações, liga os indivíduos aos indivíduos, as espécies às espécies, e faz da série inteira dos seres vivos uma única e imensa vaga correndo sobre a matéria, como cada indivíduo nos aparece como um agregado, agregado de moléculas e agregado de fatos. Isso se explicaria pela estrutura da nossa inteligência, que é feita para agir de fora sobre a matéria, e que só o consegue efetuando, no fluxo do real, cortes instantâneos, cada um dos quais se torna, na sua fixidez, indefinidamente decomponível. Distinguindo apenas, em um organismo, partes exteriores a outras partes, o entendimento só tem à sua escolha dois sistemas de explicação: ou considerar a organização infinitamente complicada (e, portanto, infinitamente sábia) por uma reunião fortuita, ou atribuí-la à influência incompreensível de uma força exterior que teria reunido os seus elementos. Mas tal complicação é obra do entendimento, como o é também o seu caráter incompreensível. Procuremos ver, não já apenas com os olhos da inteligência, que só apreende o já feito e que olha de fora, mas com o espírito, isto é, com aquela faculdade de ver que é imanente à faculdade de agir e que, por assim dizer, jorra da torsão do querer sobre si mesmo. Tudo se porá em movimento e tudo se resolverá em movimento. Ali onde o entendimento, aplicando-se à imagem supostamente fixa da ação em marcha, nos mostrava partes infinitamente múltiplas e uma ordem infinitamente sábia, adivinharemos um processo simples, uma ação que se faz por meio de uma ação do mesmo gênero que se desfaz, algo como o caminho que o último rojão do fogo de artifício abre entre os destroços que caem dos rojões apagados.

Desse ponto de vista se esclarecerão e se completarão as considerações gerais que apresentamos sobre a evolução da vida. Destacar-se-á com mais nitidez o que nessa evolução é acidental e o que nela é essencial.

O *impulso de vida* de que falamos consiste, em suma, em uma exigência de criação. Não pode realizar uma criação total, porque encontra à sua frente a matéria, isto é, o movimento inverso ao seu. Mas apodera-se dessa matéria, que é a própria necessidade, e tende a nela introduzir o máximo possível de indeterminação e de liberdade. Como procede?

Podemos representar-nos genericamente um animal elevado na série, conforme dissemos, por um sistema nervoso sensório-motor assente sobre os sistemas digestório, respiratório, circulatório etc. Estes últimos têm como função limpá-lo, repará-lo, protegê-lo, torná-lo tão independente quanto possível das circunstâncias exteriores, mas, acima de tudo, fornecer-lhe a energia que ele gastará em movimentos. A crescente complexidade do organismo deve-se, pois, teoricamente (apesar das inúmeras exceções devidas aos acidentes da evolução), à necessidade de complicar o sistema nervoso. Cada complicação de qualquer parte do organismo provoca, aliás, muitas outras, porque é indispensável que cada uma das suas partes viva, qualquer mudança em um ponto do corpo tendo repercussão nele todo. A complicação poderá ir, portanto, ao infinito, em todas as direções: mas é a complicação do sistema nervoso que, de direito, senão sempre de fato, condiciona as outras. Em que consiste então o progresso do sistema nervoso? Em um desenvolvimento simultâneo da atividade automática e da atividade voluntária, a primeira fornecendo à segunda um instrumento apropriado. Assim, em um organismo como o nosso, considerável número de mecanismos motores acham-se montados na medula e no bulbo, esperando apenas um sinal para libertar o ato correspondente; a vontade intervém, em certos casos, para a montagem do próprio mecanismo e, em outros, para a escolha dos mecanismos que deverão funcionar, para os combinar entre si, e para a escolha do momento em que deverão funcionar. A vontade de um animal é tanto mais eficaz, e também tanto mais intensa, quanto maior possibilidade de escolha tem entre um grande número de mecanismos, quanto mais complexa é a encruzilhada em que se cruzam todas as vias motoras, ou, por outras palavras, quanto maior o desenvolvimento alcançado pelo seu cérebro. Assim, o progresso do sistema nervoso garante ao ato uma precisão crescente, uma variedade crescente, cada vez maior eficácia e independência. O organismo comporta-se cada vez mais como uma máquina de agir que se reconstruiria inteiramente para cada nova ação, como se fosse de borracha e pudesse mudar a cada instante a forma de todas as suas peças. Mas, antes do aparecimento do sistema nervoso, antes mesmo da formação de um organismo propriamente dito, já na massa indiferenciada da ameba se manifestava essa propriedade essencial da vida animal. A ameba deforma-se em direções variáveis; a sua massa inteira faz, portanto, aquilo que a diferenciação das partes localizará em um sistema sensório-motor no animal desenvolvido. Fazendo-o apenas de uma maneira rudimentar, a ameba está isenta da complicação dos organismos superiores: aqui não se torna necessário que elementos auxiliares transmitam a elementos motores a energia necessária; o animal move-se indiviso, e indiviso consegue a energia por intermédio das substâncias orgânicas que assimila. Portanto, quer no cume, quer na base da série dos animais, vemos que a vida animal consiste sempre: 1º em obter uma provisão de energia e 2º em gastá-la, por intermédio de uma matéria tanto quanto possível maleável, em direções variáveis e imprevistas.

Mas de onde vem a energia? Do alimento ingerido, porque o alimento é uma espécie de explosivo, que só espera a centelha para se libertar da energia que armazena. Quem fabricou esse explosivo? O alimento pode ser a carne de um animal que se alimente de outros animais, e assim sucessivamente; mas, ao fim e ao cabo, é o vegetal que vamos encontrar. Só ele recolhe verdadeiramente a energia solar. Os animais só dele a recebem, seja diretamente, seja passando-a uns aos outros. Como a planta armazenou essa energia? Sobretudo por meio da função clorofílica, isto é, por meio de um quimismo *sui generis* cujo segredo ignoramos e que provavelmente não se assemelha ao dos nossos laboratórios. A operação consiste em fixar o ácido carbônico por meio da energia solar, armazenando assim essa energia como se faria com um aguadeiro ao qual mandássemos encher um reservatório elevado, do qual a água sairia depois para pôr em movimento, como e quando se quiser, um moinho ou uma turbina. Cada átomo fixado de carbono representa algo como a elevação desse peso de água, ou como a tensão de um fio elástico que unisse o carbono ao oxigênio no ácido carbônico. O elástico afrouxará, o peso cairá, a energia deixada de reserva será recuperada, finalmente, no dia em que com um simples toque se permitirá ao carbono juntar-se ao seu oxigênio.

De maneira que toda a vida, animal e vegetal, naquilo que tem de essencial, aparece como um esforço para acumular energia e para soltá-la depois em canais flexíveis, deformáveis, na extremidade dos quais ela realizará trabalhos infinitamente variados. Eis o que o *impulso vital*, atravessando a matéria, quereria obter de uma vez só. E sem dúvida o conseguiria caso o seu poder fosse ilimitado ou se pudesse receber alguma ajuda de fora. Mas o impulso é finito, e foi dado de uma vez para sempre. Não pode vencer todos os obstáculos. O movimento que suscita é umas vezes desviado, outras dividido, sempre contrariado, e a evolução do mundo organizado não é senão o desenvolvimento dessa luta. A primeira grande cisão deve ter sido entre os reinos vegetal e animal, que desse modo são complementares um do outro, sem que todavia um acordo se tenha estabelecido entre eles. Não é para o animal que a planta acumula energia, mas para o seu próprio consumo; mas o consumo que dela faz é menos descontínuo, menos concentrado e menos eficaz, por consequência, do que exigia o impulso inicial da vida, essencialmente orientado para atos livres: o mesmo organismo não podia desempenhar com força igual os dois papéis ao mesmo tempo, acumular gradualmente e utilizar bruscamente. Por isso é que, por si próprios, sem nenhuma intervenção externa, pelo simples efeito da dualidade de tendências implícita no impulso originário e da resistência oposta pela matéria a esse impulso, uns organismos se inclinaram para a primeira direção, e outros para a segunda. A esse desdobramento seguiram-se muitos outros. Daí as linhas divergentes de evolução, pelo menos no que nelas é essencial. Mas é necessário ter em conta as regressões, as paragens, os acidentes de toda a espécie. E, sobretudo, é necessário não esquecer que cada espécie se comporta como se o movimento geral da vida acabasse nela, em vez de atravessá-la. Cada uma só pensa em si, só vive para si. Daí as lutas sem conta que têm a natureza como teatro. Daí uma impressionante e chocante desarmonia, da qual, porém, não devemos considerar responsável o próprio princípio da vida.

Assim, a parte da contingência na evolução é muito grande. Contingentes são, a maior parte das vezes, as formas adotadas ou, antes, inventadas. Contingente, relativa aos obstáculos encontrados em tal ponto, em tal momento, a dissociação da tendência primordial nestas e naquelas tendências complementares que criam linhas divergentes de evolução. Contingentes as paragens e os recuos; contingentes, por uma grande parte, as adaptações. Duas coisas apenas são necessárias: 1º uma acumulação gradual de energia; 2º uma canalização elástica dessa energia em direções variáveis e indetermináveis, no fim das quais se encontram os atos livres.

Esse duplo resultado foi obtido no nosso planeta de certa maneira. Mas poderia ter sido alcançado por meios inteiramente diversos. Não era necessário que a vida tivesse recorrido em especial ao carbono do ácido carbônico. Para ela, o essencial era armazenar energia solar; mas, em vez de pedir ao Sol que, por exemplo, afastasse uns dos outros átomos de oxigênio e de carbono, teria podido (pelo menos teoricamente, abstração feita de dificuldades de execução talvez insuperáveis) propor-lhe outros elementos químicos, que nesse caso teria sido necessário associar ou dissociar por meios físicos inteiramente diversos. E se o elemento característico das substâncias energéticas do organismo tivesse sido outro que não o carbono, o elemento característico das substâncias plásticas teria sido provavelmente outro que não o azoto. A química dos corpos vivos teria sido, portanto, radicalmente diversa daquilo que é, e o resultado teria sido formas vivas sem analogia com as que conhecemos, que teriam tido outra anatomia, outra fisiologia. Somente a função sensório-motora se teria conservado a mesma, senão no seu mecanismo, pelo menos nos seus efeitos. É, portanto, verossímil que haja vida em outros planetas, em outros sistemas solares também, sob formas das quais não podemos fazer a menor ideia, sob condições físicas que, do ponto de vista da nossa fisiologia, não nos parece que lhe sejam próprias. Se a vida tem essencialmente em vista captar energia utilizável para a gastar em ações explosivas, escolhe certamente em cada sistema solar e em cada planeta, tal como faz na Terra, os meios mais indicados para obter esse resultado de acordo com as condições que lhe são oferecidas. Isso é pelo menos o que nos diz o raciocínio por analogia, e declarar a vida impossível onde as condições sejam diferentes das da Terra é usar este raciocínio ao invés. A verdade é que a vida é possível em qualquer lugar onde a energia desça a ladeira indicada pela lei de Carnot, e onde uma causa de direção inversa possa retardar a descida – quer dizer, sem dúvida, em todos os mundos suspensos de todas as estrelas. Vamos mais longe: nem sequer é necessário que a vida se concentre e se defina em organismos propriamente ditos, isto é, em corpos definidos que ofereçam canais feitos de uma vez por todas, embora elásticos, ao fluxo da energia. Podemos conceber (embora sem conseguir imaginá-lo) que a energia possa ser deixada de reserva e gasta em seguida em direções variáveis correndo por meio de uma matéria ainda não solidificada. Tudo o que da vida é essencial estaria aí, pois haveria ainda acumulação lenta de energia e descarga súbita. Entre essa vitalidade, vaga e fluida, e a vitalidade definida que conhecemos, não haveria maior diferença do que a existente, na nossa vida psicológica, entre o sonho e a vigília. E essa pode muito bem ter sido a condição da vida na nossa nebulosa antes de se achar concluída a condensação da matéria, se é verdade que a vida surja no exato momento em que, sob o efeito de um movimento inverso, aparece a matéria nebulosa.

Concebe-se, portanto, que a vida tenha podido assumir um aspecto externo muito diferente e desenhar formas muito diferentes das que lhe conhecemos. Com outro substrato químico, sob outras condições físicas, o impulso teria permanecido o mesmo, mas ter-se-ia cindido de maneira muito diferente no seu curso, e, no conjunto, outro teria sido o caminho percorrido — menos caminho, talvez, ou talvez mais. Em todo caso, em toda a série dos vivos, nenhum termo teria sido o que é. Mas seria necessário ter havido uma série e limites? Por que não se teria o impulso único impresso em um corpo único, que teria evoluído indefinidamente?

Põe-se tal problema, sem dúvida, quando se compara a vida a um impulso. E é necessário compará-la a um impulso, porque não há nenhuma imagem tirada do mundo físico que possa dar mais aproximadamente a ideia dela. Mas é apenas uma imagem. Na realidade, a vida é de ordem psicológica, e está na essência do psíquico envolver uma confusa pluralidade de termos que se interpenetram. No espaço, e sem dúvida alguma só no espaço, é possível a multiplicidade distinta: um ponto é absolutamente exterior a outro ponto. Mas também só no espaço se encontra a unidade pura e vazia: é a de um ponto matemático. Unidade e multiplicidade abstratas são, conforme se quiser, determinações do espaço ou categorias do entendimento, pois que espacialidade e intelectualidade são decalcadas uma sobre a outra. Mas aquilo que é de natureza psicológica não poderia ser exatamente aplicado sobre o espaço, nem entrar inteiramente nos moldes do entendimento. Em um dado momento, a minha pessoa é una ou múltipla? Se eu a declarar una, surgem vozes interiores protestando, as das sensações, sentimentos, representações entre as quais se partilha a minha individualidade. Mas se a suponho distintamente múltipla, a minha consciência insurge-se com igual força e afirma que as minhas sensações, os meus sentimentos, os meus pensamentos são abstrações que opero sobre mim mesmo, e que cada um dos meus estados implica todos os outros. Sou, portanto – não há remédio senão adotar a linguagem do entendimento, pois que só o entendimento tem linguagem –, unidade múltipla e multiplicidade una; mas unidade e multiplicidade não passam de pontos de vista sobre a minha personalidade, tomados por um entendimento que foca sobre mim as suas categorias: não entro em uma nem na outra, nem nas duas ao mesmo tempo, embora ambas, reunidas, possam oferecer uma imitação aproximada dessa interpenetração recíproca e dessa continuidade que encontro no fundo de mim. Assim é a minha vida interior, e assim é também a vida em geral. Se, no seu contato com a matéria, a vida pode ser comparada a um impulso, considerada em si mesma é uma imensidão de virtualidade, um apinhar-se de mil e uma tendências que todavia só serão "mil e uma" depois de exteriorizadas em relação umas às outras, isto é, uma vez espacializadas. O contato com a matéria decide sobre essa dissociação. Efetivamente, a matéria divide o que só virtualmente era múltiplo, e, nesse sentido, a individuação é em parte obra da matéria, em parte efeito do que a vida contém em si. Assim, de um sentimento poético explicitando-se em estrofes distintas, em versos distintos, em palavras distintas, poderá dizer-se que continha essa multiplicidade de elementos individualizados, e que todavia é a materialidade da linguagem que a cria.

Mas, por intermédio das palavras, dos versos e das estrofes, corre a inspiração simples que é o poema no seu todo. Assim também, entre os indivíduos dissociados, a vida circula ainda:

por toda a parte, a tendência para se individualizar é combatida e ao mesmo tempo completada por uma tendência antagônica e complementar para a associação, como se a unidade múltipla da vida, impelida no sentido da multiplicidade, fizesse tanto maior esforço para se contrair em si mesma. Mal uma parte se destaca, logo tende a reunir-se, senão a todo o resto, pelo menos ao que se encontra mais próximo dela. Daí resulta, em todos os domínios da vida, uma oscilação entre a individuação e a associação. Os indivíduos justapõem-se em uma sociedade; mas a sociedade, mal se encontra constituída, aspira a fundir em um novo organismo os indivíduos justapostos, de forma a tornar-se ela própria um indivíduo que possa, por sua vez, fazer parte integrante de uma nova associação. No mais baixo grau da escala dos organismos, encontramos já verdadeiras associações, as colônias microbianas e, nessas associações, se acreditarmos em um trabalho recente,[6] a tendência para a individuação pela constituição de um núcleo. Vamos encontrar a mesma tendência, em um grau mais elevado, entre os protófitos, os quais, logo que abandonam a célula-mãe, por meio de divisão, permanecem unidos uns aos outros pela substância gelatinosa que envolve a sua superfície, como ainda entre aqueles Protozoários que começam por entrelaçar os seus pseudópodes e acabam por se soldar uns aos outros. Conhece-se a teoria, chamada "colonial", da gênese dos organismos superiores. Os protozoários, constituídos por uma única célula, ao justaporem-se, teriam formado agregados que, aproximando-se por sua vez, teriam constituído agregados de agregados: assim, organismos cada vez mais complicados, e também cada vez

---

6 SERKOVSKI. Memorial [em russo]. In: *Ano biológico*, 1898.

mais diferenciados, teriam surgido da associação de organismos mal diferenciados e elementares. A tese, sob essa forma extrema, suscitou graves objeções; parece firmar-se cada vez mais a ideia de que a polizoicidade é um fato excepcional e anormal. Mas não é menos verdade que as coisas se passam *como se* todo o organismo superior tivesse nascido de uma associação de células que teriam partilhado o trabalho entre si. É muito provável que não tenham sido as células a fazer o indivíduo por via de associação, mas antes o indivíduo que teria feito as células por via de dissociação. Mas mesmo isso nos revela, na gênese do indivíduo, uma obsessão da forma social, como se ele somente pudesse desenvolver-se sob a condição de cindir a sua substância em elementos que tenham eles próprios uma aparência de individualidade, unidos por uma aparência de sociabilidade. Numerosos são os casos em que a natureza parece hesitar entre as duas formas, e perguntar-se se ela irá constituir uma sociedade ou um indivíduo: bastará então o mais leve toque para fazer inclinar a balança para um ou outro lado. Se tomarmos um infusório bastante volumoso, como o *stentor*, e o cortarmos em duas metades, contendo cada uma delas uma parte do núcleo, cada metade regenera um *stentor* independente; mas se efetuarmos a divisão incompletamente, deixando entre as duas metades uma comunicação protoplásmica, vemo-las executar, cada uma do seu lado, movimentos perfeitamente sinérgicos, de forma que basta aqui que se mantenha ou corte um fio para a vida tomar a forma social ou a forma individual. Assim, nos organismos rudimentares feitos de uma única célula, constatamos já que a individualidade aparente do todo é o composto de um número *não definido* de individualidades virtuais, virtualmente associadas. Mas, de alto a baixo da série dos vivos, a mesma lei se manifesta. E é isso que exprimimos ao dizer que unidade e multiplicidade são categorias da matéria inerte, que o *impulso vital* não é unidade nem multiplicidade puras, e que se a matéria à qual se comunica lhe exige que opte por uma das duas, a sua opção nunca será definitiva: saltará indefinidamente de uma para a outra. A evolução da vida na dupla direção da individualidade e da associação nada tem, portanto, de acidental, dependendo da própria essência da vida.

Essencial é também a marcha para a reflexão. Se as nossas análises são exatas, é a consciência, ou melhor, a supraconsciência que se acha na origem da vida. Consciência ou supraconsciência é o rojão cujos destroços caem em matéria; consciência ainda é o que subsiste do próprio rojão, atravessando os destroços e iluminando-os em organismos. Mas essa consciência, que é uma *exigência de criação*, só se manifesta a si mesma ali onde a criação é possível. Quando a vida está condenada ao automatismo, adormece; desperta logo que renasce a possibilidade de uma escolha. É por isso que, nos organismos desprovidos de sistema nervoso, varia em função do poder de locomoção e de deformação de que dispõe o organismo. E, nos animais de sistema nervoso, é proporcional à complicação da encruzilhada em que se encontram as vias chamadas sensoriais e as vias motoras, isto é, do cérebro. Como deveremos compreender essa solidariedade entre o organismo e a consciência?

Não insistiremos aqui sobre um ponto que já aprofundamos em trabalhos anteriores.[7] Limitemo-nos a recordar que a teoria

---

[7] BERGSON, H. *Matéria e memória*: ensaio sobre a relação do corpo com o espírito. São Paulo: WMF Martins Fontes, 2010, e *A energia espiritual*. São Paulo: WMF Martins Fontes, 2009. [N. E.]

segundo a qual a consciência estaria ligada a certos neurônios, por exemplo, e sairia do seu trabalho como uma espécie de fosforescência, pode ser aceita pelo sábio quanto ao pormenor da análise; é uma forma cômoda de expressão. Mas nada mais do que isso. Na realidade, o ser vivo é um centro de ação. Representa uma certa soma de contingência introduzindo-se no mundo, quer dizer, uma certa quantidade de ação possível – quantidade variável segundo os indivíduos e sobretudo segundo as espécies. O sistema nervoso de um animal traça as linhas flexíveis que a sua ação percorrerá (embora a energia potencial a liberar esteja acumulada antes nos músculos do que no próprio sistema nervoso); os seus centros nervosos indicam, pelo seu desenvolvimento e configuração, a escolha mais ou menos extensa que lhe será dada entre ações mais ou menos numerosas e complicadas. Ora, o despertar da consciência, em um ser vivo, sendo tanto mais completo quanto maior latitude de escolha lhe for deixada e quanto maior for a soma de ação a ele permitida, é claro que o desenvolvimento da consciência parecerá regular-se pelo dos centros nervosos. Por outro lado, sendo todo o estado de consciência, sob certo aspecto, um problema posto à atividade motora e até um começo de resposta, não há fato psicológico que não implique a entrada em jogo dos mecanismos corticais. Tudo parecerá, portanto, passar-se como se a consciência jorrasse do cérebro, e como se o pormenor da atividade consciente se modelasse pelo da atividade cerebral. Na realidade, a consciência não jorra do cérebro; mas cérebro e consciência correspondem-se, porque medem igualmente, um pela complexidade da sua estrutura, e outra pela intensidade do seu despertar, a quantidade de *escolha* de que o ser vivo dispõe.

Precisamente porque um estado cerebral exprime simplesmente o que há de ação nascente no estado psicológico correspondente, o estado psicológico diz-nos mais sobre ele do que o estado cerebral. A consciência de um ser vivo, conforme tentamos provar anteriormente, é solidária do seu cérebro, do mesmo modo que uma faca aguçada é solidária da sua ponta: o cérebro é a ponta afiada por meio da qual a consciência penetra no tecido compacto dos acontecimentos, mas não é mais coextensivo à consciência do que a ponta à faca. Assim, do fato de dois cérebros como o do macaco e o do homem se assemelharem muito não se pode concluir que as consciências correspondentes sejam comparáveis ou comensuráveis entre si.

Mas talvez eles se assemelhem menos do que se supõe. Como poderá deixar de nos impressionar o fato de o homem ser capaz de aprender seja que exercício for, de fabricar seja que objeto for, de adquirir toda a espécie de hábitos motores, ao passo que, no animal mais bem-dotado, mesmo no macaco, a faculdade de combinar movimentos novos é estritamente limitada? A característica cerebral do homem está nisso. O cérebro humano é feito, como qualquer outro cérebro, para montar mecanismos motores e para nos deixar escolher entre eles, em um instante qualquer, aquele que poremos em movimento como que por meio de uma mola. Mas difere dos outros cérebros no número de mecanismos que pode montar, e, por consequência, o número de molas que oferece à escolha é indefinido. Ora, do limitado ao ilimitado há toda a distância que vai do fechado ao aberto. Não é uma diferença de grau, mas de natureza.

Radical é também, consequentemente, a diferença entre a consciência do animal, mesmo o mais inteligente, e a consciência humana. Porque a consciência corresponde exatamente à capacidade de escolha de que dispõe o ser vivo; é coextensiva à margem de ação possível que rodeia a ação real: consciência é sinônimo de invenção e de liberdade. Ora, no animal, a invenção nunca é mais do que uma variação sobre o tema da rotina. Encerrado nos hábitos da espécie, é certo que os consegue alargar graças à sua iniciativa individual; mas só por um instante escapa ao automatismo, o tempo exato de criar um novo automatismo: as portas da sua prisão fecham-se logo depois de se terem aberto; puxando pelos seus grilhões apenas consegue torná-los mais longos. Com o homem, a consciência quebra os grilhões. No homem, e somente no homem, ela liberta-se. Toda a história da vida, até ele, tinha sido a de um esforço da consciência para erguer a matéria, e um esmagamento mais ou menos completo da consciência pela matéria que recaía sobre ela. A empresa era paradoxal – se é que se pode falar aqui, a não ser por metáfora, de empresa e de esforço. Tratava-se de criar com a matéria, que é a própria necessidade, um instrumento de liberdade, de fabricar uma máquina que vencesse o mecanismo e empregar o determinismo da natureza para passar através das malhas da rede por ele estendida. Mas, em todos os seres menos no homem, a consciência deixou-se prender na rede cujas malhas pretendia atravessar. Ficou cativa dos mecanismos que ela própria montara. O automatismo, que ela pretendia infletir no sentido da liberdade, enrola-se em volta dela e arrasta-a. Não tem força para lhe escapar, porque a energia de que fizera provisão tendo em vista agir é quase inteiramente empregada para manter o equilíbrio infinitamente sutil, essencialmente instável, a que conduziu a matéria. Mas o homem não se limita a manter a sua máquina em funcionamento; consegue servir-se dela a seu bel-prazer. Deve-o sem dúvida à superioridade do seu cérebro, o qual lhe permite construir um número ilimitado de mecanismos motores, opor incessantemente novos hábitos aos antigos, e, dividindo o automatismo contra ele mesmo, dominá-lo. Deve-o à sua linguagem, que fornece à consciência de um corpo imaterial no qual se encarna, e assim a dispensa de assentar exclusivamente sobre os corpos materiais cujo fluxo começaria por arrastá-la, e não tardaria a afogá-la. Deve-o à vida social, que armazena e conserva os esforços, tal como a linguagem armazena o pensamento, fixando assim um nível médio ao qual os indivíduos deverão erguer-se de súbito, e, por meio dessa excitação inicial, impede o adormecimento dos medíocres, impele os melhores a subir mais alto. Mas o nosso cérebro, a nossa sociedade e a nossa linguagem não são mais do que sinais exteriores e diversos de uma única superioridade interna. Cada um a seu modo, eles exprimem o sucesso único, excepcional, que a vida obteve em dado momento da sua evolução. Traduzem a diferença de natureza, e não apenas de grau, que separa o homem do resto da animalidade. Deixam-nos adivinhar que se, no extremo do largo trampolim sobre o qual a vida tomara o seu impulso, todos os outros desceram, achando a prancha posta demasiado alto, só o homem saltou o obstáculo.

É nesse sentido muito especial que o homem é o "termo" e o "fim" da evolução. Como dissemos, a vida transcende a finalidade, tal como às outras categorias. É essencialmente uma corrente lançada na matéria, e que dela tira o que pode. Não houve, portanto, projeto nem plano propriamente ditos. Por outro lado, é por demais evidente que o resto da natureza não foi posta na dependência do homem: lutamos como as outras espécies, temos lutado contra as outras espécies. Finalmente, se a evolução da vida tivesse deparado com acidentes diferentes no seu caminho, se, em tais circunstâncias, a corrente da vida tivesse sido dividida de outra maneira, teríamos sido, no físico e no moral, bastante diferentes daquilo que somos. Por essas diversas razões, seria um erro considerar a humanidade, tal como a temos sob os nossos olhos, pré-formada no movimento evolutivo. Não se pode dizer, sequer, que a evolução inteira tenha convergido nela, porque a evolução se efetuou por meio de várias linhas divergentes, e, se a espécie humana se acha na extremidade de uma delas, outras linhas foram seguidas, com outras espécies no seu extremo. É em sentido muito diferente que consideramos a humanidade como a razão de ser da evolução.

Segundo o nosso ponto de vista, a vida aparece globalmente como uma onda imensa que se propaga a partir de um centro e que, na quase totalidade da sua circunferência, se detém e se converte em oscilação no mesmo lugar: em um único ponto o obstáculo foi vencido, o impulso avançou livremente. É essa liberdade que a forma humana registra. Por toda a parte, exceto no homem, a consciência encontrou-se em um beco sem saída; somente com o homem prosseguiu o seu caminho. O homem continua, pois, indefinidamente o movimento vital, embora não arraste consigo tudo o que a vida continha em si. Por outras linhas de evolução seguiram outras tendências que a vida implicava, das quais o homem conservou sem dúvida alguma coisa, pois tudo se compenetra, mas das quais pouca coisa conservou. *Tudo se passa como se um ser indeciso e fluido, ao qual se poderá chamar, conforme se queira,* homem ou super-homem, *tivesse procurado realizar-se, e só o tivesse conseguido ao preço de abandonar no caminho uma parte de si próprio.* Esses resíduos são representados pelo resto da animalidade, e mesmo pelo mundo vegetal, pelo menos no que estes têm de positivo e superior aos acidentes da evolução.

Desse ponto de vista atenuam-se singularmente as discordâncias cujo espetáculo nos é dado pela natureza. O conjunto do mundo organizado torna-se como que o húmus do qual brotaria o próprio homem ou um ser que se lhe assemelhasse moralmente. Os animais, por muito afastados, por muito inimigos, até, que sejam da nossa espécie, não deixaram por isso de ser companheiros de viagem, sobre os quais a consciência descarregou quanto havia nela de incômodo, e que lhe permitiram elevar-se, com o homem, às alturas de onde ela vê um horizonte ilimitado reabrir-se à sua frente.

É certo que a consciência não abandonou apenas em caminho uma bagagem incômoda, pois teve de renunciar igualmente a preciosos bens. No homem, a consciência é sobretudo inteligência. Teria podido, teria devido ser também, segundo parece, intuição. Intuição e inteligência representam duas direções opostas do trabalho consciente: a intuição marcha no sentido da própria vida, a inteligência em sentido inverso, e acha-se, pois, naturalmente regulada sobre o movimento da matéria. Uma humanidade completa e perfeita seria aquela em que essas duas formas da atividade consciente alcançassem o seu pleno desenvolvimento. Entre essa humanidade e a nossa é, aliás, fácil conceber muitos possíveis intermediários, correspondendo a todos os graus imagináveis da inteligência e da intuição. Essa é a parte da contingência na estrutura mental da nossa espécie. Uma evolução diferente poderia ter conduzido a uma humanidade ou mais inteligente ainda, ou mais intuitiva. Efetivamente, na humanidade da qual fazemos parte, a intuição é quase inteiramente sacrificada à inteligência. Dir-se-ia que a consciência esgotou o melhor da sua força na conquista da matéria e na reconquista de si mesma. Essa conquista, nas condições particulares em que se realizou, exigia que a consciência se adaptasse aos hábitos da matéria e neles concentrasse toda a sua atenção, em suma, que se determinasse mais particularmente em inteligência. A intuição está presente, todavia, mas vaga e sobretudo descontínua. É uma luz quase apagada, que somente de quando em quando se reaviva, por alguns instantes apenas. Mas reavive-se, realmente, quando está em causa um interesse vital. Sobre a nossa personalidade, sobre a nossa liberdade, sobre o lugar que ocupamos no conjunto da natureza, sobre a nossa origem e talvez também sobre o nosso destino, a intuição projeta uma luz vacilante e débil, mas que devassa não obstante a obscuridade da noite em que nos deixa a inteligência.

Dessas intuições evanescentes, e que só de espaço a espaço iluminam o seu objeto, a filosofia deve lançar mão, em primeiro lugar para as firmar, depois para as dilatar e as ligar entre si. Quanto mais ela progride nesse trabalho, melhor se dá conta de que a intuição é o próprio espírito e, em certo sentido, a própria vida: a inteligência é recortada nela por um processo imitativo daquele que originou a matéria. Surge assim a unidade da vida mental. Para a reconhecer é necessário que nos instalemos na intuição, para ir dela à inteligência, pois que da inteligência nunca se passará para a intuição.

A filosofia introduz-nos assim na vida espiritual e mostra-nos ao mesmo tempo a relação da vida do espírito com a do corpo. O grande erro das doutrinas espiritualistas foi supor que, isolando a vida espiritual de tudo o mais, suspendendo-a no espaço tão alto quanto possível acima da terra, a deixavam a salvo de ser atingida, como se não a expusessem assim a ser tomada como simples miragem! Têm razão, sem dúvida, em escutar a consciência, quando a consciência afirma a liberdade humana; mas a inteligência aí está para dizer que a causa determina o seu efeito, que o mesmo condiciona o mesmo, que tudo se repete e que tudo é dado. Têm razão em crer na realidade absoluta da pessoa e na sua independência em relação à matéria; mas aí está a ciência, para mostrar a solidariedade da vida consciente e da atividade cerebral. Têm razão em atribuir ao homem um lugar privilegiado na natureza, e em considerar infinita a distância entre o animal e o homem; mas aí está a história da vida, que nos faz assistir à gênese das espécies por via de transformação gradual e que parece reintegrar assim o homem na animalidade. Quando um poderoso instinto proclama a provável sobrevivência da pessoa, têm razão em lhe dar ouvidos; mas se existem de fato "almas" capazes de uma vida independente, de onde vêm elas? Quando, como e por que entram elas nesse corpo que nós vemos, sob os nossos olhos, sair tão naturalmente de uma célula mista provinda do corpo dos seus dois pais? Todas essas perguntas ficarão sem resposta, e uma filosofia da intuição será a negação da ciência, mais cedo ou mais tarde será varrida pela ciência, se não se decidir a ver a vida do corpo onde ela realmente se encontra, no caminho que conduz à vida do espírito. Mas aí já não serão estes ou aqueles seres vivos determinados que terá de considerar. A vida inteira, desde o impulso inicial que a lançou no mundo, aparecer-lhe-á como uma vaga que sobe e que contraria o movimento descendente da matéria. Sobre a maior parte da sua superfície, a diversas alturas, a corrente é convertida pela matéria em um rodopiar no mesmo lugar. Em um só ponto ela passa livremente, arrastando consigo o obstáculo, que lhe dificultará o avanço, mas não a deterá. E esse ponto é a humanidade; essa é a nossa situação privilegiada. Por outro lado, essa vaga que avança é consciência e, como toda consciência, envolve inúmeras virtualidades que se compenetram, às quais por consequência não convém nem a categoria da unidade nem a da multiplicidade, feitas para a matéria inerte. Somente a matéria que carreia consigo, e nos interstícios da qual se insere, a pode dividir em individualidades distintas. A corrente passa assim, atravessando as gerações humanas, subdividindo-se em indivíduos: essa subdivisão estava vagamente delineada nela, mas sem a matéria não se teria afirmado. Assim se criam sem cessar almas que, todavia, em um certo sentido, preexistem e não são mais do que os regatos entre os quais se divide o grande rio da vida, correndo pelo corpo da humanidade. O movimento de uma corrente é distinto daquilo que atravessa, embora lhe adote necessariamente as sinuosidades. A consciência é distinta do organismo que anima, embora ele lhe faça sofrer certas vicissitudes. Tal como as ações possíveis, cujo desígnio se contém em um estado de consciência, recebem a cada instante, nos centros nervosos, um começo de execução, assim também o cérebro acentua a cada instante as articulações motoras do estado de consciência; mas nisso se resume a interdependência da consciência e do cérebro – e nem por isso o destino da consciência está ligado ao da matéria cerebral. Em suma, a consciência é essencialmente livre, é a própria liberdade; mas não pode atravessar a matéria sem nela assentar, sem se lhe adaptar. Essa adaptação é aquilo a que se chama intelectualidade; e a inteligência, voltando-se para a consciência agente, isto é, livre, fá-la naturalmente entrar nos moldes em que está acostumada a ver inserir-se a matéria. Verá sempre, portanto, a liberdade sob a forma de necessidade; desdenhará sempre a parte de novidade ou de criação inerente ao ato livre, substituirá sempre à própria ação uma imitação artificial, aproximativa, obtida por composição do antigo com o antigo, do mesmo com o mesmo. Assim, aos olhos de uma filosofia que se esforça por reabsorver a inteligência na intuição, muitas dificuldades se desvanecem ou atenuam. Mas uma tal doutrina não facilita apenas a especulação. Dá-nos também mais força para agir e para viver, porque, com ela, já não nos sentimos isolados na humanidade, a humanidade já não nos parece também isolada na natureza que domina. Tal como o menor grão de poeira é solidário do nosso sistema solar inteiro, e é arrastado com ele nesse movimento indiviso de descida que é a própria materialidade, assim também todos os seres organizados, do mais humilde ao mais elevado, desde as primeiras origens da vida até o tempo no qual nos achamos, e assim em todos os lugares como em todos os tempos, não fazem mais do que tornar sensível aos olhos um único impulso, inverso do movimento da matéria e, em si mesmo, indivisível. Todos os seres vivos estão ligados e todos cedem ao mesmo formidável impulso. O animal tem a planta como ponto de apoio, o homem cavalga na animalidade, e a humanidade inteira, no espaço e no tempo, é um imenso exército que galopa ao lado de cada um de nós, à frente e atrás de nós, em uma arremetida capaz de vencer todas as resistências e de atravessar todos os obstáculos, talvez até a morte.

Capítulo IV
O mecanismo cinematográfico do pensamento e a ilusão mecanicista. Relance sobre a história dos sistemas. O devir real e o falso evolucionismo

Resta-nos examinar concretamente duas ilusões teóricas com que temos frequentemente deparado no nosso caminho e nas quais temos até agora considerado mais as consequências que os princípios. Será esse o tema do presente capítulo. Teremos a oportunidade de refutar determinadas objeções, de desfazer determinados mal-entendidos e, sobretudo, de definir com maior clareza, colocando, em oposição a outras, uma filosofia que considera a duração como a própria substância da realidade.

Seja ela matéria, seja espírito, a realidade manifesta-se-nos como um perpétuo devir. Pode fazer-se, pode desfazer-se, mas nunca chega a ser uma coisa feita. É isso que nos revela a intuição que temos do espírito, assim que afastamos o véu que separa de nós a nossa consciência. Seria também assim que a matéria nos seria mostrada pela inteligência e pelos próprios sentidos, caso tivessem dela uma representação imediata e desinteressada. Todavia, preocupada antes de tudo com as necessidades da ação, a inteligência, tal como os sentidos, limita-se a dar de vez em quando, sobre o devir da matéria, relances instantâneos e, por isso mesmo, imóveis. Seguindo por sua vez a inteligência, a consciência vê da vida interior apenas aquilo que já está feito, e é só confusamente que a sente fazer-se. Assim se destacam da duração os momentos que nos interessam e que colhemos ao longo do seu percurso. Só a eles retemos. E com razão, enquanto só a ação estiver em causa. Mas se, quando especularmos sobre a natureza do real, continuarmos a encará-lo da maneira que o nosso interesse prático nos convida a fazê-lo, então seremos incapazes de ver a verdadeira evolução, o devir radical. Do devir só captamos estados, da duração apenas instantes, e até quando falamos da duração e do devir é em outra coisa que estamos pensando. É essa a mais nítida das duas ilusões que nos propomos examinar. Consiste em acreditar que é possível pensar o instável por intermédio do estável, o movente por intermédio do imóvel.

A outra ilusão está intimamente aparentada à primeira. Ela tem a mesma origem. Provém também do fato de transpormos para a especulação um processo que só é adequado para a prática. Toda e qualquer ação tem a finalidade de conseguir um objeto cuja falta se sente, ou de criar alguma coisa que ainda não existe. Nesse sentido especialíssimo ela preenche um vazio e vai do vazio ao pleno, de uma ausência a uma presença, do irreal ao real. Aliás, a irrealidade de que aqui se trata é puramente relativa à direção seguida pela nossa atenção, pois estamos mergulhados em realidades e delas não podemos sair; sucede apenas que, quando a realidade presente não é aquela que procurávamos, falamos da *ausência* da segunda quando constatamos a *presença* da primeira. Exprimimos assim o que temos em função daquilo que pretendíamos obter. No domínio da ação isso é perfeitamente legítimo. Mas, queiramos ou não, conservamos a mesma maneira de falar, e também de pensar, quando especulamos sobre a natureza das coisas independentemente do interesse que elas têm para nós. Surge assim a segunda das duas ilusões a que nos referíamos, e que vamos aprofundar em primeiro lugar. Tal como a primeira, deriva dos hábitos estáticos contraídos pela nossa inteligência quando ela prepara a nossa ação sobre as coisas. Tal como passamos pelo imóvel para chegar ao movente, do mesmo modo nos servimos do vazio para pensar o pleno.

Tivemos já ocasião de referir essa ilusão quando tratamos do problema fundamental do conhecimento. Dissemos que o problema consiste em saber qual a razão de nas coisas existir ordem, e não desordem. Mas esse problema só adquire sentido se supusermos que a desordem, tomada como ausência de ordem, é possível, imaginável ou concebível. Ora, o real só na ordem pode existir – mas como a ordem pode assumir duas formas, considerando que a presença de uma delas consiste, por assim dizer, na ausência da outra, falamos de desordem sempre que deparamos com aquela das duas ordens que não estávamos procurando. Portanto, a ideia de desordem é eminentemente prática. Corresponde a uma certa decepção de uma certa expectativa e não designa a ausência de toda e qualquer ordem, mas apenas a presença de uma ordem que não oferece interesse atual. Se tentarmos negar a ordem de maneira completa, absoluta, verificamos que se passa indefinidamente de uma espécie de ordem para a outra e que a pretensa supressão de ambas implica a presença das duas. Finalmente, se passarmos adiante, se propositadamente fecharmos os olhos a esse movimento do espírito e a tudo aquilo que ele supõe, deixamos de estar perante uma ideia, e a desordem passa a ser unicamente uma palavra. Temos assim que o problema do conhecimento é complicado, e talvez tornado insolúvel, pela ideia de que a ordem preenche um vazio, e que a sua presença efetiva se sobrepõe à sua ausência virtual. Passamos da ausência para a presença, do vazio para o pleno, em virtude da ilusão fundamental do nosso entendimento. No nosso último capítulo apontamos uma consequência desse erro. Tal como fizéramos pressentir, só venceremos definitivamente esse erro quando lutarmos com ele corpo a corpo. É preciso que o encaremos bem de frente, em si mesmo, na concepção radicalmente falsa que ele implica da negação, do vazio e do nada.

Os filósofos nunca se ocuparam com a ideia do nada. Contudo essa ideia é muitas vezes a mola oculta, o motor invisível do pensamento filosófico. A partir do primeiro despertar da reflexão, é ela que leva diretamente à apreensão pela consciência dos problemas angustiosos, das questões que não é possível encarar sem sentir vertigens. Mal comecei ainda a filosofar e já penso nas razões por que existo; e, depois de me aperceber da solidariedade que me liga ao resto do universo, vejo que apenas transferi para mais longe a dificuldade, pois quero saber por que existe o universo; e, se atribuo o universo a um Princípio imanente ou transcendente que o suporta ou que o cria, o meu pensamento só durante alguns instantes se fixa nesse princípio; volta a surgir o mesmo problema, dessa vez com toda a amplitude e generalidade: de onde vem, como compreender que alguma coisa exista? Aqui mesmo, no presente trabalho, quando a matéria foi definida por uma espécie de descida, essa descida pela interrupção de uma subida, essa subida, a seu turno, por um crescimento, quando finalmente foi colocado no fundo das coisas um Princípio de criação, voltou a surgir

A evolução criadora

o mesmo problema: como e por que existe esse princípio, em vez de nada? Se agora puser de parte esses problemas e procurar o que por trás deles se dissimula, eis aquilo que encontro. A existência surge-me como uma conquista sobre o nada. Penso que poderia e deveria até não haver nada, e fico surpreso ao verificar que há alguma coisa. Ou então represento-me toda realidade como estendida sobre o nada, como que sobre um tapete: primeiro havia o nada, e o ser surgiu por acrescentamento. Ou então, se alguma coisa sempre existiu, é preciso que o nada lhe tenha sempre servido de substrato ou de receptáculo, e consequentemente lhe seja eternamente anterior. Um copo pode estar sempre cheio, nem por isso o líquido que o enche deixa de preencher um vazio. Do mesmo modo, é possível que o ser sempre tenha existido: mas o nada, que está preenchido e como que tapado por ele, não deixa por esse fato de lhe preexistir, senão de fato, pelo menos de direito. Finalmente, não posso pôr de parte a ideia de que o pleno é como um bordado sobre a tela do vazio, que o ser está sobreposto ao nada e que na representação de "nada" há qualquer coisa a *menos* que na de "alguma coisa". Daí todo o mistério.

É preciso que seja esclarecido esse mistério. E com mais razão ainda no caso de se colocar no fundo das coisas a duração e a livre escolha. Pois o desprezo da metafísica por toda realidade que dura tem origem precisamente no fato de ela só chegar ao ser depois de passar pelo "nada", e de uma existência que dura não lhe parecer suficientemente forte para vencer a inexistência e se afirmar a si mesma. É sobretudo em virtude dessa razão que ela tende a dotar o ser verdadeiro com uma existência *lógica*, e não psicológica ou física. Pois a natureza de uma existência puramente lógica é tal que parece bastar-se a si mesma, e afirmar-se graças exclusivamente à força imanente da verdade. Se penso qual será a razão pela qual existem corpos ou espíritos, em vez de nada, não consigo achar uma resposta. Mas já me parece natural que um princípio lógico tal como A = A tenha a virtude de se criar a si próprio, triunfando do nada na eternidade. A aparição de um círculo traçado a giz em um quadro-negro é uma coisa que carece de explicação: essa existência unicamente física não contém em si forças que lhe permitam vencer sozinha a inexistência. Mas a "essência lógica" do círculo, quer dizer, a possibilidade de o traçar de acordo com uma determinada lei, ou seja, a sua definição, é uma coisa que se me afigura eterna; não tem lugar nem data, pois em parte alguma e em momento algum o traçado de um círculo começou a ser possível. Suponhamos, portanto, ao princípio sobre o qual todas as coisas repousam e que todas as coisas manifestam uma existência de natureza idêntica à da definição do círculo, ou à do axioma A = A: o mistério da existência desvanece-se, pois o ser que está no fundo de tudo se afirma então no eterno, tal como a própria lógica. É certo que isso nos custará um sacrifício bastante grande: se o princípio de todas as coisas existe de modo idêntico a um axioma lógico ou a uma definição matemática, então as próprias coisas deverão derivar desse princípio, como se fossem aplicações de um axioma ou consequências de uma definição, e não haverá lugar quer nas coisas, quer no seu princípio para a causalidade eficaz entendida no sentido de uma livre escolha. São essas exatamente as conclusões de uma doutrina como, por exemplo, a de Spinoza, ou mesmo a de Leibniz, e foi essa a sua gênese.

Se conseguíssemos provar que a ideia de nada, na acepção em que a consideramos quando a opomos à de existência, é uma pseudoideia, os problemas que ela faz surgir na sua esteira passariam a ser pseudoproblemas. A hipótese de um absoluto que agiria livremente, que duraria eminentemente, deixaria de ter fosse o que fosse de chocante. Estaria aberto o caminho para uma filosofia mais próxima da intuição e que não pediria já os mesmos sacrifícios ao senso comum.

Vejamos, portanto, em que se pensa quando se fala do nada. Ter uma representação do nada consiste em imaginá-lo ou concebê-lo. Examinemos aquilo que essa imagem ou essa ideia poderão ser. Comecemos pela imagem.

Vou fechar os olhos, tapar os ouvidos, eliminar uma por uma todas as sensações que me vêm do mundo exterior: todas as minhas percepções se desvanecem, o universo material mergulha para mim no silêncio e na noite. Contudo eu permaneço, e não posso evitar que permaneça. Continuo aqui, com as sensações orgânicas que me chegam da periferia e do interior do meu corpo, com as recordações deixadas pelas percepções passadas, e até com a impressão, bem positiva e bem plena, do vazio que acabo de estabelecer à minha volta. Como suprimir tudo isso? Como eliminar a mim mesmo? O mais que posso conseguir é afastar as minhas recordações e esquecer até o meu passado imediato; conservo sempre, pelo menos, a consciência que tenho do meu presente reduzido à mais extrema pobreza, quer dizer, do estado atual do meu corpo. Vou contudo tentar eliminar até mesmo essa consciência. Atenuarei cada vez mais as sensações que o meu corpo me envia: estão agora prestes a extinguir-se; extinguem-se, desaparecem na noite onde se perderam já todas as coisas. Mas não! No preciso instante em que a minha consciência se extingue, acende-se uma outra consciência – ou melhor, ela já se tinha acendido, tinha surgido no instante imediatamente anterior para assistir à desaparição da primeira. Porque a primeira só podia desaparecer em favor de uma outra, e em relação a uma outra. Só consigo ver-me aniquilado se, por meio de um ato positivo, embora involuntário e inconsciente, já tiver ressuscitado a mim próprio. Assim, por mais que me esforce, continuo sempre a perceber alguma coisa, quer venha do exterior ou do interior. Só chego ao desconhecimento total dos objetos exteriores quando me refugio na consciência que tenho de mim mesmo; se consigo abolir esse interior, essa mesma abolição torna-se para mim um eu imaginário que, dessa vez, percebe como objeto exterior o eu que desaparece. Existe sempre, portanto, um objeto, exterior ou interior, que é representado pela minha imaginação. É certo que ela pode passar de um para outro e imaginar sucessivamente, ora um nada de percepção externa, ora um nada de percepção interna – mas não ambos ao mesmo tempo, pois a ausência de um deles consiste, no fundo, na presença exclusiva do outro. Porém, do fato de esses dois nadas relativos poderem ser imaginados sucessivamente, conclui-se erroneamente que eles podem ser imaginados em conjunto: conclusão esta cujo absurdo deveria saltar aos olhos, pois não seria possível imaginar um nada sem se aperceber, pelo menos de maneira confusa, que se está imaginando, quer dizer, que se está agindo, que se está pensando, que há, portanto, alguma coisa que ainda subsiste.

Assim sendo, nunca se forma no pensamento uma imagem propriamente dita de uma supressão de tudo. O esforço em virtude do qual tendemos para criar essa imagem leva-nos simplesmente a oscilar entre a visão de uma realidade exterior e a de uma realidade interna. Nesse vaivém do nosso espírito entre o exterior e o interior, existe um ponto, situado a igual distância dos dois, no qual nos parece que já deixamos de perceber um deles e que ainda não estamos percebendo o outro: é aí que se forma a imagem do nada. A verdade é que nesse momento percebemos ambos, pois chegamos ao ponto em que os dois termos são equidistantes e a imagem do nada, assim definida, é uma imagem cheia de coisas, uma imagem que encerra ao mesmo tempo a do sujeito e a do objeto, com, além do mais, um perpétuo oscilar entre uma e outra e uma recusa de nos chegarmos a fixar definitivamente em uma delas. É evidente que não é esse nada que poderíamos opor ao nada, colocá-lo antes ou debaixo dele, pois ele contém já a existência em geral. Mas poderão objetar-nos que a representação do nada, quando de maneira visível ou latente, intervém nas especulações dos filósofos, o faz sob a forma de ideia e não de imagem. Embora concordando que de modo nenhum imaginamos uma abolição de tudo, poderão pretender que podemos concebê-la. Dizia Descartes que se pode inteligir um polígono de mil lados, embora o mesmo não seja visto em imaginação: basta que se represente claramente a possibilidade de construí-lo. O mesmo se passa com a ideia de uma abolição de todas as coisas. Nada mais simples, dirão, que o processo por meio do qual se constrói a ideia dela. Com efeito, não existe um único objeto da nossa experiência que não seja possível supor abolido. Ampliemos essa abolição de um primeiro objeto para um segundo, depois para um terceiro, e assim por diante durante o tempo que se quiser: o nada não é mais que o limite para que tende essa operação. E sem dúvida o nada assim definido é a abolição do todo. A tese é essa, basta agora considerá-la sob essa forma para ver claramente todo o seu absurdo.

Uma ideia que seja construída inteiramente pelo espírito só é uma ideia, com efeito, se os seus elementos constitutivos forem capazes de coexistir em conjunto: se os elementos com que ela foi composta se repelissem uns aos outros à medida que fossem sendo reunidos, ela nunca passaria de uma simples palavra. Depois de definir um círculo, é-me perfeitamente possível representar-me um círculo negro ou um círculo branco, um círculo de cartão, de ferro ou de cobre, um círculo transparente ou um círculo opaco – mas não um círculo quadrado, porque a lei de geração do círculo exclui a possibilidade de limitar essa figura com linhas retas. Assim, o meu espírito é capaz de se representar qualquer coisa existente como abolida, mas, se acaso a abolição de qualquer coisa pelo espírito fosse uma operação cujo mecanismo implicasse ela efetuar-se sobre uma parte do Todo e não sobre o próprio Todo, então a extensão de tal operação à totalidade das coisas poderia tornar-se uma coisa absurda, contraditória consigo mesma, e a ideia de uma abolição de tudo possivelmente apresentaria as mesmas características que a de um círculo quadrado: deixaria de ser uma ideia para passar a ser uma simples palavra. Examinemos, pois, com atenção o mecanismo dessa operação.

Na realidade, o objeto que se suprime é exterior, ou interior: ou é uma coisa, ou é um estado de consciência. Consideremos o primeiro caso. Posso abolir pelo pensamento um objeto exterior: no lugar onde ele antes estava "já não há mais nada". Mais nada desse objeto, sem dúvida alguma, mas veio outro objeto ocupar o lugar dele: na natureza não existe o vazio absoluto. Admitamos, contudo, que o vazio absoluto seja possível; não é nesse vazio que estou pensando quando digo que o objeto, uma vez abolido, deixa desocupado o seu lugar, pois por hipótese trata-se de um *lugar*, ou seja, um vazio limitado por contornos definidos, uma espécie de *coisa*. Portanto, o vazio a que me refiro é, no fundo, apenas a ausência de um dado objeto, que primeiro estava aqui, agora se encontra em outro lugar e, não estando já no seu antigo lugar, deixa atrás de si, por assim dizer, o vazio de si mesmo. Um ser que não fosse dotado de memória ou de previsão nunca proferiria nesse caso as palavras "vazio" ou "nada"; exprimiria simplesmente aquilo que é e aquilo que ele percebe. Ora, aquilo que é e aquilo que se percebe é sempre a *presença* disto ou daquilo, nunca a *ausência* seja do que for. Só existe ausência para um ser capaz de recordar e de esperar. Recordava um objeto e esperava talvez voltar a encontrá-lo: encontra outro diferente e exprime a decepção da sua expectativa, nascida da recordação, dizendo que não encontrou nada, que deparou com o nada. Mesmo que ele não esperasse encontrar o objeto, é sempre uma expectativa possível, é ainda a decepção da sua expectativa eventual, que ele exprime, quando diz que o objeto deixou de estar onde estava. Aquilo que na realidade ele percebe, aquilo que efetivamente ele consegue pensar, é a presença do antigo objeto em um novo lugar ou a de um novo objeto no antigo lugar; o resto, tudo o que se exprime negativamente por meio de palavras como o nada e o vazio, é mais afecção que pensamento ou, para falar com mais rigor, coloração afetiva do pensamento. Portanto, a ideia de abolição ou de nada parcial forma-se aqui no decurso da substituição de uma coisa por outra, a partir do momento em que essa substituição é pensada por um espírito que prefere manter a antiga coisa no lugar da nova, ou que pelo menos encara a possibilidade dessa preferência. Do lado subjetivo ela implica uma preferência, do lado objetivo uma substituição, e é na realidade uma combinação, ou melhor, uma interferência, entre esse sentimento de preferência e essa ideia de substituição.

É esse o mecanismo da operação em virtude da qual o nosso espírito, depois de abolir um objeto, consegue representar-se, no mundo exterior, um nada parcial. Vejamos agora como consegue ele representá-lo no interior de si mesmo. Aquilo que constatamos em nós são ainda fenômenos que se produzem, e não evidentemente fenômenos que não se produzem. Experimento uma sensação ou uma emoção, concebo uma ideia, tomo uma resolução: a minha consciência percebe esses fatos que são outras tantas *presenças*, e não há um único instante em que me não sejam presentes fatos dessa natureza. É certo que me é possível interromper, por intermédio do meu pensamento, o curso da minha vida interior, supor que estou dormindo um sono sem sonhos ou que deixei de existir; no preciso instante, porém, em que formulo essa suposição, concebo-me, imagino-me velando sobre o meu sono ou sobrevivendo ao meu aniquilamento, e só renuncio a perceber-me do interior para me refugiar na percepção exterior de mim mesmo. O que equivale a dizer que mais uma vez o pleno sucede ao pleno, e que uma inteligência que não fosse uma inteligência, que não tivesse saudade nem desejo, que estabelecesse o seu movimento a partir do movimento do seu objeto, seria incapaz de conceber uma ausência ou um vazio. A concepção de um vazio surge aqui quando a consciência, atrasando o seu próprio movimento, permanece ligada à recordação de um estado anterior, quando está já presente um novo estado. É apenas uma comparação entre aquilo que é e aquilo que poderia ou deveria ser, entre um pleno e outro pleno. Em resumo, quer se trate de um vazio de matéria, quer de um vazio de consciência, *a representação do vazio é sempre uma representação plena, que após analisada se resolve em dois elementos positivos: a ideia, distinta ou confusa de uma substituição e o sentimento experimentado ou imaginado de um desejo ou de uma saudade.*

Dessa dupla análise decorre que a ideia do nada absoluto, tomada no sentido de uma abolição de tudo, é uma ideia destrutiva de si mesma, uma pseudoideia, uma simples palavra. Se suprimir uma coisa consiste em substituí-la por outra, se pensar a ausência de uma coisa só é possível pela representação mais ou menos explícita da presença de alguma outra coisa, se, finalmente, abolição significa, antes de tudo, substituição, então a ideia de uma "abolição de tudo" é tão absurda como a de um círculo quadrado. O absurdo só não salta aos olhos por não existir nenhum objeto particular que não seja possível supor abolido; daí concluir-se, a partir do fato de não ser proibido suprimir pelo pensamento todas as coisas, uma de cada vez, que é possível supô-las suprimidas todas de uma só vez. Não se repara que suprimir todas as coisas uma de cada vez consiste precisamente em substituir cada uma delas por uma outra, e que a partir daí a supressão absoluta de tudo implica uma verdadeira contradição dos termos, pois essa operação consistiria em destruir a própria condição que lhe permite efetuar-se.

Mas a ilusão é persistente. Do fato de suprimir uma coisa consistir *de fato* em substituí-la por outra, não se deve concluir, não se deve querer concluir que a abolição de uma coisa *pelo pensamento* implique a substituição, pelo pensamento, da coisa antiga por uma nova coisa. Certamente, admitir-se-á que uma coisa é sempre substituída por outra coisa, e até que o nosso espírito é incapaz de pensar o desaparecimento de um objeto exterior ou interior sem imaginar – é certo que de maneira indeterminada e confusa – que outro objeto a foi substituir. Mas acrescentar-se-á que a representação de um desaparecimento é a representação de um fenômeno que se produz no espaço, ou pelo menos no tempo, que além disso ela, consequentemente, implica a evocação de uma imagem, e que aqui importaria precisamente libertar-se da imaginação, apelando para o entendimento puro. Deixemos portanto de falar, dir-nos-ão, de desaparecimento ou de abolição: ambas são operações físicas. Deixemos de nos representar que o objeto A seja abolido ou esteja ausente. Digamos simplesmente que o pensamos "inexistente". Aboli-lo é agir sobre ele no tempo e talvez também no espaço; é, portanto, aceitar as condições da existência espacial e temporal, aceitar a solidariedade que liga cada objeto a todos os outros e o impede de desaparecer sem que seja imediatamente substituído. Mas podemos libertar--nos dessas condições: basta que, por um esforço de abstração, evoquemos a representação do objeto A isolado, que decidamos antes de mais nada considerá-lo existente, e que, depois, mediante um artifício intelectual, escamoteemos essa cláusula. O objeto será então, por decreto nosso, inexistente.

Seja. Escamoteemos pura e simplesmente a cláusula. Não devemos pensar que este nosso artifício possa bastar-se a si mesmo e ser isolado do resto das coisas. Veremos que ele traz consigo, quer queiramos quer não, tudo aquilo de que pretendíamos abstrair-nos. Procuremos comparar as duas seguintes ideias: do objeto A suposto real e do mesmo objeto suposto "inexistente".

A ideia do objeto A suposto existente é apenas a representação pura e simples do objeto A, pois é impossível representar-

-se um objeto sem por esse mesmo fato lhe atribuir uma certa realidade. Não há a mínima diferença entre pensar um objeto e pensá-lo como existente: Kant esclareceu definitivamente esse ponto na sua crítica do argumento ontológico. O que será então pensar o objeto A como inexistente? Obter a sua representação como inexistente não pode consistir em retirar da ideia do objeto A a ideia do atributo "existência", pois mais uma vez a representação da existência do objeto é inseparável da representação do objeto, e ambas são, até, uma e a mesma coisa. Obter a representação do objeto A como inexistente não pode, portanto, consistir senão em *acrescentar* qualquer coisa à ideia desse objeto: acrescenta-se-lhe, com efeito, a ideia de uma *exclusão* desse objeto particular pela realidade atual em geral. Pensar o objeto A como inexistente é pensar primeiro o objeto e, portanto, pensá-lo como existente; é depois pensar que uma outra realidade, com a qual ele é incompatível, o suplanta. Simplesmente, é inútil que nos representemos explicitamente essa última realidade; não nos interessa averiguar aquilo que ela é; basta-nos saber que ela repele o objeto A, que é a única coisa que nos interessa. É por isso que pensamos mais na expulsão que na causa que expulsa. Mas essa causa nem por isso está menos presente no espírito; existe nele em estado implícito, pois o que expulsa é tão inseparável da expulsão como a mão que segura a caneta é inseparável do risco por ela traçado. O ato por meio do qual se declara irreal um objeto afirma, portanto, a existência do real em geral. Por outras palavras, representar--se um objeto como irreal não pode consistir em privá-lo de toda e qualquer espécie de existência, pois a representação de um objeto é necessariamente a representação desse objeto como existente. Um ato dessa natureza consiste simplesmente em declarar que a existência atribuída pelo nosso espírito ao objeto, e inseparável de sua representação, é uma existência eminentemente ideal, a existência de um simples possível. Mas a idealidade de um objeto, a simples possibilidade de um objeto só têm sentido em relação a uma realidade que repele para a região do ideal ou do simples possível esse objeto incompatível com ela. Se supusermos abolida a existência mais forte e mais substancial, então será a existência atenuada e mais fraca do simples possível que passará a ser a própria realidade, e deixaremos de imaginar o objeto como inexistente. Em outras palavras, e por mais estranha que possa parecer a nossa asserção, *existe* mais, *e não* menos, *na ideia de um objeto concebido como "não existente" que na ideia desse mesmo objeto concebido como "existente", pois a ideia do objeto "não existente" é necessariamente a ideia do objeto "existente", tendo, além disso, a representação de uma exclusão desse objeto pela realidade atual considerada em bloco.*

Mas poder-se-á pretender que a nossa representação do inexistente não está ainda suficientemente liberta de elementos imaginativos, que não é suficientemente negativa. "Pouco importa, dir-nos-ão, que a irrealidade de uma coisa consista na sua expulsão por outras. Não queremos saber disso. Não é verdade que podemos dirigir livremente a nossa atenção para onde quisermos e como quisermos? Ora, depois de ter evocado a representação de um objeto, e por esse mesmo fato o ter suposto, se quiserem, existente, acrescentaremos simplesmente à nossa afirmação um 'não', e tanto bastará para que o pensemos como inexistente. É uma operação eminentemente intelectual, independente do que se passa exteriormente ao espírito. Pensemos, portanto, seja o que for ou pensemos tudo, e ponhamos depois à margem do nosso pensamento o 'não' que prescreve a rejeição daquilo que ela contém: aboliremos idealmente todas as coisas pelo simples fato de decretarmos a sua abolição." No fundo, é realmente desse pretenso poder inerente à negação que provêm aqui todas as dificuldades e todos os erros. Representa-se a negação como rigorosamente simétrica da afirmação. Imagina-se que a negação, tal como a afirmação, se basta a si própria. Portanto, tal como a afirmação, a negação teria a capacidade de criar ideias, com a única diferença de serem ideias negativas. Afirmando uma coisa, depois outra coisa, e assim por diante indefinidamente, formo a ideia de Todo: de modo semelhante, negando uma coisa e depois negando as outras coisas, em resumo, negando Tudo, chegar-se-ia à ideia de Nada. Mas é precisamente essa assimilação que nos parece arbitrária. Esquece-se de que, sendo a afirmação um ato completo do espírito, que pode conduzir à constituição de uma ideia, já a negação nunca passa de metade de um ato intelectual, subentendendo-se, ou melhor, adiando-se para um futuro indeterminado a outra metade. Esquece-se também de que, sendo a afirmação um ato de inteligência pura, na negação intervém um elemento extraintelectual, e que é precisamente à intrusão de um elemento estranho que a negação deve o seu caráter específico.

Começando pelo segundo aspecto, salientemos que negar consiste sempre em repudiar uma afirmação possível. A negação não passa de uma atitude tomada pelo espírito em relação a uma eventual afirmação. Quando digo: "Esta mesa é preta", estou falando concretamente da mesa: vi que ela é preta e o meu juízo traduz o que vi. Mas se digo: "Esta mesa não é branca", com certeza não estou exprimindo alguma coisa que tenha percebido, pois o que vi foi o preto, e não uma ausência do branco. No fundo, não é, portanto, à mesa que refiro o meu juízo, mas antes ao juízo que a declarasse branca. Julgo um juízo, e não a mesa. A proposição "esta mesa não é branca" implica que seria possível que outrem a considerasse branca, que outrem realmente tal a considerasse ou que eu como tal a ia considerar: estou prevenindo a outrem, estou prevenindo a mim mesmo, que esse juízo deve ser substituído por outro (que eu, é certo, deixo indeterminado). Assim, enquanto a afirmação se refere diretamente à coisa, a negação visa apenas à coisa de maneira indireta, por meio de uma afirmação entreposta. Uma proposição afirmativa traduz um juízo referente a um objeto; uma proposição negativa traduz um juízo referente a um juízo. *Portanto, a negação difere da afirmação, na medida em que é uma afirmação de segundo grau: afirma alguma coisa em relação a uma afirmação, a qual por sua vez afirma alguma coisa em relação a um objeto.*

Mas disso se conclui antes de mais que a negação não é obra de um puro espírito, quer dizer, de um espírito desligado de todo e qualquer móvel, colocado perante os objetos e recusando-se a tomar conhecimento de tudo o que seja exterior a eles. Quando se nega, ou se estão dando lições aos outros ou a si mesmo. Chama-se a atenção de um interlocutor, real ou possível, que está enganado e a quem se previne. Ele afirmava alguma coisa: é avisado de que deve afirmar coisa diferente (sem contudo se especificar qual a afirmação que deveria substituir a primeira). Não temos já apenas uma pessoa e um objeto colocados um em presença do outro; perante o objeto, temos uma pessoa falando a uma pessoa, combatendo-a e ao mesmo tempo ajudando-a; temos um começo de sociedade. A negação refere-se a alguém, e não apenas, como a pura operação intelectual, a alguma coisa. É essencialmente pedagógica e social.

Ensina, ou antes, previne, podendo, aliás, a pessoa prevenida e ensinada ser, em virtude de uma espécie de desdobramento, a própria pessoa que fala. Isso quanto ao segundo aspecto. Vejamos o primeiro. Estávamos dizendo que a negação nunca passa de metade de um ato intelectual, cuja outra metade se deixa indeterminada. Ao enunciar a proposição negativa "esta mesa não é branca", quero com isso dizer que o juízo "a mesa é branca" deve ser substituído por outro juízo. Estou fazendo uma advertência, e essa advertência refere-se à necessidade de uma substituição. Quanto àquilo que deve substituir aquela afirmação, nada digo, é certo. Talvez seja porque ignoro a cor da mesa, mas também pode ser, será mesmo antes porque a cor branca é a única que de momento nos interessa, e porque assim me cabe simplesmente anunciar que o branco deve ser substituído por outra cor, sem ter de dizer qual seja. Portanto, um juízo negativo é realmente um juízo que indica a necessidade de substituir um juízo afirmativo por outro juízo afirmativo, não sendo, aliás, especificada a natureza desse segundo juízo, algumas vezes porque se ignora qual ela seja, e mais frequentemente por não oferecer interesse no momento, pois a atenção só se fixa sobre a matéria do primeiro.

Assim, sempre que acrescento um "não" a uma afirmação, sempre que nego, levo a cabo dois atos bem definidos: 1º interesso-me pelo que é afirmado por um dos meus semelhantes, ou pelo que ele ia dizer, ou pelo que poderia ser dito por um outro eu que estou prevenindo; 2º anuncio que uma segunda afirmação, cujo conteúdo não específico, deverá substituir aquela que tenho perante mim. Mas em nenhum dos dois atos se encontra exclusivamente afirmação. O caráter *sui generis* da negação deve-se à sobreposição do primeiro ao segundo. Em vão, portanto, se atribuiria à negação a possibilidade de criar ideias *sui generis*, simétricas das que são criadas pela afirmação e dirigidas em sentido contrário. Dela não pode sair nenhuma ideia, pois o único conteúdo que tem é o do juízo afirmativo que ela julga.

Mais rigorosamente, consideremos um juízo existencial, em vez de um juízo atributivo. Quando digo: "O objeto A não existe", quero com isso dizer, antes de mais nada, que seria possível acreditar que o objeto A existe. Aliás, como seria possível pensar o objeto A sem o pensar como existente, e que diferença poderá existir, mais uma vez, entre a ideia do objeto A como existente e a ideia pura e simples do objeto A? Portanto, pelo simples fato de dizer "O objeto A", atribuo-lhe uma espécie de existência, mesmo que esta seja a de um simples possível, isto é, de uma pura ideia. E, consequentemente, no juízo "O objeto A não existe" há antes de mais nada uma afirmação do tipo de "O objeto A existiu", ou de "O objeto A existirá", ou, com mais generalidade, "O objeto A existe pelo menos como simples possível". Então, quando acrescento as duas palavras "não existe", que posso eu querer significar a não ser que, se se for mais longe, se se conferir ao objeto possível a categoria de objeto real, se erra, e que o possível a que me refiro está excluído da realidade atual, por ser incompatível com ela? Portanto, os juízos que afirmam a não existência de uma coisa são juízos que formulam um contraste entre o possível e o atual (isto é, entre duas espécies de *existência*, uma delas pensada e a outra constatada) em casos em que uma pessoa, real ou imaginária, acreditava erroneamente que um certo possível estava realizado. No lugar desse possível há uma realidade diferente dele e que o repele: o juízo negativo exprime esse contraste, mas exprime-o sob uma forma propositadamente incompleta, pois dirige-se a uma pessoa que, por hipótese, se interessa exclusivamente pelo possível indicado, e à qual nada importará saber por qual gênero de realidade o possível é substituído. A expressão da substituição é, pois, obrigada a limitar-se. Em vez de afirmar que um segundo termo veio substituir o primeiro, conservar-se-á sobre o primeiro, e só sobre o primeiro, a atenção que antes lhe era dirigida. E, sem sair do primeiro, afirmar-se-á implicitamente que ele é substituído por um segundo termo ao dizer que o primeiro "não existe". Assim, julgar-se-á um juízo em vez de se julgar uma coisa. Prevenir-se-ão os outros ou a nós mesmos de um erro possível, em vez de se dar uma informação positiva. Suprima-se toda e qualquer intenção desse gênero, restitua-se ao conhecimento o seu caráter exclusivamente científico ou filosófico, ou, por outras palavras, suponha-se que a realidade venha de moto próprio inscrever-se em um espírito que só se importa com as coisas e não se interessa pelas pessoas: afirmar-se-á que esta ou aquela coisa existe, nunca se afirmará que uma coisa não existe.

Então qual a razão dessa insistência em pôr a afirmação e a negação no mesmo plano e em lhes conferir uma objetividade idêntica? Qual a razão dessa relutância em reconhecer aquilo que há na negação de subjetivo, de artificialmente limitado, de relativo ao espírito humano e sobretudo à vida social? É com certeza o fato de negação e afirmação se exprimirem ambas por meio de proposições, e de toda e qualquer proposição, sendo formada de *palavras* que simbolizam *conceitos*, ser uma coisa relativa à vida social e à inteligência humana. Quer eu diga "O chão está úmido" ou "O chão não está úmido", em ambos os casos os termos "chão" e "úmido" são conceitos mais ou menos artificialmente criados pelo espírito do homem, isto é, extraídos pela sua livre iniciativa da continuidade da experiência. Em ambos os casos, esses conceitos são representados pelas mesmas palavras convencionais. Em ambos os casos, pode-se até dizer que a proposição tem uma finalidade social e pedagógica, visto que a primeira propaga uma verdade, e a segunda adverte de um erro. Adotando esse ponto de vista, que é o da lógica formal, não há dúvida de que afirmar e negar são dois atos simétricos um do outro, estabelecendo o primeiro uma relação de conveniência e o segundo uma relação de inconveniência entre um sujeito e um atributo. Mas não é possível deixar de notar que a simetria é apenas exterior e que a semelhança é apenas superficial. Suponhamos abolida a linguagem, dissolvida a sociedade, atrofiada no homem toda e qualquer iniciativa intelectual, toda e qualquer possibilidade de se desdobrar e de julgar a si próprio: nem por isso deixa de haver umidade no chão, capaz de se inscrever automaticamente na sensação e de enviar uma vaga representação à perplexa inteligência. Portanto, a inteligência continuará a afirmar em termos implícitos. Consequentemente, nem os conceitos distintos, nem as palavras, nem o desejo de espalhar a verdade ao redor de si, nem o de se aperfeiçoar faziam parte da verdadeira essência da afirmação. Mas essa inteligência passiva, que atrapalha maquinalmente a marcha da experiência, que não adianta nem atrasa o curso do real, não teria qualquer veleidade de negar. Seria incapaz de receber uma impressão de negação, porque, mais uma vez, aquilo que existe pode vir registrar-se, mas a inexistência do inexistente não é coisa que se registre. Para que uma tal inteligência consiga negar, é preciso que ela desperte do seu torpor, que formule a decepção de uma expectativa real ou possível, que corrija um erro atual ou eventual e que se disponha, enfim, a dar lições aos outros e a si mesma.

Será mais trabalhoso compreender isso com o exemplo que escolhemos, mas assim o exemplo será ainda mais instrutivo e os argumentos serão mais fortes. Se a umidade é capaz de vir registrar-se automaticamente, dir-se-á o mesmo da não umidade, pois o seco pode, tanto como o úmido, fornecer impressões à sensibilidade, a qual as transmitirá à inteligência sob a forma de representações mais ou menos distintas. Nesse sentido, a negação da umidade seria uma coisa tão objetiva, tão puramente intelectual, tão desligada de toda e qualquer intenção pedagógica como a afirmação. Mas repare-se mais atentamente: ver-se-á que a proposição negativa "O chão não está úmido" e a proposição afirmativa "O chão está seco" têm conteúdos totalmente diferentes. A segunda implica que se conhece o seco, que já se experimentaram as sensações específicas, tácteis ou visuais, por exemplo, que estão na base dessa representação. A primeira já não tem essas exigências: poderia igualmente ter sido formulada por um peixe inteligente, que nunca tivesse percebido nada a não ser o úmido. É certo que seria preciso esse peixe ter-se elevado até à distinção entre o real e o possível, e ter a preocupação de desfazer o erro dos seus congêneres, os quais com certeza consideram as condições de umidade em que vivem como as únicas possíveis. Limitemo-nos rigorosamente aos termos da proposição "o chão não está úmido" e verificaremos que ela significa duas coisas: 1º que seria possível acreditar que o chão está úmido; 2º que a umidade é de fato substituída por uma certa qualidade x. Deixamos indeterminada essa qualidade, ou por não termos dela um conhecimento positivo, ou por ela não oferecer nenhum interesse atual para a pessoa a que é dirigida a negação. Portanto, negar continua, na realidade, consistindo em apresentar de forma limitada um sistema de duas afirmações, sendo uma delas bem determinada e referente a um certo possível, e a outra indeterminada, referente à realidade desconhecida ou indiferente que suplanta essa possibilidade: a segunda afirmação está virtualmente contida no juízo que formulamos sobre a primeira, juízo este que é a própria negação. E o que dá à negação o seu caráter subjetivo é precisamente o fato de, na constatação de uma substituição, ela só levar em conta o substituído e não se importar com o substituinte. O substituído só existe como concepção do espírito. Para continuar a vê-lo e, portanto, para poder falar dele, torna-se necessário virar as costas à realidade, que corre do passado para o presente, de trás para a frente. É o mesmo que se faz quando se nega. Constata-se a modificação, ou com mais generalidade a substituição, tal como o trajeto de um carro seria visto por um viajante que olhasse para trás e que em cada momento só quisesse conhecer o ponto onde deixou de estar; ele só será capaz de determinar a sua posição atual em relação àquela que acaba de deixar, em vez de a exprimir em virtude dela mesma.

Em resumo, para um espírito que seguisse pura e simplesmente o fio da experiência, não haveria o vazio, não haveria o nada, mesmo relativo ou parcial, não haveria negação possível. Um tal espírito veria os fatos sucederem-se aos fatos, os estados aos estados, as coisas às coisas. Só o que ele conheceria a cada instante seriam as coisas que existem, os estados que se manifestam, os fatos que se produzem. Viveria dentro do atual e, se fosse capaz de julgar, só seria capaz de afirmar a existência do presente.

Concedamos a esse espírito a memória e sobretudo o desejo de se apoiar no passado. Confiramos-lhe a faculdade de dissociar e de distinguir. Deixará de verificar apenas o estado atual da realidade que passa. Representar-se-á a passagem como uma mudança e, portanto, como um contraste entre aquilo que existiu e aquilo que existe. E como não há diferença essencial entre um passado que se recorda e um passado que se imagina, depressa esse espírito chegaria à representação do possível em geral.

Assim ele entrará no caminho da negação. E, sobretudo, estará prestes a representar-se uma desaparição. Contudo, ainda não chegará a ela. Para se ter a representação de que uma coisa desapareceu não basta dar-se conta de um contraste entre o passado e o presente; é, além disso, necessário virar as costas para o presente, apoiar-se no passado, e pensar o contraste do passado com o presente apenas em termos de passado, sem levar em conta o presente.

Portanto, a ideia de abolição não passa de uma pura ideia; implica que se tem saudade do passado e que se o concebe como saudoso, que se tem alguma razão para demorar nele. Nasce quando o fenômeno da substituição é cortado ao meio por um espírito que só leva em conta a primeira metade, pois só por ela se interessa. Suprimamos tudo o que seja interesse ou afeição: nada mais resta senão a realidade que flui, e o conhecimento indefinidamente renovado do seu estado presente que ela imprime em nós.

Agora resta apenas dar um passo para se passar da abolição à negação, que é uma operação mais geral. Basta que nos representemos o contraste daquilo que existe, não apenas com aquilo que existiu, mas também com tudo aquilo que poderia ter existido. E deve-se exprimir esse contraste em função do que poderia ter existido e não do que existe, deve-se afirmar a existência do atual encarando apenas o possível. A fórmula assim obtida já não exprime simplesmente uma decepção do indivíduo: ela serve para corrigir ou para evitar um erro, que se supõe ser um erro praticado por outrem. Nesse sentido, a negação tem um caráter pedagógico e social.

Uma vez formulada a negação, esta apresenta um aspecto simétrico da afirmação. Parece-nos então que, se esta afirmava uma realidade objetiva, aquela deve afirmar uma não realidade igualmente objetiva e, por assim dizer, igualmente real. No que ao mesmo tempo erramos e acertamos: erramos, porque a negação não poderia objetivar-se naquilo que ela tem de negativo; mas acertamos porque a negação de uma coisa implica a afirmação latente da sua substituição por outra coisa, que sistematicamente se deixa de lado. Mas a forma negativa da negação beneficia-se da afirmação que está no fundo dela: apoiando-se no corpo da realidade positiva a que está ligado, esse fantasma objetiva-se. Assim se forma a ideia do vazio ou do nada parcial, não sendo já uma coisa substituída por outra coisa, mas antes por um vazio por ela deixado, isto é, pela negação de si mesma. E como essa operação pode ser fabricada seja sobre o que for, supomos que ela se efetua sobre uma coisa de cada vez e acabamos por considerá-la efetuada sobre todas as coisas em bloco. Chegamos assim à ideia do "nada absoluto". Pois se fizemos agora uma análise dessa ideia do Nada, verificamos que no fundo ela é a ideia de Tudo, havendo além disso um movimento do espírito saltando indefinidamente de uma coisa para outra, recusando-se a ficar quieto, e concentrando toda a sua atenção sobre essa recusa, só determinando a sua posição atual em relação àquela que acaba de deixar. Portanto, é uma representação eminentemente compreensiva e plena, tão plena e compreensiva quanto a ideia de Tudo, com a qual se encontra estreitamente aparentada.

Então, como é possível opor a ideia de Nada à ideia de Tudo? Pois não se vê que isso é opor o pleno ao pleno e que, consequentemente, o problema de saber "por que alguma coisa existe" é um problema destituído de sentido, um pseudoproblema, levantado a propósito de uma pseudoideia? Contudo, é necessário dizermos mais uma vez por que esse fantasma de problema persegue o espírito com tal obstinação. Em vão mostramos que, na representação de uma "abolição do real", há apenas a imagem de todas as realidades caçando umas às outras, indefinidamente, em círculo. Em vão acrescentamos que a ideia de inexistência é apenas a ideia da expulsão de uma existência imponderável, ou existência "simplesmente possível", por uma existência mais substancial, que seria a verdadeira realidade. Em vão encontramos na forma *sui generis* da negação alguma coisa de extraintelectual, pois a negação é o juízo de um juízo, uma advertência feita a outrem ou a si próprio, de modo que seria absurdo atribuir-lhe a capacidade de criar representações de um novo tipo, ideias sem conteúdo. Continua a persistir a convicção de que antes das coisas, ou pelo menos sob as coisas, existe o nada. Procurando a razão desse fato, encontramo-la precisamente no elemento afetivo, social e, em resumo, prático, que dá à negação a sua forma específica. As maiores dificuldades filosóficas provêm, dizíamos nós, do fato de as formas da ação humana se aventurarem fora do seu próprio domínio. Somos feitos tanto para agir, ou mais, que para pensar; ou, antes, quando seguimos o movimento da nossa natureza, é para agir que nós pensamos. Portanto, não nos devemos admirar que os hábitos da ação influam sobre os da representação e que nosso espírito perceba sempre as coisas segundo a mesma ordem em que temos o hábito de as representar quando nos propomos a agir sobre elas. Ora, é incontestável, conforme acentuamos anteriormente, que toda ação humana tem o seu ponto de partida em uma insatisfação e, portanto, em um sentimento de ausência. Não se agiria se não houvesse um fim em vista, e é por sentir a privação de uma coisa que a procuramos. Assim, a nossa ação procede de "nada" para "alguma coisa", e a sua própria essência é bordar "alguma coisa" na tela do "nada". Para falar a verdade, o nada de que aqui se trata é mais a ausência de uma utilidade que a ausência de uma coisa. Quando levo um visitante a um quarto que ainda não mobiliei, previno-o "de que não há nada". Todavia, sei muito bem que o quarto está cheio de ar; mas como uma pessoa não pode sentar-se no ar, o quarto realmente não contém nada daquilo que, nesse momento, para o visitante e para mim mesmo, tem alguma espécie de interesse. De maneira geral, o trabalho humano consiste em criar utilidade; e, enquanto o trabalho não está feito, não há "nada" — nada daquilo que se queria obter. Assim, passamos a nossa vida a preencher vazios, que a nossa inteligência concebe sob a influência extraintelectual do desejo e da saudade, sob a pressão das necessidades vitais: e, se se entende por vazio uma ausência de utilidade e não de coisas, é lícito dizer-se, nesse sentido muito relativo, que passamos constantemente do vazio para o pleno. É essa a direção em que caminha a nossa ação. A nossa especulação não pode evitar de fazer o mesmo e, naturalmente, ela passa do sentido relativo para o sentido absoluto, pois se exerce sobre as próprias coisas e não sobre a utilidade que elas têm para nós. Assim se implanta em nós a ideia de que a realidade preenche um vazio e de que o nada, concebido como uma ausência de tudo, preexiste a todas as coisas de direito, se não de fato. Foi essa ilusão que procuramos desfazer, mostrando que a ideia de Nada, se nela se pretende ver a ideia de uma abolição de todas as coisas, é uma ideia destrutiva de si própria e reduz-se a uma simples palavra – que, se pelo contrário, se trata realmente de uma ideia, nela se encontra tanta matéria como na ideia de Tudo.

Essa extensa análise era necessária para mostrar que *uma realidade que se basta a si mesma não é necessariamente uma realidade estranha à duração*. Se se passa (consciente ou inconscientemente) pela ideia do nada antes de se chegar à do Ser, o Ser a que se chega é uma essência lógica ou matemática, intemporal portanto. A partir daí impõe-se uma concepção estática do real: tudo parece ser dado de uma só vez, na eternidade. Mas é preciso criar o hábito de pensar o Ser diretamente, sem fazer desvios, sem se dirigir primeiro ao fantasma do nada que se interpõe entre ele e nós. Aqui é preciso procurar ver para ver, e não mais ver para agir. Então o Absoluto revela-se muito perto de nós e, em certa medida, dentro de nós. É de essência psicológica, e não matemática ou lógica. Vive conosco. Tal como nós, mas em alguns aspectos infinitamente mais concentrado e recolhido sobre si mesmo, ele dura.

Mas chegamos nós alguma vez a pensar a verdadeira duração? Mais uma vez se impõe aqui ir ao âmago da questão. Não se pode atingir a duração por um desvio: é preciso instalar-se nela de uma só vez. É isso o que o mais das vezes a inteligência se recusa a fazer, estando habituada a pensar o movente por intermédio do imóvel.

Com efeito, o papel da inteligência consiste em presidir às nossas ações. Ora, na ação, o que nos interessa é o resultado; pouco importam os meios, desde que o fim seja atingido. Essa é a razão de nos concentrarmos inteiramente sobre o fim a atingir, na maior parte dos casos confiando que ele passe de ideia a ato. E daí resulta também que o termo em que a nossa atividade repousar será o único explicitamente representado no nosso espírito: os movimentos constitutivos da própria ação ou escapam à nossa consciência ou só a alcançam de maneira confusa. Tomemos, por exemplo, um ato muito simples, como o de levantar o braço. Que nos aconteceria se tivéssemos de imaginar previamente todas as contrações e tensões elementares que ele implica, ou sequer de as perceber, uma por uma, enquanto se realizam? O espírito vai imediatamente até o fim, ou seja, até a visão esquemática e simplificada do ato que supõe realizado. Então, se nenhuma representação antagônica vem neutralizar o efeito da primeira, os movimentos apropriados vêm por si sós preencher o esquema de algum modo aspirados pelo vazio dos seus interstícios. Assim, a inteligência só representa à atividade os fins a atingir, isto é, os pontos de repouso. E, de um fim atingido a outro fim atingido, de um repouso a outro repouso, a nossa atividade vai avançando mediante uma série de saltos, durante os quais a nossa inteligência se afasta o mais possível do movimento que se está realizando, para olhar apenas a imagem antecipada do movimento realizado.

Ora, para ela se representar, imóvel, o resultado do ato que se está realizando, é preciso que a inteligência perceba, também imóvel, o meio em que se enquadra esse resultado. A nossa atividade está inserida no mundo material. Se a matéria nos aparecesse como um perpétuo escoamento, não fixaríamos um termo para nenhuma das nossas ações. Sentiríamos cada uma delas dissolver-se à medida que se vai realizando, e não poderíamos antecipar um futuro sempre distante. Para que a nossa atividade salte de um *ato* para outro *ato*, é preciso que a matéria passe de um *estado* para outro *estado*, pois é apenas em um estado do mundo material que a ação pode inserir um resultado e, por conseguinte, realizá-lo. Mas será realmente assim que a matéria se apresenta?

A priori, pode-se partir do princípio de que a nossa percepção arranja maneira de abordar a matéria por esse lado. Com efeito, os órgãos sensoriais e os órgãos motores estão coordenados uns com os outros. Ora, os primeiros simbolizam a nossa faculdade de perceber e os segundos, a nossa faculdade de agir. O organismo revela-nos assim, de forma visível e tangível, o acordo perfeito que existe entre a percepção e a ação. Portanto, se a nossa atividade visa sempre a um *resultado* em que momentaneamente se insere, a nossa percepção só deve reter do mundo material, a todo instante, um *estado* em que ela provisoriamente assenta. É essa a hipótese que se apresenta ao espírito. É fácil ver que a experiência a confirma.

Desde o primeiro olhar deitado ao mundo, mesmo antes de nele delimitarmos *corpos*, distinguimos nele *qualidades*. Uma cor segue-se a uma cor, um som a um som, uma resistência a uma resistência etc. Cada uma dessas qualidades, considerada isoladamente, é um estado que parece persistir tal qual, imóvel, esperando que outro o vá substituir. Contudo, cada uma dessas qualidades se resolve, à análise, em um número enorme de movimentos elementares. Quer vendo nela vibrações, quer representando-a de qualquer outra maneira, o certo é que toda qualidade é mudança. Aliás, em vão se procurará, sob a mudança, a coisa que muda; é sempre provisoriamente, e para satisfazer a nossa imaginação, que ligamos esse movimento a um móvel. O móvel foge incessantemente perante o olhar da ciência; esta trata sempre, apenas, da mobilidade. Na menor fração perceptível do segundo, na percepção quase instantânea de uma qualidade sensível, podem dar-se trilhões de oscilações que se repetem: a permanência de uma qualidade sensível consiste nessa repetição de movimentos, tal como a persistência da vida é feita de palpitações sucessivas. A primeira função da percepção é precisamente captar uma série de mudanças elementares sob a forma de qualidades ou de estados simples, mediante um trabalho de condensação. Quanto maior é a força de agir pertencente a uma espécie animal, mais numerosas são com certeza as mudanças elementares que a sua faculdade de perceber concentra em um dos seus instantes. E o progresso deve ser contínuo, na natureza, desde os seres que vibram quase em uníssono com as oscilações etéreas até àqueles que imobilizam trilhões dessas oscilações na mais curta das suas percepções simples. Os primeiros só sentem movimentos, e os últimos percebem qualidades. Os primeiros estão muito perto de se deixar apanhar pela engrenagem das coisas; os outros reagem, e a tensão da sua faculdade de agir é com certeza proporcional à concentração da sua faculdade de perceber. O progresso continua até na própria humanidade. É-se tanto mais "homem de ação" quando melhor se consegue abranger, em um relance de olhos, um grande número de acontecimentos: a mesma razão nos faz perceber acontecimentos sucessivos um por um e nos deixar conduzir por eles, ou os captar em bloco e os dominar. Em resumo, as qualidades da matéria são outros tantos pontos de vista estáveis sobre a sua instabilidade.

Depois, na continuidade das qualidades sensíveis, delimitamos os corpos. Cada um desses corpos, na realidade, muda a todo o instante. Primeiro ele resolve-se em um grupo de qualidades, e toda qualidade, dizíamos nós, consiste em uma sucessão de movimentos elementares. Mas, mesmo no caso de se encarar a qualidade como um estado estável, o corpo permanece ainda instável na medida em que está constantemente mudando de qualidades. O corpo por excelência, aquele que temos melhores razões para isolar dentro da continuidade da matéria, por constituir um sistema relativamente fechado, é o corpo vivo; aliás, é para ele que separamos os outros do todo. Ora, a vida é uma evolução. Concentramos um período dessa evolução em uma visão estável a que damos o nome de forma e, quando a mudança é já suficientemente considerável para vencer a feliz inércia da nossa percepção, dizemos que o corpo mudou de forma. Mas a verdade é que o corpo muda de forma constantemente. Ou melhor, a forma é coisa que não existe, pois pertence ao domínio do imóvel, ao passo que a realidade é movimento. Real é a mudança contínua de forma: *a forma é apenas uma fotografia tirada durante uma transição*. Mais uma vez, portanto, a nossa percepção arranja maneira de solidificar em imagens descontínuas a continuidade fluida do real. Quando as imagens sucessivas não diferem muito umas das outras, consideramos todas elas como o aumento e a diminuição de uma única imagem *média*, ou a deformação dessa imagem em sentidos diferentes. E é nessa média que pensamos ao falar da *essência* de uma coisa, ou da própria coisa.

Finalmente, as coisas, depois de constituídas, manifestam à superfície, pelas suas mudanças de situação, as modificações profundas operadas no seio do Todo. Dizemos então que elas *agem* umas sobre as outras. Essa ação aparece-nos sem dúvida sob a forma de movimento. Mas desviamos o olhar o mais depressa possível da mobilidade do movimento: interessa-nos mais, como dissemos anteriormente, o desenho imóvel do movimento do que o próprio movimento. Se se trata de um movimento simples, perguntamo-nos: *para onde* ele vai? É em função da sua direção, quer dizer, pela posição da sua finalidade provisória, que no-lo representamos a cada instante. Se se trata de um movimento complexo, interessa-nos antes de mais nada saber o *que* se passa, o *que* o movimento faz, isto é, o resultado obtido ou a intenção que preside. Examine-se atentamente o que se tem em mente quando se fala de uma ação em vias de realização. Continua a estar presente a ideia de mudança, é certo, mas está oculta na penumbra. À luz do dia há o desenho imóvel do ato que se supõe realizado. É nisso, e apenas nisso, que o ato complexo se distingue e se define. Teríamos grande dificuldade em imaginar os movimentos inerentes às ações de comer, de beber, de lutar etc. Basta-nos saber, de maneira geral e indeterminada, que todos esses atos são movimentos. Desde que por esse lado temos tudo em regra, procuramos simplesmente representar-nos o *plano de conjunto* de cada um desses movimentos complexos, isto é, o *desenho imóvel* que os sustenta. Ainda aqui, o conhecimento se exerce mais sobre um estado do que sobre uma mudança. Portanto, com este terceiro caso acontece o mesmo que com os outros dois. Quer se trate do movimento qualificativo, quer do movimento evolutivo, quer do movimento extensivo, o espírito arranja maneira de ter uma visão estável da instabilidade. E chega assim, como acabamos de mostrar, a três espécies de representações: 1º as qualidades; 2º as formas ou essências; 3º os atos.

A essas três maneiras de ver correspondem três categorias de palavras: os *adjetivos*, os *substantivos* e os *verbos*, que são os elementos primordiais da linguagem. Os adjetivos e os substantivos simbolizam, portanto, *estados*. Mas mesmo o verbo, se consideramos apenas a parte iluminada da representação que evoca, exprime precisamente a mesma coisa.

Se procurássemos agora caracterizar com mais precisão a nossa atitude natural em relação ao devir, encontraríamos o que se segue. O devir é infinitamente variado. Aquele que vai do amarelo para o verde é diferente daquele que vai do verde para o azul: são movimentos qualitativos diferentes. Aquele que vai da flor para o fruto é diferente daquele que vai da larva para a ninfa e da ninfa para o inseto perfeito: são movimentos evolutivos diferentes. A ação de comer ou de beber é diferente da ação de lutar: são movimentos extensivos diferentes. E os três gêneros de movimentos, qualitativo, evolutivo e extensivo, diferem profundamente. O artifício da nossa percepção, tal como o da nossa inteligência, tal como o da nossa linguagem, consiste em extrair dessas três formas de devir muito diversas a representação única do devir em geral, do devir indeterminado, simples abstração que por si só nada diz e na qual é até raro pensarmos. A essa ideia sempre a mesma, e aliás obscura e inconsciente, acrescentamos então, em cada caso particular, uma ou mais imagens claras que representam *estados* e que servem para distinguir umas das outras todas as formas de devir. É por essa composição de um estado específico e determinado com a mudança geral e indeterminada que substituímos a especificidade da mudança. Perante os nossos olhos passa uma multiplicidade indefinida de formas de devir diversamente coloridas, por assim dizer: arranjamos maneira de não ver senão simples diferenças de cor, isto é, de estado, sob as quais correria, na obscuridade, um devir sempre e em toda a parte o mesmo, invariavelmente incolor.

Suponhamos que se pretende reproduzir em uma tela uma cena animada, por exemplo o desfile de um regimento. Haveria uma primeira maneira de proceder. Seria recortar figuras articuladas representando os soldados, imprimir a cada uma delas o movimento da marcha, movimento este que, embora comum à espécie humana, é variável de indivíduo para indivíduo, e projetar o conjunto na tela. Nessa brincadeira seria preciso gastar uma enorme soma de trabalho e, aliás, o resultado obtido seria bastante medíocre: como reproduzir a flexibilidade e a variedade da vida? Mas há uma segunda maneira de proceder, ao mesmo tempo muito mais fácil e mais eficaz. É tirar do regimento que passa uma série de fotografias, e projetar essas fotografias na tela, de maneira a substituírem-se muito rapidamente umas às outras. É isso que o cinematógrafo faz. Com fotografias, cada uma das quais representando o regimento em uma atitude imóvel, reconstitui a mobilidade do regimento que passa. É certo que, se acaso dispuséssemos apenas das fotografias, por mais que olhássemos para elas, nunca as veríamos animar-se: com a imobilidade, mesmo que fosse indefinidamente justaposta a si própria, nunca conseguiríamos fazer o movimento. Para que as imagens se animem é preciso que algures haja movimento. E, com efeito, o movimento aqui está, no aparelho. É porque a película cinematográfica se desenrola, levando sucessivamente as diversas fotografias da cena a seguirem-se umas às outras, que cada ator da cena recupera a sua mobilidade: integra todas as suas atitudes sucessivas no invisível movimento da película cinematográfica. Portanto, e em resumo, o processo consistiu em extrair de todos os movimentos próprios a todas as figuras um movimento impessoal, abstrato e simples, por assim dizer *o movimento em geral*, em metê-lo no aparelho e em reconstituir a individualidade de cada movimento particular pela composição desse movimento anônimo com as atitudes pessoais. É esse o artifício do cinematógrafo. E é esse também o do nosso conhecimento. Em vez de nos prender ao devir interior das coisas, colocamo-nos fora delas para recompor o seu devir artificialmente. Temos visões quase instantâneas da realidade que passa e, como elas são características dessa realidade, basta-nos alinhá-las ao longo de um devir abstrato, uniforme, invisível, situado no fundo do aparelho do conhecimento, para imitar o que há de característico nesse mesmo devir. Percepção, intelecção, linguagem em geral procedem assim. Quer se trate de pensar o devir ou de exprimi-lo, ou até de o perceber, o que fazemos é apenas acionar uma espécie de cinematógrafo interior. Resumiríamos, portanto, assim tudo o que atrás ficou dito: o *mecanismo do nosso conhecimento vulgar é de natureza cinematográfica*.

Não é possível haver dúvidas quanto ao caráter eminentemente prático dessa operação. Cada um dos nossos atos visa a uma certa inserção da nossa vontade na realidade. É, entre os nossos corpos e os outros corpos, um arranjo comparável àquele que compõem os pedacinhos de vidro de um caleidoscópio. A nossa atividade vai de um arranjo para um rearranjo, é certo que abanando o caleidoscópio em todas as vezes, mas não se interessando pelo abanão e vendo apenas a nova figura. O conhecimento que ela tem da operação da natureza deve, portanto, ser rigorosamente simétrico do interesse que ela tem pela sua própria operação. Nesse sentido, poderia dizer-se, se isso não fosse abusar de certo tipo de comparações, que o *carácter cinematográfico do nosso conhecimento das coisas deriva do carácter caleidoscópico da nossa adaptação a elas.*

O método cinematográfico é, portanto, o único prático, pois consiste em regular o ritmo geral do conhecimento em função do da ação, enquanto os pormenores de cada ato se regulam por sua vez em função do ritmo do conhecimento. Para que a ação seja sempre iluminada, é preciso que a inteligência esteja sempre presente; mas a inteligência, para assim acompanhar a marcha da atividade e tomar a sua direção, deve começar por adotar o seu ritmo. A ação é descontínua, tal como toda pulsação de vida; portanto, o conhecimento será também descontínuo. O mecanismo da faculdade de conhecer foi construído nesse plano. Sendo essencialmente prático, poderá ele servir, sem ser modificado, para a especulação? Tentemos seguir com ele a realidade nesses desvios, e vejamos o que vai acontecer.

Da continuidade de um certo devir tive uma série de visões que liguei entre si com "o devir" em geral. Mas é evidente que não posso ficar por aí. O que não é determinável não é representável: do "devir em geral" só tenho um conhecimento verbal. Tal como a letra x designa determinada incógnita, seja ela qual for, do mesmo modo o meu "devir em geral" simboliza aqui uma certa transição da qual tirei fotografias: mas sobre essa mesma transição nada de novo me ensina. Portanto, vou-me concentrar inteiramente na transição e, entre duas fotografias, procurar saber o que ocorre. Mas, aplicando o mesmo método, chego ao mesmo resultado; acontece simplesmente que uma terceira visão se vai intercalar entre as outras duas. Recomeçarei indefinidamente, e indefinidamente justaporei visões a outras visões, sem conseguir mais nada. A aplicação do método cinematográfico resultará aqui em um perpétuo recomeço, em que o espírito nunca fica satisfeito nem encontra onde se afirmar, e assim com certeza convence a si mesmo de que a sua própria instabilidade é uma imitação do movimento do real. Mas se, deixando-se arrastar pela vertigem, acabar por ter a ilusão da mobilidade, por outro lado essa operação não lhe permitirá dar um único passo em frente, pois o deixa sempre igualmente longe do fim. Para avançar com a realidade movente, é nela mesma que se devia ir colocar. Se nos instalarmos na mudança, captaremos ao mesmo tempo a mudança propriamente dita e os estados sucessivos nos quais *ela poderia* a cada instante se imobilizar. Mas com esses estados sucessivos, percebidos do exterior como imobilidades reais e já não virtuais, nunca conseguiremos reconstituir o movimento. Chamemos-lhes, conforme os casos, *qualidades, formas, posições* ou *intenções*; podemos multiplicar o seu número tantas vezes quantas queiramos e assim indefinidamente aproximar um do outro dois estados consecutivos: sentiremos sempre perante o movimento intermediário a desilusão de uma criança que tentasse, juntando as palmas das mãos, esmagar a fumaça. O movimento escorregará pelo intervalo, pois qualquer tentativa de reconstituir a mudança com estados implica partir do princípio absurdo de que o movimento é feito de imobilidades.

A filosofia deu-se conta disso logo que abriu os olhos. Os argumentos de Zenão de Eleia, embora tenham sido formulados com intenções totalmente diferentes, dizem precisamente isso.

Vejamos o caso da flecha durante o voo. Diz Zenão que a cada instante ela está imóvel, pois só teria tempo bastante para se mover, isto é, para ocupar pelo menos duas posições sucessivas, se lhe fossem concedidos pelo menos dois instantes. Assim, em um dado momento, encontra-se em repouso em um ponto dado. Estando imóvel em cada ponto do trajeto, está igualmente imóvel em todo o tempo durante o qual se move.

Sim, se admitirmos que é possível a flecha *estar* jamais em um ponto do trajeto. Sim, se a flecha, que é do domínio do movente, chegasse alguma vez a coincidir com uma posição, que pertence ao domínio da imobilidade. Mas a flecha nunca *está* em nenhum ponto do trajeto. O mais que seria lícito afirmar seria que ela poderia lá estar uma vez que por lá passa, e que lhe seria possível lá se deter. É certo que, se lá se detivesse, lá ficaria, e nesse ponto já se não trataria de movimento. A verdade é que, se a flecha parte do ponto A para ir cair no ponto B, o seu movimento AB é tão simples, tão indecomponível, enquanto movimento, como a tensão do arco que a lança. Tal como a granada, explodindo antes de tocar no chão, cobre a zona de explosão com um perigo indivisível, do mesmo modo a flecha que vai de A a B esgota de uma só vez, embora em um determinado período de duração, a sua indivisível mobilidade. Suponhamos um elástico que puxaríamos de A para B; seria possível dividir-se sua extensão? Essa extensão é idêntica à do percurso da flecha, tão simples e tão indivisa como ela. É um único salto. Pode marcar-se um ponto C no meio do intervalo percorrido, e dizer-se que em um dado momento a flecha estava em C. Mas se ela lá tivesse estado era porque lá teria parado, e deixaria de se ter um percurso entre A e B, para se passar a ter dois percursos, um entre A e C e outro entre C e B, com um intervalo de descanso. Um movimento único é sempre, por hipótese, um movimento entre duas paragens: se houver paragens intermediárias deixará de ser um movimento único.

No fundo, a ilusão provém do fato de o movimento, *uma vez efetuado*, ter deixado ao longo do seu trajeto uma trajetória imóvel, sobre a qual se podem contar quantas imobilidades se quiserem. Concluiu-se daí que o movimento, ao *efetuar-se*, deixa a todo momento debaixo dele uma posição com a qual coincida. Esquece-se de que a trajetória se cria de uma só vez, mesmo que para isso precise de um certo tempo, e que, se é certo poder dividir-se à vontade a trajetória depois de criada, não seria possível dividir a sua criação, que é um ato em progresso e não uma coisa. Supor que o móvel *está* em um ponto do trajeto equivale a cortar, com um golpe de tesoura dado nesse ponto, o trajeto em dois e a substituir por duas trajetórias a trajetória única que no princípio se considerava. É distinguir dois atos sucessivos quando, por hipótese, só há um. Enfim, é transferir para o próprio percurso da flecha tudo o que é lícito dizer-se do intervalo que ela percorreu, isto é, admitir *a priori* o absurdo que seria o movimento coincidir com o imóvel.

Não vamos aqui insistir nos outros três argumentos de Zenão. Já os examinamos em outro local.[1] Limitemo-nos a recordar que eles consistem igualmente em aplicar o movimento ao longo da linha percorrida e em supor que o que é verdadeiro para a linha também o é para o movimento. Por exemplo, a linha pode ser dividida em tantas partes quantas se quiser, do tamanho que se quiser, continuando a ser a mesma linha. Daí se concluirá que se tem o direito de supor o movimento articulado da maneira que se quiser, e que se trata sempre do mesmo movimento. Chegar-se-á assim a uma série de absurdos, todos

---

1 BERGSON, H. *Matéria e memória*: ensaio sobre a relação do corpo com o espírito. São Paulo: WMF Martins Fontes, 2010. [N. E.]

eles exprimindo o mesmo absurdo fundamental. Mas a possibilidade de aplicar o movimento *sobre* a linha percorrida só existe para um observador que, mantendo-se fora do movimento e admitindo a todo o momento a possibilidade de uma parada, pretenda recompor o movimento real com essas imobilidades possíveis. Desvanece-se logo que se adota pelo pensamento a continuidade do movimento real, da qual todos nós tomamos consciência quando levantamos um braço ou damos um passo. Nessa altura vemos claramente que a linha percorrida entre duas paragens é descrita de um só golpe indivisível, e em vão se tentaria marcar, no movimento que a traça, divisões correspondendo, uma por uma, às divisões arbitrariamente escolhidas da linha depois de traçada. A linha percorrida pelo móvel presta-se a qualquer modo de decomposição, porque ela não tem organização interna. Mas todo e qualquer movimento é articulado interiormente. Ou é um salto indivisível (que, aliás, pode abranger uma duração muito longa) ou é uma série de saltos indivisíveis. Devemos relevar as articulações desse movimento, ou então abster-nos de especular sobre a sua natureza.

Quando Aquiles persegue a tartaruga, cada um dos seus passos deve ser considerado um indivisível, assim como cada um dos passos da tartaruga. Após dado número de passos, Aquiles terá já ultrapassado a tartaruga. Nada mais simples. Se se quiser dividir mais os dois movimentos, deve-se distinguir, de um lado e de outro, no trajeto de Aquiles e no da tartaruga, *submúltiplos* do passo de cada um deles; mas é preciso respeitar as articulações naturais dos dois trajetos. Enquanto elas forem respeitadas não surgirá dificuldade alguma, pois se estarão seguindo as indicações da experiência. Mas o artifício de Zenão consiste em recompor o movimento de Aquiles em razão de uma lei arbitrariamente escolhida. Aquiles chegaria com um primeiro salto ao ponto onde estava a tartaruga, com um segundo salto ao ponto aonde ela teria chegado enquanto ele dava o primeiro, e assim por diante. Nesse caso, Aquiles teria de fato de dar sempre um novo salto. Mas é evidente que Aquiles, para apanhar a tartaruga, procede de maneira muito diferente. O movimento considerado por Zenão só seria equivalente ao movimento de Aquiles se se pudesse tratar o movimento do mesmo modo que se trata o intervalo percorrido, o qual se pode decompor e recompor à vontade. Depois de se aceitar esse primeiro absurdo, todos os outros vêm a seguir.[2]

Aliás, nada seria mais fácil do que aplicar a argumentação de Zenão ao devir qualitativo e ao devir evolutivo. Voltariam a surgir as mesmas contradições. Que a criança se faça adoles-

---

[2] O que significa que não consideramos refutado o argumento de Zenão, pois a progressão geométrica $a \left(1 + \frac{1}{n} + \frac{1}{n^2} + \frac{1}{n^3} \dots \text{etc.}\right)$, em que a designa a distância inicial entre Aquiles e a tartaruga e n a relação das suas respectivas velocidades, tem uma soma finita se n for superior à unidade. Sobre este ponto remetemos o leitor para a argumentação de Evellin, que consideramos decisiva (Ver EVELLIN, F. *Infini et quantité*. Paris: [s. n.], 1880, p.63-97). A verdade é que a matemática – como procuramos demonstrar em um trabalho anterior – só opera e só pode operar com comprimentos. Portanto, precisa arranjar artifícios primeiro para transferir ao movimento, que não é um comprimento, a divisibilidade da linha que ele percorre, e depois para restabelecer o acordo entre a experiência e a ideia (contrária à experiência e cheia de absurdos) de um movimento-comprimento, isto é, de um movimento *aplicado contra* a sua trajetória e arbitrariamente decomponível como ela.

cente, depois homem adulto e finalmente velho, é coisa que se compreende quando se considera que a evolução vital é aqui a própria realidade. Infância, adolescência, idade adulta e velhice são simples visões do espírito, *paragens possíveis* imaginadas por nós, do exterior, ao longo da continuidade de um progresso. Mas se encaramos pelo contrário, a infância, a adolescência, a idade adulta e a velhice como partes integrantes da evolução, elas passam a ser *paragens reais*, e já não podemos conceber a evolução possível, pois repousos justapostos nunca seriam equivalentes a um movimento. Como reconstituir, com aquilo que está feito, aquilo que se faz? Como, por exemplo, passar da infância, considerada uma *coisa*, para a adolescência, quando por hipótese se considerou apenas a infância? Repare-se com mais atenção: verificar-se-á que a nossa maneira habitual de falar, que é regulada em função da nossa maneira habitual de pensar, nos leva a verdadeiros becos sem saída lógicos, nos quais nos metemos despreocupadamente, porque sentimos confusamente que será sempre fácil sair deles; bastar-nos-ia, de fato, renunciar aos hábitos cinematográficos da nossa inteligência. Quando dizemos "A criança faz-se homem", evitemos aprofundar demasiado o sentido literal da expressão. Descobriríamos que, quando formulamos o sujeito "criança", o atributo "homem" lhe não convém ainda, e que, quando enunciamos o atributo "homem", ele já não se aplica ao sujeito "criança". A realidade, que é a *transição* entre a infância e a idade adulta, escapou-nos por entre os dedos. Temos apenas as paragens imaginárias "criança" e "homem", e estamos prestes a dizer que uma dessas paragens *é* a outra, tal como a flecha de Zenão, segundo esse filósofo, *está* em todos os pontos do trajeto. A verdade é que, se aqui a linguagem seguisse a realidade, não diríamos "A criança

A evolução criadora

faz-se homem" e sim "Há um devir da criança ao homem".[3] Na primeira proposição, *devient* (faz-se) é um verbo de sentido indeterminado, destinado a mascarar o absurdo em que se cai ao atribuir o estado "homem" ao sujeito "criança". Tem comportamento mais ou menos idêntico ao do movimento, sempre o mesmo, da película cinematográfica, movimento que está escondido dentro do aparelho e cujo papel consiste em sobrepor umas a outras as imagens sucessivas, para imitar o movimento do objeto real. Na segunda, *"devenir"* (devir) é um sujeito. Passa para o primeiro plano. É a própria realidade: a infância e a idade adulta já não são mais que paragens virtuais, simples vistas do espírito; trata-se, agora, do movimento objetivo propriamente dito, e não mais de sua imitação cinematográfica. Mas a primeira maneira de dizer é a única de acordo com os nossos hábitos de linguagem. Para adotar a segunda seria preciso escapar ao mecanismo cinematográfico do pensamento.

Seria preciso abstrair dele completamente, para dissipar de uma vez por todas os absurdos teóricos criados pelo problema do movimento. Tudo é obscuridade, tudo é contradição, quando se pretende fabricar uma transição com base em estados. A obscuridade dissipa-se e a contradição desaparece quando nos colocamos ao longo da transição, para nela distinguir estados, fazendo nela, em pensamento, cortes transversais. É que há

---

3 No original francês as duas proposições são *"l'enfant devient homme"* e *"Il y a devenir de l'enfant à l'homme"*. Não existe em português equivalente exato do verbo-substantivo *devenir*, traduzindo-se por "fazer-se" ou "tornar-se" quando é verbo e por *"devir"* quando é substantivo. Até o fim do parágrafo, damos os termos no original seguidos da tradução, para melhor compreensão do problema aqui tratado pelo autor. [N. T.]

mais na transição que na série de estados, isto é, mais cortes possíveis, e *mais* no movimento que na série de posições, isto é, mais paragens possíveis. Simplesmente, a primeira maneira de ver está de acordo com os processos habituais do espírito humano; a segunda, pelo contrário, exige que se invertam os hábitos intelectuais. Haverá razão para achar estranho que a filosofia tenha começado por recuar, perante tal esforço? Os gregos tinham confiança na natureza, confiança no espírito abandonado às suas tendências naturais e, sobretudo, confiança na linguagem, na medida em que ela exterioriza de maneira natural o pensamento. Em vez de condenar a atitude tomada, perante o curso das coisas, pelo pensamento e pela linguagem, acharam melhor condenar o curso das coisas.

Foi o que fizeram, sem peso nem medida, os filósofos da escola de Eleia. Como o devir choca os hábitos do pensamento e dificilmente se insere nos moldes da linguagem, declararam--no irreal. No movimento espacial e na mudança em geral, viram apenas pura ilusão. Podia-se atenuar essa conclusão sem mudar as premissas; dizer que a realidade muda, mas que *não deveria* mudar. A experiência coloca-nos em presença de um devir: é esta a realidade sensível. Mas a realidade inteligível, aquela que devia existir, é ainda mais real, e essa, dir-se-á, não muda. Por detrás do devir qualitativo, do devir evolutivo, do devir extensivo, o espírito deve procurar aquilo que é refratário à mudança: a qualidade definível, a forma ou essência, o fim. Foi esse o princípio fundamental da filosofia que se desenvolveu durante a Antiguidade clássica, a filosofia das Formas ou, para empregar um termo mais próximo do grego, a filosofia das Ideias.

A palavra εἶδος, que traduzimos aqui por Ideia, tem de fato esse triplo sentido. Designa: 1º a qualidade, 2º a forma ou essência, 3º a finalidade ou *desígnio* do ato realizando-se, isto é, no fundo, o *desenho* do ato suposto realizado. *Esses três pontos de vista são o do adjetivo, o do substantivo e o do verbo, e correspondem às três categorias essenciais da linguagem.* Depois das explicações que demos recentemente, poderíamos e deveríamos talvez traduzir εἶδος por "visão", ou antes, por "momento". Pois εἶδος é a visão estável da instabilidade das coisas: a *qualidade*, que é um momento do devir; a *forma*, que é um momento da evolução; a *essência*, que é a forma média acima e abaixo da qual as outras formas se escalonam como alterações dela; e por fim o *desígnio*, inspirador do ato realizando-se, o qual não é mais, dizíamos nós, que o *desenho* antecipado da ação realizada. Reduzir as coisas às Ideias consiste, portanto, em resolver o devir nos seus momentos principais, sendo, aliás, cada um destes subtraído por hipótese à lei do tempo e como que colhido na eternidade. O que significa que se chega à filosofia das Ideias quando se aplica o mecanismo cinematográfico da inteligência à análise do real.

Mas desde que se coloquem as Ideias imutáveis no fundo da movente realidade, decorrem daí necessariamente uma física, uma cosmologia e uma teologia. Examinemos esse aspecto. Não nos passa sequer pela cabeça tentar resumir em algumas páginas uma filosofia tão complexa e tão compreensiva como a dos gregos. Mas, como acabamos de descrever o mecanismo cinematográfico da inteligência, cumpre-nos mostrar a que representação do real esse mecanismo acaba por conduzir. Essa representação é precisamente, julgamos, aquela que se encontra na filosofia antiga. As grandes linhas da doutrina que evoluiu desde Platão até Plotino, passando por Aristóteles (e mesmo, em certa medida, pelos estoicos), nada têm de acidental nem de contingente, nada que se deva considerar uma fantasia de filósofo. Elas desenham a visão que uma inteligência sistemática terá do devir universal quando olhar para ele por meio de fotografias tiradas de longe em longe sobre o seu decorrer. De modo que ainda hoje filosofaremos à maneira dos gregos, e chegaremos, sem necessidade de conhecê-las, a algumas das suas conclusões gerais, na exata medida em que nos fiarmos no instinto cinematográfico do nosso pensamento.

Dizíamos que há *mais* em um movimento do que nas posições sucessivas atribuídas ao móvel, *mais* em um devir do que nas formas atravessadas uma a uma, *mais* na evolução da forma do que nas formas realizadas umas após as outras. Portanto, a filosofia poderá deduzir dos termos do primeiro gênero os do segundo, mas não os do primeiro dos do segundo: é do primeiro que a especulação deveria partir. Mas a inteligência inverte a ordem dos dois termos, e nesse ponto a filosofia antiga procede do mesmo modo que a inteligência. Instala-se, pois, no imutável, e só conhece Ideias. Contudo, o devir existe, é um fato. Como é possível, quando se afirma exclusivamente a imutabilidade, chegar à mudança partindo dela? Não pode ser graças à adição de alguma coisa, pois, por hipótese, nada de positivo existe exteriormente às Ideias. Será, portanto, graças a uma diminuição. A filosofia antiga assenta necessariamente no seguinte postulado: há mais no imóvel que no movente, e passa-se, graças a uma diminuição ou a uma atenuação, da imutabilidade ao devir.

Portanto, o que será preciso acrescentar às Ideias para obter a mudança é o negativo, ou quando muito o zero. Nisso consiste o "não ser" platônico, a "matéria" aristotélica – um zero metafísico que, ligado à Ideia tal como o zero matemático à unidade, a multiplica no espaço e no tempo. Por ele a Ideia imóvel e simples refrata-se em um movimento indefinidamente propagado. De direito, deveria haver apenas Ideias imutáveis, imutavelmente encaixadas umas nas outras. De fato, a matéria vai-lhes acrescentar o seu vazio e ao mesmo tempo faz surgir o devir universal. É o nada inacessível que, metendo-se entre as Ideias, cria a agitação sem fim e a eterna inquietação, como uma suspeita insinuada entre dois corações que se amam. Afastemos as ideias imutáveis e chegaremos assim ao fluxo perpétuo das coisas. As Ideias, ou Formas, são sem dúvida o todo da realidade inteligível, isto é, da verdade, na medida em que representam, reunidas, o equilíbrio teórico do Ser. Quanto à realidade sensível, é uma oscilação indefinida de ambos os lados desse ponto de equilíbrio.

Daqui resulta, ao longo de toda a filosofia das Ideias, uma certa concepção da duração e também das relações entre tempo e eternidade. Perante quem se instala no devir, a duração surge como a própria vida das coisas, como a realidade fundamental. As Formas, isoladas e armazenadas pelo espírito em conceitos, passam a ser apenas visões havidas da realidade cambiante. São momentos colhidos ao longo da duração e, devido precisamente a ter sido cortado o fio que as ligava ao tempo, deixam de durar. Tendem para se confundir com a sua própria definição, isto é, com a reconstrução artificial e a expressão simbólica que é o seu equivalente intelectual. Entram na eternidade, pode dizer-se; mas aquilo que têm de eterno identifica-se com aquilo que têm de irreal. Pelo contrário, tratando-se o devir segundo o método cinematográfico, as Formas deixam de ser visões havidas da mudança, passam a ser os elementos constitutivos desta, a representar tudo o que há de positivo no devir.

A eternidade deixa de adejar por cima do tempo como uma abstração, passa a fundamentá-lo como realidade. É exatamente esta, nesse aspecto, a atitude da filosofia das Formas ou das Ideias. Estabelece entre a eternidade e o tempo a mesma relação que existe entre a moeda de ouro e a moeda miúda – moeda tão miúda que se continua indefinidamente a efetuar o pagamento sem que se chegue jamais a saldar a dívida: com a moeda de ouro poder-se-ia pagar tudo de uma só vez. É o que exprime a magnífica linguagem de Platão quando ele diz que Deus, como não pôde fazer o mundo eterno, lhe deu o Tempo, "imagem móvel da eternidade".

Daí decorre também uma certa concepção da extensão, que está na base da filosofia das Ideias, embora não tenha sido formulada de maneira tão explícita. Imaginemos mais uma vez um espírito que se coloque ao longo do devir, adotando o movimento dele. Cada estado sucessivo, cada qualidade, cada Forma, enfim, lhe aparecerá como um simples corte feito pelo pensamento no devir universal. Achará a forma essencialmente extensa, inseparável como é do devir extensivo que a materializou durante o seu curso. Assim, toda forma ocupa espaço, tal como ocupa tempo. Mas a filosofia das Ideias segue o caminho inverso. Parte da Forma e vê nela a própria essência da realidade. Não obtém a forma por intermédio de uma visão havida do devir; tira formas do eterno; a duração e o devir não passariam de degradações dessa eternidade imóvel. Assim considerada, como independente do tempo, a forma deixa de ser aquela que é captada por uma percepção; é um *conceito*. E, como uma realidade de ordem conceitual não ocupa extensão, tal como não tem duração, é preciso que as Formas residam exteriormente ao espaço, tal como planam acima do tempo. Portanto, na filosofia antiga, espaço e tempo têm necessariamente a mesma origem e o mesmo valor. É a mesma diminuição do ser que se exprime por uma distensão no tempo e uma extensão no espaço.

Extensão e distensão manifestam então simplesmente a diferença entre aquilo que é e aquilo que deveria ser. Do ponto de vista em que a filosofia antiga se coloca, o espaço e o tempo só podem ser o campo escolhido por uma realidade incompleta, ou melhor, perdida fora de si mesma, para nele correr em busca de si própria. Apenas se torna aqui necessário admitir que o campo se vai criando paralelamente a essa procura, e que a procura de algum modo o situa abaixo dela. Se se tirar da sua posição de equilíbrio um pêndulo ideal, simples ponto matemático, originar-se-á uma oscilação sem fim, ao longo da qual os pontos se justapõem aos pontos e os instantes se sucedem aos instantes. O espaço e o tempo assim nascidos não têm mais "positividade" que o próprio movimento. Representam a diferença entre a posição artificialmente criada do pêndulo e a sua posição normal, *aquilo que lhe falta* para voltar à sua estabilidade natural. Caso se volte a colocá-lo na sua posição normal, o espaço, o tempo e o movimento se contrairão em um ponto matemático. Do mesmo modo, os raciocínios humanos encadeiam-se infinitamente uns nos outros, mas seriam destruídos de um só golpe pela verdade captada por intuição, pois a sua extensão e a sua distensão não passam de uma diferença, por assim dizer, entre o nosso pensamento e a verdade.[4] O mesmo se passa com a extensão e a duração em relação às Formas puras, ou Ideias. As formas sensíveis

---

4 Procuramos separar aquilo que é verdadeiro e aquilo que é falso nessa ideia, no que diz respeito à *espacialidade* (ver o nosso capítulo III). Ela parece-nos ser radicalmente falsa no que diz respeito à *duração*.

estão diante de nós, sempre prontas para recuperar a sua idealidade, sempre impedidas disso pela matéria que trazem nelas, isto é, pelo seu vazio interior, pelo intervalo que deixam entre aquilo que são e aquilo que deveriam ser. Estão constantemente prestes a recuperar-se e constantemente ocupadas em perder-se. São condenadas por uma lei inelutável, como o rochedo de Sísifo, a voltar a cair quando estão quase a chegar ao cume, e essa lei, que as lançou no espaço e no tempo, é precisamente a própria constância da sua insuficiência original. As alternâncias de geração e de morte, as evoluções incessantemente renascidas, o movimento circular indefinidamente repetido das esferas celestes, tudo isso representa simplesmente um certo *deficit* fundamental, que é aquilo em que consiste a materialidade. Se se anular esse *deficit*, suprimir-se-ão simultaneamente o espaço e o tempo, isto é, as oscilações indefinidamente renovadas em torno de um equilíbrio estável, sempre procurado e jamais conseguido. As coisas voltam a entrar umas nas outras. Aquilo que no espaço estava distendido volta a estender-se em forma pura. E passado, presente e futuro contraem-se em um momento único, que é a eternidade.

O que equivale a dizer que o domínio físico é o domínio lógico estragado. Nessa proposição está resumida toda a filosofia das Ideias. E nela reside também o princípio oculto da filosofia inata ao nosso entendimento. Se a imutabilidade é mais que o devir, a forma é mais que a mudança, e é mediante uma verdadeira queda que o sistema lógico das Ideias, racionalmente subordinadas e coordenadas entre si, dispersa-se em uma série física de objetos acidentalmente colocados uns a seguir aos outros. A ideia geradora de um poema desenvolve-se em milhares de imaginações, as quais se materializam em frases, que por sua vez se desdobram em palavras. E quanto mais se desce da ideia imóvel, enrolada sobre si mesma, para as palavras que a desenrolam, maior lugar fica para a contingência e para a escolha: poderão surgir, expressas por outras palavras, outras metáforas; uma imagem foi chamada por uma imagem, uma palavra por uma palavra. Todas essas palavras correm agora umas atrás das outras, procurando em vão, por si mesmas, reencontrar a simplicidade da ideia geradora. O nosso ouvido só ouve as palavras e, portanto, só percebe os acidentes. Mas o nosso espírito, por saltos sucessivos, passa das palavras para as imagens, das imagens para a ideia original, e sobe assim, da percepção das palavras, acidentes provocados por acidentes, até a concepção da Ideia que se afirma a si própria. Assim procede o filósofo em face do universo. A experiência faz passar perante os seus olhos fenômenos que correm também uns atrás dos outros em uma ordem acidental, determinada pelas circunstâncias de tempo e de lugar. Essa ordem física, verdadeira derrocada da ordem lógica, é precisamente a queda do domínio lógico no espaço e no tempo. Mas o filósofo, subindo do preceito ao conceito, vê condensar-se em lógica toda a realidade positiva que havia no físico. A sua inteligência, abstraindo da materialidade que distende o ser, volta a atingi-lo em si mesmo no imutável sistema das Ideias. Assim se chega à Ciência, a qual nos surge, completa e pronta, quando colocamos a nossa inteligência no seu verdadeiro lugar, corrigindo a diferença que a separava do inteligível. Portanto, a ciência não é uma construção humana. É anterior à nossa inteligência, independente dela, verdadeiramente geradora das coisas.

E, de fato, se se considerassem as Formas simples visões do espírito sobre a continuidade do devir, elas seriam relativas ao espírito, que tem representação delas, não teriam existência em si. Quando muito, poderia dizer-se que cada uma dessas Ideias é um ideal. Mas admitimos previamente como certa a hipótese contrária. É, portanto, forçoso que as Ideias existam por si mesmas. A filosofia antiga não podia evitar essa conclusão. Platão formulou-a, e debalde Aristóteles tentou escapar-lhe. Como o movimento nasce da degradação do imutável, não haveria movimento, nem haveria, portanto, mundo sensível, se em algum lugar não houvesse a imutabilidade realizada. Por isso, tendo começado por recusar às Ideias uma existência independente e não podendo, todavia, privá-las dela, Aristóteles juntou-as umas às outras, fez com elas uma bola e colocou por cima do mundo físico uma Forma que, assim, veio a ser a Forma das Formas, a Ideia das Ideias, ou, finalmente, para empregar a sua própria expressão, o Pensamento do Pensamento. É este o Deus de Aristóteles — necessariamente imutável e estranho àquilo que se passa no mundo, pois é apenas a síntese de todos os conceitos em um conceito único. É certo que nenhum dos conceitos múltiplos poderia existir à parte, tal e qual, na unidade divina: debalde se procurariam as Ideias de Platão no interior do Deus de Aristóteles. Mas basta imaginar o Deus de Aristóteles refratando-se a si mesmo, ou simplesmente inclinando-se para o mundo, para que logo pareçam sair dele as Ideias platônicas, implicadas a unidade da sua essência: do mesmo modo que os raios saem do sol, o qual, contudo, não os continha. É sem dúvida essa *possibilidade de* uma *saída* das Ideias platônicas de dentro do Deus aristotélico que é representada, na filosofia de Aristóteles, pelo intelecto ativo, o νοῦς a que se chamou ποιητικός — isto é, por aquilo que é essencial e, contudo, inconsciente, na inteligência humana. O νοῦς ποιητικός é a Ciência integral, afirmada de uma vez por todas, a qual a inteligência consciente, discursiva está condenada a reconstruir penosamente, peça por peça. Existe, portanto, em nós, ou antes, por trás de nós, uma visão possível de Deus, como diriam depois os alexandrinos, visão sempre virtual, nunca realizada atualmente pela inteligência consciente. Nesta intuição veríamos Deus manifestar-se em Ideias. É ela que "faz tudo",[5] desempenhando em relação à inteligência discursiva, em movimento no tempo, o mesmo papel que é desempenhado pelo próprio Motor imóvel em relação ao movimento do céu e ao decurso das coisas.

Encontrar-se-ia, portanto, imanente à filosofia das Ideias, uma concepção *sui generis* da causalidade, concepção esta que convém esclarecer bem, pois a ela cada um de nós chegará quando seguir até o fim, para ir até a origem das coisas, o movimento natural da inteligência. Para falar verdade, os filósofos da Antiguidade nunca a formularam explicitamente. Limitaram-se a tirar dela as consequências e, em geral, o que fizeram foi antes expor pontos de vista sobre ela do que apresentar a concepção propriamente dita. Com efeito, umas vezes falam de uma *atração*, e outras vezes de uma *impulsão* exercida pelo primeiro impulsor sobre o conjunto do mundo. Essas duas perspectivas encontram-se ambas em Aristóteles, que nos mostra no movimento do universo uma aspiração das coisas à perfeição divina e, por conseguinte, uma ascensão para Deus, ao passo que em outro local o descreve como o efeito de um contato de Deus

---

5 ARISTÓTELES, *De Anima*, 430 a 14: καὶ ἔστιν ὁ μὲν τοιοῦτος νοῦς τῷ πάντα γίνεσθαι, ὁ δὲ τῷ πάντα ποιεῖν, ὡς ἕξις τις, οἷον τὸ φῶς· τρόπον γάρ τινα καὶ τὸ φῶς ποιεῖ τὰ δυνάμει ὄντα χρώματα ἐνεργείᾳ χρώματα.

com a primeira esfera e, consequentemente, como descendo de Deus para as coisas. Aliás, os alexandrinos, parece-nos, limitaram-se a seguir essa dupla indicação quando falaram de processão e de conversão: tudo deriva do primeiro princípio e tudo aspira a voltar para ele. Mas essas duas concepções da causalidade divina só podem ser identificadas em conjunto se forem ambas referidas a uma terceira, que consideramos fundamental e é a única capaz de fazer compreender, não apenas por que e em que sentido as coisas se movem no espaço e no tempo, mas também por que existe espaço e existe tempo, por que existe movimento, por que existem coisas.

Essa concepção, que se vai descortinando cada vez mais claramente por meio dos argumentos dos filósofos gregos à medida que se caminha de Platão para Plotino, seria por nós formulada como segue: *A posição de uma realidade implica a posição simultânea de todos os graus de realidade intermediários entre ela e o puro nada.* O princípio é evidente quando se trata do número: não podemos afirmar o número 10 sem afirmar por isso mesmo a existência dos números 9, 8, 7... etc., enfim, de qualquer intervalo entre 10 e zero. Mas aqui o nosso espírito passa naturalmente da esfera da quantidade para a esfera da qualidade. Parece-nos que, sendo dada uma certa perfeição, toda a continuidade das degradações é dada também entre, por um lado, essa perfeição, e, por outro, o nada que nós imaginamos conceber. Afirmemos, portanto, o Deus de Aristóteles, pensamento do pensamento, isto é, pensamento *fazendo círculo*, transformando-se de sujeito em objeto e de objeto em sujeito mediante um processo circular instantâneo, ou antes, eterno. Como, por outro lado, o nada parece afirmar-se a si mesmo, e, sendo dadas essas duas extremidades, o intervalo entre elas é dado igualmente, daí se conclui que todos os graus descendentes do ser, desde a perfeição divina até o "nada absoluto", se realizarão por assim dizer automaticamente, assim que se afirmar Deus.

Percorramos, pois, esse intervalo de alto a baixo. Primeiro, basta a menor diminuição do primeiro princípio para que o ser seja precipitado no espaço e no tempo, mas a duração e a extensão que representam essa primeira diminuição estarão tão próximas quanto possível da inextensão e da eternidade divinas. Devemos, portanto, imaginar essa primeira degradação do princípio divino como uma esfera girando sobre si mesma, imitando com a perpetuidade do seu movimento circular a eternidade do *circulus* do pensamento divino, criando aliás o seu próprio lugar e, portanto, o lugar em geral, pois não é contida por nada e não muda de lugar, criando também a sua própria duração e, assim, a duração em geral,[6] pois o seu movimento é a medida de todos os outros.[7] Depois, de grau em grau, veremos a perfeição decrescer até o nosso mundo sublunar, no qual o ciclo da geração, do crescimento e da morte imita por uma última vez, destruindo-o, o *circulus* originário. Assim entendida, a relação causal entre Deus e o mundo aparece como uma atração, se se olha de baixo para cima, como uma impulsão ou uma ação por contato, se se olha de cima para baixo, pois o primeiro céu, com o seu movimento circular, é uma imitação de Deus,

---

6 ARISTÓTELES. *De Cælo*, II, 287 a 12: τῆς ἐσχάτης περιφορᾶς οὔτε κενόν ἐστιν ἔξωθεν οὔτε τόπος. *Física*, IV, 212 a 34: τὸ δὲ πᾶν ἔστι μὲν ὡς κινήσεται ἔστι δ' ὡς οὔ. Ὡς μὲν γὰρ ὅλον, ἅμα τὸν τόπον οὐ μεταβάλλει κύκλῳ δὲ κινήσεται· τῶν μορίων γὰρ οὗτος ὁ τόπος.

7 Idem, I, 279 a 12: οὐδὲ χρόνος ἐστὶν ἔξω τοῦ οὐρανοῦ. *Física*, VIII, 251 b 27: ὁ χρόνος πάθος τι κινήσεως.

e a imitação é a recepção de uma forma. Portanto, conforme o sentido em que se olhar, vê-se Deus como causa eficiente ou como causa final. E, contudo, nem uma nem outra dessas duas relações é a relação causal definitiva. A verdadeira relação é a que se verifica entre dois membros de uma equação, sendo o primeiro um termo único e o segundo uma série indefinida de termos. É, se se quiser, a relação entre a moeda de ouro e o seu troco miúdo, desde que se suponha que o troco se oferece automaticamente logo que se apresenta a moeda de ouro. Somente assim se poderá compreender como foi que Aristóteles demonstrou a necessidade de um primeiro motor imóvel, sem se basear na necessidade de o movimento das coisas ter tido um começo, mas afirmando, pelo contrário, que esse movimento não pode ter começado e nunca terminará. Se o movimento existe ou, por outras palavras, se o dinheiro miúdo pode ser contado, é porque algures existe a moeda de ouro. E se a série continua interminavelmente, sem nunca ter começado, é pelo fato de o único termo que lhe equivale ser essencialmente eterno. Uma mobilidade perpétua só será possível se estiver ligada a uma imutabilidade eterna, que ela desenrola em uma cadeia sem começo nem fim.

É essa a última palavra da filosofia grega. Não tivemos a pretensão de reconstruí-la *a priori*. As suas origens são múltiplas. Está ligada por fios invisíveis a todas as fibras da alma antiga. Debalde tentaríamos deduzi-la com base em um princípio simples.[8] Mas se dela eliminarmos tudo o que proveio da poe-

---

8 Sobretudo, quase pusemos de parte essas intuições admiráveis, mas um pouco fugazes, que Plotino voltaria a tratar mais tarde, aprofundando-as e consolidando-as.

sia, da religião, da vida social, assim como de uma física e de uma biologia ainda rudimentares, se se abstrair dos materiais friáveis usados na construção desse imenso edifício, fica no fim uma estrutura sólida, e essa estrutura desenha as grandes linhas de uma metafísica que, segundo julgamos, é a metafísica natural da inteligência humana. De fato, chega-se a uma filosofia desse gênero quando se segue até ao fim a tendência cinematográfica da percepção e do pensamento. A nossa percepção e o nosso pensamento começam a substituir a continuidade da transformação evolutiva por uma série de formas estáveis, que seriam sucessivamente enfiadas de passagem, à semelhança dos anéis apanhados com uma varinha pelas crianças montadas nos cavalos de pau dos carrosséis. Em que consistirá então a passagem, e em que se enfiarão as formas? Como se conseguiram as formas estáveis extraindo da mudança tudo o que de definido nela se encontra, falta apenas, para caracterizar a instabilidade sobre a qual assentam as formas, um atributo negativo: será a própria indeterminação.

É esse o primeiro passo do nosso pensamento: a dissociação de cada mudança em dois elementos, um deles estável, definível para cada caso particular, que é a Forma; e o outro indefinível e sempre o mesmo, que seria a mudança em geral. E é essa também a operação essencial da linguagem. As formas são tudo aquilo que ela é capaz de exprimir. Está reduzida a subentender ou limita-se a *sugerir* uma mobilidade que, precisamente por permanecer inexpressa, se supõe ficar a mesma em todos os casos. Aparece então uma filosofia que considera legítima a dissociação assim efetuada pelo pensamento e pela linguagem. Que há de ela fazer a não ser objetivar mais fortemente a dissociação, levá-la até às últimas consequências, reduzi-la a um sistema? Irá, portanto, compor o real com Formas definidas ou elementos imutáveis, por um lado, e, por outro, com um princípio de mobilidade que, sendo a negação da forma, fugirá por hipótese a toda e qualquer definição e será o indeterminado puro. Quanto maior atenção prestar a essas formas delimitadas pelo pensamento e expressas pela linguagem, melhor as verá elevarem-se acima do sensível e sutilizarem-se em puros conceitos, capazes de se interpenetrarem e até de se juntarem finalmente em um conceito único, síntese de toda realidade, consumação de toda perfeição. Pelo contrário, quanto mais ela descer em direção da fonte invisível da mobilidade universal, mais a sentirá fugir debaixo de si e ao mesmo tempo esvaziar-se, destruir-se naquilo a que ela chamará o puro nada. Por fim, terá de um lado o sistema das Ideias logicamente coordenadas entre si ou concentradas em uma só, e do outro um quase nada, o "não ser" platônico ou a "matéria" aristotélica. Mas depois de cortar é preciso coser. Trata-se agora de reconstituir, com Ideias suprassensíveis e um não ser infrassensível, o mundo sensível. Isso só será possível se se postular uma espécie de necessidade metafísica, graças à qual o encontro desse Todo e desse Zero *equivale* à afirmação de todos os graus de realidade que preenchem o intervalo entre os dois, da mesma forma que um número indivisível, quando é considerado como uma diferença entre ele mesmo e zero, se revela como uma certa soma de unidades e ao mesmo tempo faz aparecer todos os números inferiores. É esse o postulado natural. É o mesmo que encontramos no fundo da filosofia grega. Faltará apenas, para explicar os caracteres específicos de cada um desses graus intermediários de realidade, medir a distância que o separa da realidade integral: cada grau inferior consiste em uma diminuição do superior, e aquilo que aí percebemos de novidade sensível resolver-se-ia, do ponto de vista do inteligível, em uma nova quantidade de negação que se lhe acrescentou. A menor quantidade possível de negação, aquela que se encontra já nas formas mais elevadas da realidade sensível, e consequentemente, *a fortiori*, nas formas inferiores, será a expressa pelos atributos mais gerais da realidade sensível, a extensão e a duração. Por meio de degradações crescentes, chegar-se-á a atributos cada vez mais especiais. Aqui a fantasia do filósofo terá livre curso, pois é mediante uma decisão arbitrária, ou pelo menos discutível, que se iguala um dado aspecto do mundo sensível a uma dada diminuição do ser. Não é forçoso que se chegue, como fez Aristóteles, a um mundo constituído por esferas concêntricas girando em volta de si mesmas. Mas ver-se-á levado a uma cosmologia análoga, quer dizer, a uma construção cujos elementos, por serem diferentes, não terão entre si as mesmas relações. E essa cosmologia será sempre dominada pelo mesmo princípio. O físico será definido pelo lógico. Sob os fenômenos mutantes veremos à transparência um sistema fechado de conceitos subordinados e coordenados uns aos outros. A ciência, concebida como o sistema dos conceitos, será mais real que a realidade sensível. Será anterior ao saber humano, que se limita a soletrá-la sílaba por sílaba, e também anterior às coisas, que procuram desajeitadamente imitá-la. Bastaria que se distraísse por um momento para sair da sua eternidade, e para assim coincidir com todo esse saber e com todas essas coisas. Portanto, a sua imutabilidade é realmente a causa do devir universal.

Era esse o ponto de vista da filosofia antiga sobre a mudança e sobre a duração. Não há dúvida de que a filosofia moderna teve muitas vezes, e sobretudo no início, a veleidade de reagir contra isso. Mas a inteligência é sempre irresistivelmente arrastada pelo seu movimento natural, e a metafísica dos modernos é levada às mesmas conclusões gerais que a metafísica grega. É esse último aspecto que vamos procurar esclarecer, a fim de mostrar quais os fios invisíveis que ligam a nossa filosofia mecanicista à antiga filosofia das Ideias, e também como ela corresponde às exigências, sobretudo práticas, da nossa inteligência.

A ciência moderna, tal como a ciência antiga, age de acordo com o método cinematográfico. Não pode proceder de outra maneira: toda ciência está submetida a essa lei. Faz parte da essência da ciência, com efeito, trabalhar com *sinais*, pelos quais substitui os próprios objetos. Sem dúvida esses sinais são diferentes dos da linguagem, sendo mais rigorosos e mais eficazes; mas nem por isso deixam de estar sujeitos à condição geral do sinal, de dar uma forma definida a um aspecto fixo da realidade. Para pensar o movimento é necessário um esforço sempre renovado do espírito. Os sinais existem para nos poupar esse esforço, substituindo a continuidade movente das coisas por uma recomposição artificial que lhe é equivalente na prática e que tem a vantagem de facilmente se deixar manipular. Mas ponhamos de parte os processos e encaremos apenas o resultado. Qual é o objetivo essencial da ciência? É aumentar a nossa influência sobre as coisas. A ciência pode ser especulativa quanto à forma e desinteressada quanto aos seus fins imediatos: em outras palavras, podemos confiar nela enquanto ela quiser. Mas, por mais vezes que seja prorrogado o prazo, não podemos deixar de alcançar alguma vez a recompensa do nosso trabalho. Portanto, e em resumo, a ciência visa sempre à utilidade prática.

Mesmo quando se lança na teoria, a ciência adapta-se sempre à configuração geral da prática. Por mais alto que se eleve, deve estar sempre pronta para voltar a cair no campo da ação, e para ficar imediatamente bem assente em ambos os pés. Isso não lhe seria possível se tivesse um ritmo totalmente diferente do da própria ação. Ora, a ação, já o dissemos, age por saltos. Agir é readaptar-se. Saber, isto é, prever para agir, será portanto ir de uma situação para outra, de um arranjo para um rearranjo. A ciência poderá encarar rearranjos cada vez mais próximos uns dos outros; ela fará aumentar assim o número de momentos por ela isolados, mas continuará a isolar os momentos. Quanto ao que se passa durante o intervalo, a ciência não se preocupa mais com isso do que a inteligência vulgar, os sentidos e a linguagem: o intervalo não lhe diz respeito, e sim as extremidades. Portanto, o método cinematográfico impõe-se à nossa ciência, tal como se impunha já à dos antigos.

Qual é, então, a diferença entre essas duas ciências? Indicamo-la já, quando dissemos que os antigos reduziam a ordem física à ordem vital, isto é, as leis aos gêneros, ao passo que os modernos pretendem resolver os gêneros em leis. Mas importa encará-la sob outro aspecto, que não passa, aliás, de uma transposição do primeiro. Em que consiste a diferença de atitude dessas duas ciências em relação à mudança? Formularíamos essa diferença dizendo que *a ciência antiga julga conhecer suficientemente bem o seu objeto depois de lhe ter isolado os momentos privilegiados, ao passo que a ciência moderna o considera em qualquer momento.*

As formas ou ideias de um Platão ou de um Aristóteles correspondem a momentos privilegiados ou salientes da história das coisas — precisamente aqueles que, em geral, foram fixados pela linguagem. Supõe-se que elas, tal como a infância ou a velhice de um ser vivo, caracterizam um período cuja quintessência exprimiriam, sendo todo o resto desse período preenchido pela passagem, em si mesma desprovida de interesse, de uma forma a outra forma. Quando se trata de um corpo que cai, julga-se ter definido rigorosamente o fato depois de tê-lo caracterizado globalmente: é um movimento para *baixo*, é a tendência para um *centro*, é o movimento *natural* de um corpo que, separado da terra a que pertencia, vai agora recuperar nela o seu lugar. Isola-se, portanto, o termo final ou o ponto culminante (τέλος, ἀκμή), que é considerado o momento essencial, e esse momento, que a linguagem fixou para exprimir o conjunto do fato, basta também à ciência para caracterizá-lo. Na física de Aristóteles, é por meio de conceitos de cima para baixo, de deslocamento espontâneo e de deslocamento forçado, de lugar próprio e de lugar alheio, que é definido o movimento de um corpo lançado no espaço ou caindo em queda livre. Mas Galileu achou que não havia nenhum momento essencial, nenhum instante privilegiado: estudar o corpo que cai é considerá-lo em qualquer momento da queda. A verdadeira ciência da gravidade será aquela que determinar, para qualquer instante do tempo, a posição do corpo no espaço. Para isso precisará, é certo, de sinais mais rigorosos que os da linguagem.

Poderia, portanto, dizer-se que a nossa física difere da dos antigos em virtude da decomposição indefinida que faz do tempo. Para os antigos, o tempo compreende tantos períodos indivisos quantos forem os fatos sucessivos, apresentando uma espécie de individualidade, que a nossa percepção natural e a nossa linguagem nele distinguirem. É por essa razão que para eles cada um desses fatos é passível de apenas uma definição ou descrição *global*. Porque se, ao descrevê-lo, se é levado a nele distinguir várias fases, ter-se-á diversos fatos em vez de um só, vários períodos indivisos em vez de um período único; mas o tempo será sempre dividido em períodos determinados, e esse modo de divisão será sempre imposto ao espírito por crises aparentes do real, comparáveis às da puberdade, pelo surto aparente de uma nova forma. Para um Kepler ou um Galileu, pelo contrário, o tempo não é dividido *objetivamente* de uma maneira ou de outra pela matéria que o preenche. Não há articulações naturais. Podemos e devemos dividi-lo como quisermos. Todos os instantes são equivalentes. Nenhum deles deve ser considerado um instante representativo ou dominador dos outros. E, consequentemente, só conhecemos uma mudança quando sabemos determinar em que ponto ela está em qualquer um dos seus momentos.

A diferença é profunda e até, sob certo aspecto, radical. Mas do ponto de vista segundo o qual a encaramos é uma diferença mais de grau que de natureza. O espírito humano passou do primeiro tipo de conhecimento para o segundo por meio de um aperfeiçoamento gradual, procurando simplesmente maior precisão. Há entre essas duas ciências a mesma relação que entre o isolamento das fases de um movimento pela vista e o registro muito mais completo dessas fases pela fotografia instantânea. Em ambos os casos o mecanismo cinematográfico é o mesmo, mas no segundo atinge um grau de precisão que não pode ter no primeiro. No galope de um cavalo o nosso olhar percebe, sobretudo, uma atitude característica, essencial, ou antes esquemática, uma forma que parece irradiar em um período inteiro e preencher assim um tempo de galope: foi essa atitude que a escultura fixou nos frisos do Partenon. Mas a fotografia instantânea isola um momento qualquer; coloca-os todos ao mesmo nível, e é assim que para ela o galope do cavalo se fragmenta em um número tão grande quanto se quiser de atitudes sucessivas, em vez de se concentrar em uma atitude única, que brilhasse em um instante privilegiado e iluminasse um período inteiro.

Dessa diferença original decorrem todas as outras. Uma ciência que considera sucessivamente períodos indivisos de duração vê apenas fases sucedendo a fases, formas substituindo outras formas: contenta-se com uma descrição *qualitativa* dos objetos, que assimila a seres organizados. Mas, quando se procura averiguar o que se passa no interior de um desses períodos, em um momento qualquer do tempo, é com uma intenção diferente: as mudanças que se verificam de um momento para outro já não são, por hipótese, mudanças de qualidade; a partir daí são variações *quantitativas*, quer do próprio fenômeno, quer das suas partes elementares. Foi com razão, portanto, que se disse que a ciência moderna se destaca da dos antigos na medida em que tem como objeto grandezas e pretende, sobretudo, medi-las. Os antigos tinham já praticado a experimentação, e por outro lado Kepler não realizou experiências, no sentido rigoroso do termo, para descobrir uma lei que é o próprio tipo do conhecimento científico tal como o entendemos. O que diferencia a nossa ciência não é o fato de praticar a experimentação, é o de só praticar a experimentação e, mais geralmente, só trabalhar com a intenção de medir.

Por isso, mais uma vez se estava certo ao dizer que a ciência antiga tem *conceitos* como objeto, ao passo que a ciência moderna procura *leis*, relações constantes entre grandezas variáveis. O conceito de circularidade bastava a Aristóteles para definir o movimento dos astros. Mas, mesmo com o conceito mais exato da forma elíptica, Kepler não pretendeu determinar o movimento dos planetas. Precisava de uma lei, isto é, de uma relação constante entre as variações quantitativas de dois ou mais elementos do movimento planetário.

Contudo, isso são apenas consequências, quer dizer, diferenças que derivam da diferença fundamental. Pôde acontecer acidentalmente aos antigos experimentar com a intenção de medir, assim como descobrir uma lei que enunciasse uma relação constante entre grandezas. O princípio de Arquimedes é uma verdadeira lei experimental. Entra em linha de conta com três grandezas variáveis: o volume de um corpo, a densidade do líquido em que está mergulhado e a impulsão de baixo para cima que sofre. E não há dúvida de que ele enuncia, em resumo, que um desses três termos é função dos outros dois.

Portanto, a diferença essencial, original, deve ser procurada em outro lugar. Foi isso mesmo que começamos por acentuar. A ciência dos antigos é estática. Ou considera em bloco a mudança que estuda, ou, se a divide em períodos, faz, por sua vez, de cada um desses períodos um novo bloco: o que equivale a dizer que não leva em conta o tempo. Mas a ciência moderna constituiu-se à volta das descobertas de Galileu e de Kepler, que lhe forneceram imediatamente um modelo. Ora, o que dizem as leis de Kepler? Estabelecem uma relação entre as áreas descritas pelo raio vetor heliocêntrico de um planeta e os *tempos* gastos para descrevê-las, entre o grande eixo da órbita e o *tempo* necessário para a percorrer. Qual foi a principal descoberta de Galileu? Uma lei que ligava o espaço percorrido por um corpo em queda ao tempo que demora essa queda. Avancemos um pouco mais. Em que consistiu a primeira das grandes transformações da geometria nos tempos modernos?

Em introduzir, sob uma forma disfarçada, é certo, o tempo e o movimento, mesmo na maneira de encarar as figuras. Para os antigos, a geometria era uma ciência puramente estática. Nela as figuras eram dadas de uma vez, já acabadas, semelhantes às Ideias platônicas. Mas a essência da geometria cartesiana (embora Descartes não lhe tenha dado essa forma) foi considerar toda curva plana como descrita pelo movimento de um ponto sobre uma reta móvel que se desloca, paralelamente a si mesma, ao longo do eixo das abscissas – supondo-se uniforme o deslocamento da reta móvel e tornando-se assim a abscissa representativa do tempo. A curva será então definida se se puder enunciar a relação que liga o espaço percorrido sobre a reta móvel ao tempo gasto para percorrê-la, isto é, se se for capaz de indicar a posição do móvel sobre a reta que percorre em qualquer momento do seu trajeto. Essa relação será exatamente a equação da curva. Em resumo, substituir uma figura por uma equação consiste em ver em que ponto do traçado da curva se está a qualquer momento, em vez de encarar esse traçado em uma só vez, concentrado no movimento único em que a curva se encontra em estado acabado.

Foi realmente essa a ideia diretriz da reforma mediante a qual foram renovadas a ciência da natureza e a matemática que lhe servia de instrumento. A ciência moderna é filha da astronomia; desceu do céu à terra ao longo do plano inclinado de Galileu, pois é por intermédio de Galileu que se faz a ligação de Newton e seus discípulos a Kepler. Mas de que maneira formulava Kepler o problema astronômico? Tratava-se, conhecidas as posições respectivas dos planetas em um dado momento, de calcular as suas posições em qualquer outro momento. Doravante, o mesmo problema se pôs para todo o sistema material. Cada ponto material tornou-se um planeta rudimentar, e o problema por excelência, o problema ideal cuja solução devia constituir a chave de todos os outros, foi determinar as posições relativas desses elementos em qualquer momento, logo que se conhecessem as suas posições em um dado momento. É certo que o problema só se coloca nesses termos exatos em casos muito simples, para uma realidade esquematizada, pois nunca conhecemos as posições respectivas dos verdadeiros elementos da matéria, isso supondo que nela existem elementos reais, e, mesmo que os conhecêssemos em um momento dado, o cálculo das suas posições em um outro momento exigiria na maior parte dos casos um esforço matemático superior às possibilidades humanas. Mas basta-nos saber que esses elementos poderiam ser conhecidos, e que uma inteligência sobre-humana poderia, submetendo esses dados a operações matemáticas, determinar as posições dos elementos a qualquer momento do tempo. Essa convicção está no fundo dos problemas que formulamos a respeito da natureza e dos métodos que empregamos para resolvê-los. Por isso toda lei de forma estática nos aparece como uma solução provisória ou como um ponto de vista particular sobre uma lei dinâmica, que seria a única a nos dar o conhecimento integral e definitivo.

Concluamos que a nossa ciência não se distingue da ciência antiga apenas pelo fato de procurar leis, nem sequer por essas leis enunciarem relações entre grandezas. Cumpre acrescentar que a grandeza à qual desejaríamos poder reduzir todas as outras é o tempo, e que *a ciência moderna deve definir-se sobretudo pela sua aspiração de considerar o tempo uma variável independente*. Mas de que tempo se trata?

Já o dissemos e achamos que nunca será demais repeti-lo: a ciência da matéria procede de modo análogo ao do conhecimento vulgar. Aperfeiçoa esse conhecimento, aumenta-lhe a precisão e o alcance, mas trabalha no mesmo sentido e faz funcionar o mesmo mecanismo. Portanto, se o conhecimento vulgar, por causa do mecanismo cinematográfico a que está sujeito, renuncia a seguir o devir naquilo que ele tem de movente, a ciência da matéria também renuncia a isso. É certo que ela distingue um número tão grande quanto quiser de momentos no intervalo de tempo que considera. Por menores que sejam os intervalos em que se fixou, autoriza-nos a dividi-los ainda mais, se disso precisarmos. Contrariamente à ciência antiga, que se fixava em certos momentos supostamente essenciais, trata indiferentemente de qualquer momento. Mas considera sempre momentos, sempre posições virtuais, sempre, em resumo, imobilidades. O que equivale a dizer que o tempo real, encarado como um fluxo ou, em outras palavras, como a própria mobilidade do ser, escapa aqui ao domínio do conhecimento científico. Tentamos já demonstrar esse aspecto em um trabalho anterior.[9] Fizemos-lhe também uma referência no primeiro capítulo deste livro. Mas cumpre voltar a ele mais uma vez, para desfazer os equívocos.

Quando a ciência positiva fala do tempo, é porque se refere ao movimento de um certo móvel T sobre a sua trajetória. Esse movimento foi escolhido por ela como representativo do tempo, e é uniforme por definição. Chamemos T_1, T_2, T_3, ... etc., aos pontos que dividem a trajetória do móvel em partes iguais des-

---

9 BERGSON, H. *Ensaio sobre os dados imediatos da consciência*. Lisboa: Edições 70, 1988. [N. E.]

de a sua origem T_0. Dir-se-á que passaram 1, 2, 3, ... unidades de tempo quando o móvel estiver nos pontos T_1, T_2, T_3, ... da linha que percorre. Considerar o estado do universo ao fim de um certo tempo *t* será então examinar onde estará ele quando o móvel T estiver no ponto T_t da sua trajetória. Mas não se trata aqui do *fluxo* propriamente dito do tempo, e ainda menos do seu efeito sobre a consciência: o que importa são os pontos T_1, T_2, T_3, ... tomados sobre o fluxo, e nunca o fluxo propriamente dito. Pode-se contrair tanto quanto se queira o tempo considerado, isto é, decompor à vontade o intervalo entre duas divisões consecutivas T_n e T_{n+1}, que se estará sempre diante de pontos, e só de pontos. Do movimento do móvel T retêm-se apenas posições tomadas da sua trajetória. Do movimento de todos os outros pontos do universo retêm-se apenas as suas posições sobre as suas respectivas trajetórias. A cada *paragem virtual* do móvel T em pontos de divisão T_1, T_2, T_3, ... faz-se corresponder uma *paragem virtual* de todos os outros móveis nos pontos por onde passam. E quando se diz que um movimento ou qualquer outra mudança ocupou um tempo *t*, entende-se por tal que se verificou um número *t* de correspondências desse gênero. Portanto, o que se fez foi contar simultaneidades, não foi tratar do fluxo que corre de uma para outra. Como se prova pelo fato de eu poder fazer variar à vontade a rapidez do fluxo do universo para o olhar de uma consciência que seria independente dele e que se daria conta da variação graças ao *sentimento* eminentemente qualitativo que dele teria: desde que o movimento de T participasse dessa variação, não haveria razão para eu mudar fosse o que fosse nas minhas equações ou nos números que as integram.

Vamos mais longe. Suponhamos que essa rapidez de fluxo se torne infinita. Imaginemos, conforme dizíamos nas primeiras páginas deste livro, que a trajetória do móvel T seja dada de uma vez, e que toda a história passada, presente e futura do universo material ficasse instantaneamente patente no espaço. Permanecerão as mesmas correspondências matemáticas entre os momentos da história do mundo, aberta em leque, por assim dizer, e as divisões T_1, T_2, T_3, ... da linha que se chamará, por definição "O curso do tempo". Para a ciência nada terá mudado. Mas se, patenteando-se assim o tempo em espaço e passando a sucessão à justaposição, a ciência nada tem a mudar àquilo que nos diz, é porque, naquilo que nos dizia, ela não levava em conta nem a *sucessão* no que nela é específico, nem o *tempo* no que nele é fluente. Não possui nenhum sinal para exprimir aquilo que na sucessão e na duração impressiona a nossa consciência. Aplica-se tampouco ao devir, naquilo que ele tem de movente, como as pontes lançadas de longe a longe sobre o rio seguem a água que passa debaixo dos seus arcos.

E, contudo, a sucessão existe, tenho consciência dela, é um fato. Quando perante os meus olhos decorre um processo físico, a minha percepção ou as minhas preferências não têm possibilidade de acelerá-lo ou abrandá-lo. Para o físico o que interessa é o *número* de unidades de duração preenchidas pelo processo: não tem de se preocupar com as unidades propriamente ditas, e por isso os estados sucessivos do mundo poderiam ser desdobrados no espaço de uma vez, sem que a sua ciência se modificasse por isso e sem que deixasse de falar do tempo. Mas para nós, seres conscientes, o que interessa são as unidades, pois não contamos extremidades de intervalo, mas sentimos e vivemos os próprios intervalos. Ora, temos consciência desses intervalos como intervalos *determinados*. Volto sempre ao meu exemplo do copo de água com açúcar:

por que devo esperar que o açúcar se dissolva? Se para o físico a duração do fenômeno é relativa, pois se reduz a dado número de unidades de tempo, e se as próprias unidades são aquilo que se quiser, essa duração é para a minha consciência um absoluto, pois coincide com certo grau de impaciência que é rigorosamente determinado. De onde provém essa determinação? O que me obriga a esperar, e a esperar durante um certo período de duração psicológica, perante a qual sou impotente? Se a sucessão, enquanto distinta da simples justaposição, não tem eficácia real, se o tempo não é uma espécie de força, qual a razão por que o universo desenrola os seus estados sucessivos a uma velocidade que, para a minha consciência, é um verdadeiro absoluto? Por que essa determinada velocidade em vez de outra qualquer? Por que não a uma velocidade infinita? Em outras palavras, qual a razão de tudo não ser dado de uma vez, como na película cinematográfica? Quanto mais aprofundo esse aspecto, mais me parece *que*, se o futuro está condenado a *suceder* ao presente em vez de ser dado ao lado dele, é porque não está inteiramente determinado no momento presente, e porque, se o tempo que essa sucessão ocupa não é apenas um número, se ele tem, para a consciência que nele se instalou, um valor e uma realidade absolutos, é porque nele se cria incessantemente, não, evidentemente, nesse ou naquele sistema isolado de modo artificial, como um copo de água com açúcar, mas no todo concreto que está ligado ao sistema, algo imprevisível e novo. Essa duração pode não pertencer à matéria propriamente dita, e sim à Vida que segue o curso dela: nem por isso os dois movimentos passam a ser menos solidários um do outro. *Portanto, a duração do universo deve constituir uma unidade com a latitude de criação que nele pode haver.*

Quando uma criança se diverte reconstituindo uma imagem, reunindo as peças de um quebra-cabeça, vai conseguindo cada vez mais depressa à medida que se exercita mais. A reconstituição era, aliás, instantânea, a criança encontrava-a já pronta, quando abria a caixa ao sair da loja. Portanto, a operação não exige um tempo determinado, e até, teoricamente, não exige tempo nenhum. É que o resultado já foi dado. É que a imagem já está criada e, para consegui-la, basta um trabalho de recomposição e rearranjo — trabalho este que se pode supor caminhar cada vez mais depressa, e até infinitamente depressa, a ponto de ser instantâneo. Mas, para o artista que cria uma imagem tirando-a do fundo da sua alma, o tempo já não é um acessório. Não é um intervalo que se possa alongar ou encurtar sem lhe modificar o conteúdo. A duração do seu trabalho é parte integrante do seu trabalho. Contraí-la ou dilatá-la seria modificar ao mesmo tempo a evolução psicológica que a preenche e a invenção que a termina. Aqui, o tempo de invenção identifica-se com a própria invenção. É o progresso de um pensamento que muda à medida que vai ganhando corpo. Enfim, é um processo vital, alguma coisa no gênero do amadurecimento de uma ideia.

O pintor está diante da tela, as cores estão na paleta, o modelo está posando; vemos tudo isso, e conhecemos também o estilo próprio do pintor; podemos prever o que vai aparecer na tela? Possuímos os elementos do problema; sabemos, por um conhecimento abstrato, como vai ser resolvido, pois o retrato sem dúvida se parecerá com o modelo e sem dúvida também com o artista; mas a solução concreta implica aquele imprevisível nada que é o todo da obra de arte. É esse nada que exige tempo, sendo um nada de matéria, criar-se a si mesmo como forma. A germinação e a floração dessa forma alongam-se em uma duração irredutível, que se une a elas indissoluvelmente. O mesmo se passa com as obras da natureza. O que nela aparece de novo sai de um impulso interior que é progresso ou sucessão, que confere à sucessão uma virtude própria ou que recebe toda a virtude da sucessão, que, em todo o caso, torna a sucessão, ou *continuidade de interpenetração* no tempo, irredutível a uma simples justaposição instantânea no espaço. Por isso a ideia de ler em um estado presente do universo material o futuro das formas vivas e de desenrolar de uma vez a sua história futura deve conter um verdadeiro absurdo. Mas esse absurdo é difícil de definir, porque a nossa memória tem o costume de alinhar em um espaço ideal os termos que ela percebe de maneira sucessiva, porque tem sempre da sucessão *passada* uma representação em forma de justaposição. Aliás, pode fazê-lo precisamente porque o passado é algo já inventado, algo morto, ao contrário de criação e vida. Então, como a futura sucessão acabará por ser uma sucessão passada, convencemo-nos de que a futura duração implica o mesmo tratamento que a duração passada, de que pode ser desenrolada desde já, de que temos o futuro ao alcance da mão, enrolado, já pintado na tela. Ilusão, evidentemente, mas ilusão natural, impossível de desenraizar, que durará enquanto durar o espírito humano!

Ou o tempo é invenção, ou então não é nada. Mas a física é incapaz de levar em conta o tempo-invenção, por estar sujeita ao método cinematográfico. Limita-se a contar as simultaneidades entre os elementos constitutivos desse tempo e as posições do móvel T sobre a sua trajetória. Desliga esses elementos do todo que reveste a cada momento uma nova forma e que lhes comunica alguma coisa da sua novidade. Considera-os no estado abstrato, tais como seriam fora do todo vivo, isto é, em um tempo desenrolado em espaço. Só retém os acontecimentos ou sistemas de acontecimentos que é possível isolar sem os fazer sofrer uma deformação demasiado profunda, porque só eles se prestam à aplicação do seu método. A nossa física data do dia em que se soube isolar tais sistemas. Em resumo, se a *física moderna se distingue da antiga na medida em que considera qualquer momento do tempo, por outro lado assenta inteiramente na substituição do tempo-invenção pelo tempo-extensão.*

Parece, pois, que, paralelamente a essa física, se deveria ter constituído um segundo gênero de conhecimento, capaz de reter aquilo que a física deixava escapar. A ciência não queria nem podia dominar o próprio fluxo da duração, por estar presa ao método cinematográfico. Pôr-se-ia de lado esse método. Exigir-se-ia ao espírito que renunciasse aos seus hábitos mais queridos. Por um esforço de simpatia, passar-se-ia para o interior do devir. Deixaria de se perguntar onde estará um móvel, que configuração tomará um sistema, por que estado passará uma mudança a qualquer momento: os momentos do tempo, que não passam de paragens da nossa atenção, teriam sido abolidos; seria o escoar do tempo, o próprio fluxo do real que se tentaria seguir. O primeiro gênero de conhecimento tem a vantagem de nos deixar prever o futuro e de nos tornar, em certa medida, senhores dos acontecimentos; em compensação, só retém da realidade movente imobilidades eventuais, isto é, visões tomadas dela pelo nosso espírito: simboliza o real transpondo-o em humano, em vez de o exprimir. O outro conhecimento, no caso de ser possível, será praticamente inútil, não aumentará o nosso domínio sobre a natureza, contrariará até certas aspirações naturais da inteligência; mas, se tivesse êxito, abarcaria a própria realidade em uma apreensão definitiva. Com ele não se completaria apenas a inteligência e o seu conhecimento da matéria, habituando-a a instalar-se no movente: desenvolvendo também uma outra faculdade, complementar daquela, abrir-se-ia uma perspectiva sobre a outra metade do real. Porque, quando se está em presença da duração verdadeira, vê-se que ela significa criação e que, se aquilo que se desfaz dura, só pode ser devido à sua solidariedade com aquilo que se faz. Assim, a necessidade de um aumento contínuo do universo surgiria, quer dizer, de uma *vida* do real. E a partir daí encarar-se-ia sob um novo aspecto a vida que encontramos à superfície do nosso planeta, vida esta dirigida no mesmo sentido que a do universo e no sentido inverso da materialidade. Finalmente, à inteligência acrescentar-se-ia a intuição.

Quanto mais se refletir sobre isso, melhor se verá ser essa concepção da metafísica aquela que a ciência moderna sugere.

Para os antigos, com efeito, o tempo é teoricamente desdenhável, porque a duração de uma coisa só manifesta a degradação da sua essência: é dessa essência imóvel que a ciência trata. Sendo a mudança apenas o esforço de uma Forma em direção da sua própria realização, a realização é tudo quanto nos interessa conhecer. Evidentemente, essa realização nunca é completa; é o que a filosofia antiga exprime, dizendo que não percebemos forma sem matéria. Mas se considerarmos o objeto mutante em um determinado momento essencial, no seu apogeu, podemos dizer que ele quase alcança a sua forma inteligível. A nossa ciência apodera-se dessa forma inteligível, ideal, forma-limite, por assim dizer. E uma vez na posse da moeda de ouro, possui eminentemente o pequeno troco que é a mudança. Este é menos que ser. O conhecimento que o tomasse como objeto, a supor que fosse possível, seria menos que ciência.

Mas, para uma ciência que coloca todos os instantes do tempo ao mesmo nível, que não admite nenhum momento essencial, nenhum ponto culminante, nenhum apogeu, a mudança já não é uma diminuição da essência, nem a duração uma diluição da eternidade. O fluxo do tempo passa a ser aqui a própria realidade, e o que se estuda são as coisas que vão passando. É certo que se tiram apenas fotografias instantâneas da realidade que passa. Mas, devido precisamente a essa razão, o conhecimento científico deveria exigir outro, que o contemplasse. Ao passo que a concepção antiga do conhecimento científico acabava por fazer do tempo uma degradação, da mudança a diminuição de uma Forma dada desde sempre, pelo contrário, seguindo até o fim a nova concepção, acabaria por se ver no tempo um aumento progressivo do absoluto e na evolução das coisas uma invenção contínua de novas formas.

É certo que isso equivaleria a romper com a metafísica dos antigos. Estes só entendiam uma maneira de saber definitivamente. A sua ciência consistia em uma metafísica dispersa e fragmentária, a sua metafísica em uma ciência concentrada e sistemática: eram, quando muito, duas espécies de um único gênero. Pelo contrário, dentro da hipótese em que nos colocamos, ciência e metafísica seriam duas maneiras opostas, embora complementares, de conhecer, retendo a primeira apenas instantes, isto é, aquilo que não dura, incidindo a segunda sobre a duração propriamente dita. Era natural que se hesitasse entre uma concepção tão nova da metafísica e a concepção tradicional. Devia até haver uma grande tentação de recomeçar com a nova ciência aquilo que tinha sido tentado com a antiga, de supor imediatamente consumado o nosso conhecimento científico da natureza, de unificá-lo completamente, e de dar a essa unificação, como já o tinham feito os gregos, o nome de metafísica. Assim, ao lado do novo caminho que a filosofia podia abrir, continuava aberto o antigo. Era precisamente aquele por onde seguia a física. E como a física só retinha do tempo aquilo que poderia também ser imediatamente projetado no espaço, a metafísica que seguisse essa direção devia necessariamente proceder como se o tempo não criasse nem aniquilasse nada, como se a duração não tivesse eficácia. Ligada, como a física dos modernos e a metafísica dos antigos, ao método cinematográfico, chegava a esta conclusão, implicitamente admitida desde o início e imanente ao próprio método: *Tudo é dado*.

Que a metafísica tenha hesitado de início entre os dois caminhos, é coisa que não nos parece contestável. A oscilação está bem patente no cartesianismo. Por um lado, Descartes afirma o mecanismo universal: desse ponto de vista, o movimento seria relativo e, como o tempo tem exatamente tanta realidade como o movimento, passado, presente e futuro deveriam ser dados desde sempre. Mas, por outro lado (e foi por isso que o filósofo não foi até estas últimas consequências), Descartes acredita no livre-arbítrio do homem. Sobrepõe ao determinismo dos fenômenos físicos o indeterminismo das ações humanas, e sobrepõe, consequentemente, ao tempo-extensão uma duração em que há invenção, criação, sucessão verdadeira. Atribui essa duração a um Deus que renova incessantemente o ato criador e que, sendo assim tangente ao tempo e ao devir, os sustenta, lhes comunica necessariamente alguma coisa da sua absoluta realidade. Quando se coloca nesse segundo ponto de vista, Descartes fala do movimento, mesmo espacial, como de um absoluto.

Seguiu, portanto, alternadamente, ambos os caminhos, decidido a não seguir nenhum dos dois até ao fim. O primeiro tê-lo-ia conduzido à negação do livre-arbítrio no homem e do verdadeiro querer de Deus. Era a supressão de toda duração eficaz, a assimilação do universo a uma coisa *dada* que uma inteligência sobre-humana abarcaria de uma vez, no instantâneo ou no eterno. Seguindo o segundo, pelo contrário, chegava a todas as consequências implicadas pela intuição da duração verdadeira. A criação já não aparecia simplesmente como *continuada*, mas como *contínua*. O universo, considerado no seu conjunto, evoluía verdadeiramente. O futuro já não era determinável em função do presente; o mais que se podia dizer era que, uma vez realizado, podia-se reencontrá-lo nos seus antecedentes, tal como os sons de uma nova língua podem ser expressos com as letras de um alfabeto antigo: dilata-se então o valor das letras, atribui-se-lhes retroativamente sonoridades que nenhuma combinação dos antigos sons permitiria prever. Finalmente, a explicação mecanicista podia permanecer universal na medida em que se estendesse a tantos sistemas quantos se quisessem delimitar na continuidade do universo; mas assim o mecanicismo passava a ser um *método*, em vez de uma *doutrina*. Exprimia que a ciência deve proceder segundo a maneira cinematográfica, que o seu papel é marcar o ritmo de escoamento das coisas, e não inserir-se nele. Eram essas as duas concepções opostas da metafísica que se ofereciam à filosofia.

Foi dada preferência à primeira. A razão dessa escolha reside com certeza na tendência do espírito para proceder de acordo com o método cinematográfico, método tão natural à nossa inteligência, tão bem-adaptado também às necessidades da nossa ciência, que é preciso ter-se uma certeza duas vezes maior da sua impotência especulativa para a ele renunciar em metafísica. Mas a influência da filosofia antiga também se fez sentir um pouco. Artistas para sempre admiráveis, os gregos criaram um tipo de verdade suprassensível, como de beleza sensível, a cuja sedução é difícil resistir. Quando se tende para fazer da metafísica uma sistematização da ciência, escorrega-se na direção de Platão e Aristóteles. E, depois de ter entrado na zona de atração seguida pelos filósofos gregos, é-se apanhado na sua órbita.

Assim se constituíram as doutrinas de Leibniz e de Spinoza. Não desconhecemos os tesouros de originalidade que elas encerram. Spinoza e Leibniz lançaram nelas o conteúdo da sua alma, com a riqueza das invenções do seu gênio e das aquisições do espírito moderno. Há em ambos, sobretudo em Spinoza, impulsos de intuição que fazem estalar o sistema. Mas, se se eliminar das duas doutrinas aquilo que lhes confere animação e vida, retendo apenas a sua ossatura, fica-se perante a própria imagem a que se chegaria contemplando o platonismo e o aristotelismo por meio do mecanismo cartesiano. Fica-se em presença de uma sistematização da nova física, sistematização esta que é construída segundo o modelo da antiga metafísica.

Que poderia ser, com efeito, a unificação da física? A ideia inspiradora dessa ciência era isolar, no seio do universo, sistemas de pontos materiais tais que, sendo a posição de cada um desses pontos conhecida em um momento dado, se pudesse calculá-la depois para um momento qualquer. Aliás, como os sistemas assim definidos eram os únicos que a nova ciência podia dominar, e como não se podia dizer *a priori* se um sistema satisfazia ou não satisfazia a condição pretendida, era útil proceder sempre e em toda a parte *como se* a condição estivesse realizada. Havia aqui uma regra metodológica claramente indicada e tão evidente que nem sequer se tornava necessário formulá-la. Com efeito, o simples bom-senso diz-nos que, quando estamos na posse de um instrumento eficaz de pesquisa e ignoramos os limites da sua aplicabilidade, devemos proceder como se essa aplicabilidade não tivesse limites: haverá sempre tempo para recuar. Mas para o filósofo devia haver uma forte tentação de hipostasiar essa esperança, ou melhor, esse impulso da nova ciência, e de converter uma regra geral de método em lei fundamental das coisas. Passava-se então para o limite; supunha-se a física consumada e abrangendo a totalidade do mundo sensível. O universo passava a ser um sistema de pontos cuja posição era rigorosamente determinada a cada instante em relação ao instante anterior, e teoricamente calculável para um momento qualquer. Chegava-se, em resumo, ao mecanismo universal. Mas não bastava formular esse mecanismo: era preciso fundamentá-lo, isto é, provar a sua necessidade, mostrar a sua razão. E, sendo a afirmação essencial do mecanismo a de uma solidariedade matemática de todos os pontos do universo entre si, de todos os momentos do universo entre si, a razão do mecanismo devia encontrar-se na unidade de um princípio em que se contraísse tudo aquilo que há de justaposto no espaço, de sucessivo no tempo. A partir daí supunha-se dada de uma só vez a totalidade do real. A determinação recíproca das aparências justapostas no espaço estava ligada à indivisibilidade do ser verdadeiro. E o determinismo rigoroso dos fenômenos sucessivos no tempo exprimia simplesmente que o todo do ser é dado no eterno.

A nova filosofia ia, portanto, ser um recomeço, ou melhor, uma transposição da antiga. Esta tinha tomado cada um dos *conceitos* nos quais se concentra um devir ou é marcado o seu apogeu; supunha-os todos conhecidos e reunia-os em um conceito único, forma das formas, ideia das ideias, como o Deus de Aristóteles. Aquela ia tomar cada uma das *leis* que condicionam um devir em relação a outros e que são como que o substrato permanente dos fenômenos: supô-las-ia todas conhecidas e reuni-las-ia em uma unidade que as exprimisse, mas que, tal como o Deus de Aristóteles e pelas mesmas razões, devia permanecer imutavelmente encerrada em si mesma.

É certo que esse retorno à filosofia antiga não deixava de acarretar grandes dificuldades. Quando um Platão, um Aristóteles ou um Plotino fundamentam todos os conceitos da sua ciência em um só, abrangem assim a totalidade do real, pois os conceitos representam as próprias coisas e possuem pelo menos tanto conteúdo positivo quanto elas. Mas uma lei, em geral, exprime apenas uma relação, e em especial as leis físicas traduzem apenas relações quantitativas entre as coisas concretas. De modo que, se um filósofo moderno opera sobre as leis da nova ciência tal como a filosofia da Antiguidade fazia com os conceitos da antiga, se ele faz convergir em um único ponto todas as conclusões de uma física supostamente onisciente, deixa de lado o que nos fenômenos existe de concreto: as qualidades percebidas, as próprias percepções. A sua síntese abrange apenas, ao que parece, uma parcela da realidade. De fato, o primeiro resultado da nova ciência foi cortar o real em duas metades, quantidade e qualidade, sendo uma delas ligada aos *corpos* e a outra às *almas*. Os antigos não tinham erguido semelhantes barreiras nem entre a qualidade e a quantidade, nem entre a alma e o corpo. Para eles, os conceitos matemáticos eram conceitos como quaisquer outros, aparentados aos outros e inserindo-se muito naturalmente na hierarquia das ideias. Nem o corpo era então definido pela extensão geométrica, nem a alma pela consciência. Se a ψυχή de Aristóteles, enteléquia de um corpo vivo, é menos espiritual que a nossa "alma", é porque o seu σῶμα, já embebido de ideia, é menos corpóreo que o nosso "corpo". Não havia portanto ainda uma cisão irremediável entre os dois termos. Mas depois passou a haver, e a partir daí uma metafísica que visasse a uma unidade abstrata deveria resignar-se ou a só incluir na sua síntese uma metade do real, ou pelo contrário a aproveitar a absoluta irredutibilidade das duas metades entre si para considerar uma delas como *tradução* da outra. Frases diferentes dirão coisas diferentes se pertencerem à mesma língua, quer dizer, se tiverem entre si um certo parentesco de som. Pelo contrário, se pertencerem a duas línguas diferentes, poderão, devido precisamente à sua radical diversidade de som, exprimir a mesma coisa. O mesmo se passa com a qualidade e a quantidade, com a alma e o corpo. Foi por ter cortado todos os laços entre os dois termos que os filósofos foram levados a estabelecer entre ambos um paralelismo rigoroso, em que os antigos não haviam pensado, a tomá-los por traduções, e não inversões um do outro, enfim, a dar como substrato da sua dualidade uma identidade fundamental. A síntese a que se tinha chegado passava assim a ser capaz de abranger tudo. Um divino mecanismo fazia corresponder, cada um a cada um, os fenômenos do pensamento aos da extensão, as qualidades às quantidades e as almas aos corpos.

É esse mesmo paralelismo que vamos encontrar em Leibniz e em Spinoza, sob formas diferentes, é certo, por causa da diferença de importância que conferem à extensão. Em Spinoza, os dois termos Pensamento e Extensão são colocados, pelo menos em princípio, ao mesmo nível. São, portanto, duas traduções do mesmo original ou, como diz Spinoza, dois atributos da mesma substância, a que se deve chamar Deus. E essas duas traduções, tal como uma afinidade de outras em línguas que não conhecemos, são chamadas e até exigidas pelo original, tal como a essência do círculo se traduz automaticamente, por assim dizer, por uma figura e por uma equação. Para Leibniz, pelo contrário, a extensão continua a ser uma tradução, mas o pensamento é que é o original, e este poderia passar sem tradução, pois a tradução é feita apenas para nós. E afirmando Deus afirmam-se também necessariamente todas as visões possíveis de Deus, quer dizer, as mônadas. Mas podemos sempre imaginar que uma visão foi tomada de um ponto de vista, e é natural em um espírito imperfeito como o nosso classificar as visões, qualitativamente diferentes, segundo a ordem e a posição dos pontos de vista, qualitativamente idênticos, de onde as visões teriam sido tomadas. Na realidade, os pontos de vista não existem, pois há apenas visões, cada uma delas dada em um bloco indivisível e representando à sua maneira, o todo da realidade, que é Deus. Mas temos necessidade de traduzir pela multiplicidade desses pontos de vista, exteriores uns aos outros, a pluralidade das visões diferentes entre si, assim como de simbolizar pela situação relativa desses pontos de vista entre si, pela sua proximidade ou seu afastamento, isto é, por uma grandeza, o parentesco mais ou menos próximo das visões umas com as outras. É isso que Leibniz exprime quando diz que o espaço é a ordem dos coexistentes, que a percepção da extensão é uma percepção confusa (isto é, relativa a um espírito imperfeito), e que há apenas mônadas, querendo significar que o Todo real não tem partes, mas que é repetido até o infinito, e de todas as vezes integralmente (embora diversamente) no interior de si mesmo, e que todas essas repetições são complementares umas das outras. É assim que o relevo visível de um objeto equivale ao conjunto das visões estereoscópicas que se tomariam dele de todos os pontos, e que, em vez de ver no relevo uma justaposição de partes sólidas, se poderia também considerá-lo feito da *complementaridade recíproca* dessas visões integrais, cada uma delas dada em bloco, cada uma delas indivisível, cada uma delas diferente das outras e todavia representativa da mesma coisa. O Todo, quer dizer, Deus, é para Leibniz o próprio relevo, e as mônadas são visões planas complementares umas das outras: é por isso que define Deus como "a substância que não tem ponto de vista", ou ainda "a harmonia universal", isto é, a complementaridade recíproca das mônadas. Em resumo, Leibniz diverge aqui de Spinoza na medida em que considera o mecanismo universal um aspecto que a realidade toma para nós, ao passo que Spinoza faz dele um aspecto que a realidade toma para ela.

É certo que, depois de ter concentrado em Deus a totalidade do real, se lhes tornava difícil passar de Deus para as coisas, da eternidade para o tempo. Para esses filósofos as dificuldades eram até maiores que para um Aristóteles ou um Plotino. O Deus de Aristóteles, com efeito, tinha sido obtido a partir da compressão e compenetração recíproca das Ideias que representam, no estado perfeito ou no ponto culminante, as coisas que mudam no mundo. Era, portanto, transcendente ao mundo, e a duração das coisas justapunha-se à sua eternidade, da qual era um enfraquecimento. Mas o princípio a que se é levado ao considerar o mecanismo universal, e que lhe deve servir de substrato, já não condensa em si conceitos ou *coisas*, mas sim leis ou *relações*. Ora, uma relação não existe separadamente. Uma lei liga entre si termos que mudam; é imanente àquilo que rege.

O princípio onde todas essas relações acabam por se condensar, e que fundamenta a unidade da natureza, não pode já, pois, ser transcendente à realidade sensível; é-lhe imanente, e é preciso supor ao mesmo tempo que ele existe no tempo e fora do tempo, concentrado na unidade da sua substância e condenado, todavia, a desenrolá-la em uma cadeia sem princípio nem fim. Em vez de formular uma contradição de tal modo chocante, os filósofos deviam ser levados a sacrificar o mais fraco dos dois termos e a considerar o aspecto temporal das coisas uma pura ilusão. Leibniz diz isso mesmo, pois faz do tempo, assim como do espaço, uma percepção confusa. Se a multiplicidade das suas mônadas exprime apenas a diversidade das visões tomadas sobre o conjunto, a história de uma mônada isolada não parece ser, para este filósofo, senão a pluralidade das visões que uma mônada pode ter da sua própria substância: de modo que o tempo consistiria no conjunto dos pontos de vista de cada mônada sobre si mesma, e o espaço no conjunto dos pontos de vista de todas as mônadas sobre Deus. Mas o pensamento de Spinoza é muito menos claro, e parece que este filósofo procurou estabelecer entre a eternidade e aquilo que dura a mesma diferença que havia para Aristóteles entre a essência e os acidentes: empreendimento mais difícil que qualquer outro, visto que a ὕλη de Aristóteles não estava à mão para medir o afastamento e explicar a passagem do essencial ao acidental, pois Descartes a havia eliminado de uma vez para sempre. Seja como for, quanto mais se aprofunda a concepção spinozista do "inadequado" nas suas relações com o "adequado", mais se sente que se cai para o lado do aristotelismo, tal como as mônadas leibnizianas, à medida que se vão delineando mais claramente, tendem mais para se aproximar dos Inteligíveis de

Plotino. A tendência natural dessas duas filosofias leva-as de volta às conclusões da filosofia antiga.

Em resumo, as semelhanças entre essa nova metafísica e a dos antigos têm origem no fato de ambas suporem constituída, aquela acima do sensível e esta no seio do próprio sensível, uma Ciência una e completa, com a qual coincidiria tudo o que o sensível contém de realidade. *Tanto para uma como para outra, a realidade, tal como a verdade, seria integralmente dada na eternidade.* Tanto a uma como a outra repugna a ideia de uma realidade que se iria criando, isto é, no fundo, de uma duração absoluta.

Não haveria, aliás, qualquer dificuldade em demonstrar que as conclusões dessa metafísica, oriunda da ciência, tiveram eco mesmo no interior da ciência, por uma espécie de ricochete. Todo o nosso pretenso empirismo está ainda impregnado delas. A física e a química estudam apenas a matéria inerte; a biologia, quando trata física e quimicamente o ser vivo, só considera nele o aspecto da inércia. Portanto, as explicações mecanicistas englobam apenas, apesar do seu desenvolvimento, uma pequena parte do real. Supor *a priori* que a totalidade do real se pode resolver em elementos desse gênero, ou pelo menos que o mecanismo poderia fornecer uma tradução integral do que acontece no mundo, é optar por uma certa metafísica, precisamente aquela cujos princípios um Spinoza e um Leibniz formularam, cujas consequências tiraram. É certo que um psicofisiologista que afirma a equivalência exata do estado cerebral e do estado psicológico, que imagina a possibilidade, para uma inteligência sobre-humana qualquer, de ler no cérebro o que se passa na consciência, julga-se muito longe dos metafísicos do século XVII e muito perto da experiência. Contudo, a experiência pura e simples não nos diz nada de semelhante. Ela mostra-nos a interdependência do físico e do moral, a necessidade de um certo substrato cerebral para o estado psicológico, nada mais. Do fato de um termo ser solidário de outro termo não se conclui que haja equivalência entre ambos. Porque um certo parafuso é necessário para uma certa máquina, porque a máquina funciona quando se põe o parafuso e para quando se tira, não se conclui que o parafuso seja o equivalente da máquina. Seria preciso, para que a correspondência fosse equivalência, que a uma parte qualquer da máquina correspondesse uma parte determinada do parafuso — tal como em uma tradução literal, em que cada capítulo restitui um capítulo, cada frase uma frase, cada palavra uma palavra. Ora, a relação entre o cérebro e a consciência parece ser coisa muito diferente. Não apenas a hipótese de uma equivalência entre o estado psicológico e o estado cerebral implica um verdadeiro absurdo, conforme procuramos provar em um trabalho anterior,[10] mas também os fatos, interrogados sem preconceitos, parecem indicar claramente que a relação entre um e outro é precisamente a mesma que entre a máquina e o parafuso. Falar de uma equivalência entre os dois termos é simplesmente mutilar — tornando-a quase ininteligível — a metafísica spinoziana ou leibniziana. Aceita-se essa filosofia, sem alterações, do lado da Extensão, mas mutila-se do lado do Pensamento. Com Spinoza, com Leibniz, supõe-se consumada a síntese unificadora dos fenômenos da matéria: tudo nela se explicaria mecanicamente. Mas quanto aos fatos conscientes não se leva a síntese até ao fim. Para-se no meio do caminho. Supõe-se a consciência coextensiva a esta ou àquela parte da

---

10 BERGSON, H. *Matéria e memória*: ensaio sobre a relação do corpo com o espírito. São Paulo: WMF Martins Fontes, 2010. [N. E.]

natureza, e já não à natureza inteira. Chega-se, assim, ora a um "epifenomenismo" que liga a consciência a certas vibrações particulares e a coloca aqui e ali no mundo, em estado esporádico, ora a um "monismo" que fragmenta a consciência em tantos grãozinhos quantos os átomos que existem. Mas quer em um caso, quer em outro chega-se a um spinozismo ou a um leibnizismo incompletos. Entre essa concepção da natureza e o cartesianismo não é difícil, aliás, encontrar os intermediários históricos. Os médicos filósofos do século XVIII, com o seu cartesianismo restritivo, tiveram um importante papel na gênese do "epifenomenismo" e do "monismo" contemporâneos.

Sucede assim que essas doutrinas constituem um retrocesso em relação à crítica kantiana. É certo que a filosofia de Kant está também imbuída da crença em uma ciência una e integral, abrangendo a totalidade do real, e até mesmo, encarada de um certo ponto de vista, é um simples prolongamento da metafísica dos modernos e uma transposição da metafísica antiga. Seguindo o exemplo de Aristóteles, Spinoza e Leibniz tinham hipostasiado em Deus a unidade do saber. A crítica kantiana, pelo menos em um dos seus aspectos, consistiu em perguntar se a totalidade dessa hipótese seria tão necessária para a ciência moderna como o tinha sido para a antiga, ou se não bastaria apenas uma parte dessa hipótese. Para os antigos, com efeito, a ciência incidia sobre conceitos, isto é, sobre espécies de *coisas*. Comprimindo todos os conceitos em um só, chegavam, portanto, necessariamente a um *ser*, a que sem dúvida se podia chamar Pensamento, mas que era mais pensamento-objeto que pensamento-sujeito: quando Aristóteles definia Deus como a νοήσεως νόησις, era provavelmente νοήσεως, e não νόησις, que ele acentuava mais. Deus era aqui a síntese de todos os conceitos, a ideia das ideias. Mas a ciência moderna trabalha com leis, isto é, com relações. Ora, uma relação é uma ligação estabelecida por um espírito entre dois ou mais termos. Uma relação não é nada fora da inteligência que relaciona. Portanto o universo só pode ser um sistema de leis se os fenômenos passarem pelo filtro de uma inteligência. Essa inteligência poderia sem dúvida ser a de um ser infinitamente superior ao homem, que fundamentaria a materialidade das coisas ao mesmo tempo que as ligaria entre si: era essa a hipótese de Leibniz e de Spinoza. Mas não é necessário ir tão longe e, para o efeito que aqui se trata de conseguir, a inteligência humana é suficiente e esta precisamente a solução kantiana. Entre o dogmatismo de um Spinoza ou de um Leibniz e a crítica de Kant há exatamente a mesma distância que entre o "é preciso que" e o "é suficiente que". Kant detém esse dogmatismo no plano inclinado que o faz ir demasiado longe, em direção à metafísica grega: reduz ao mínimo indispensável a hipótese que é preciso formular para supor indefinidamente extensível a física de Galileu. É certo que, quando fala da inteligência humana, não é nem da vossa nem da minha que se trata. A unidade da natureza poderia de fato provir do entendimento humano que unifica, mas a função unificadora que opera aqui é impessoal. Comunica-se às nossas consciências individuais, mas ultrapassa-as. É muito menos que um Deus substancial; é um pouco mais, contudo, que o trabalho isolado de um homem ou até que o trabalho coletivo da humanidade. Não faz precisamente parte do homem; é antes o homem que existe nela, como em uma atmosfera de intelectualidade que a sua consciência respirasse. É, se se quiser, um *Deus formal*, algo que não é ainda divino em Kant, mas que tende a tornar-se divino. Nota-se isso claramente com Fichte. Seja como for, o seu papel principal, em Kant, é dar ao conjunto da nossa ciência um caráter relativo e *humano*, embora de uma humanidade já um tanto divinizada. A crítica de Kant, encarada desse ponto de vista, consistiu sobretudo em limitar o dogmatismo dos seus antecessores, aceitando deles a concepção da ciência e reduzindo ao mínimo aquilo que ela implicava de metafísico.

Mas já não acontece o mesmo quanto à distinção kantiana entre a matéria e a forma do conhecimento. Vendo na inteligência, antes de mais nada, uma faculdade de estabelecer relações. Kant atribuía aos termos entre os quais as relações se estabelecem uma origem extraintelectual. Afirmava, contra os seus antecessores imediatos, que o conhecimento não se pode resolver inteiramente em termos de inteligência. Reintegrava na filosofia, mas modificando-o, transpondo-o para outro plano, aquele elemento essencial da filosofia de Descartes que havia sido abandonado pelos cartesianos.

Abria assim caminho para uma nova filosofia, que se instalasse na matéria extraintelectual do conhecimento por um esforço superior de intuição. Coincidindo com essa matéria, adotando o mesmo ritmo e o mesmo movimento, não poderia acaso a consciência, por dois esforços de sentido inverso, elevando-se e abaixando-se alternadamente, captar do interior, em vez de perceber do exterior, as duas formas da realidade, o corpo e o espírito? Esse duplo esforço não nos permitiria, na medida do possível, reviver o absoluto? Como, aliás, no decurso dessa operação, se veria a inteligência surgir de si mesma, recortar-se no todo do espírito, o conhecimento intelectual apareceria então tal qual é limitado, mas já não relativo.

Tal era a direção que o kantismo podia indicar a um cartesianismo revivificado. Mas o próprio Kant não seguiu essa direção.

Não quis segui-la porque, embora atribuísse ao conhecimento uma matéria extraintelectual, julgava essa matéria ou coextensiva à inteligência, ou mais estreita que a inteligência. A partir de então já não podia pensar em recortar nela a inteligência, nem, consequentemente, em delinear a gênese do entendimento e das suas categorias. Os quadros do entendimento e o próprio entendimento deviam ser aceitos tais quais eram, consumados. Entre a matéria apresentada à nossa inteligência e essa mesma inteligência não havia qualquer parentesco. O acordo entre ambos provinha do fato de a inteligência impor a sua forma à matéria. De modo que não só era preciso ter a forma intelectual do conhecimento como uma espécie de absoluto e renunciar a traçar a sua gênese, como também a própria matéria desse conhecimento parecia demasiado triturada pela inteligência para que se pudesse esperar atingi-la na sua pureza original. Ela não era a "coisa em si", era apenas uma refração desta por intermédio da nossa atmosfera.

Se agora nos perguntarmos por que razão Kant não pensava que a matéria do nosso conhecimento ultrapassava a sua forma, eis ao que chegamos. A crítica do nosso conhecimento da natureza instituída por Kant consistiu em distinguir aquilo que o nosso espírito deve ser e aquilo que a natureza deve ser, *se* as pretensões da nossa ciência se justificam; mas dessas pretensões propriamente ditas Kant não faz uma crítica. Quero dizer que ele aceitou sem discutir a ideia de uma ciência una, capaz de abraçar com a mesma força todas as partes do dado e de coordená-las em um sistema que apresentasse em todos os seus aspectos uma idêntica solidez. Não considerou, na *Crítica da razão pura*, que a ciência se tornasse cada vez menos objetiva, cada vez mais simbólica, à medida que passava do físico para o vital, do vital para o psíquico. A experiência não caminha, a nossos olhos, em dois sentidos diferentes e talvez opostos, um deles conforme à direção da nossa inteligência e o outro contrário a ela. Para ele há apenas *uma* experiência, e a inteligência abrange toda a sua extensão. É isso que Kant exprime quando diz que todas as nossas instituições são sensíveis ou, em outras palavras, infraintelectuais. E seria com efeito necessário reconhecer isso, se a nossa ciência apresentasse em todos os seus aspectos uma idêntica objetividade. Mas suponhamos, pelo contrário, que a ciência seja cada vez menos objetiva, cada vez mais simbólica, à medida que passa do físico para o psíquico, passando pelo vital. Então, como é forçoso perceber de algum modo uma coisa para chegar a simbolizá-la, haveria uma intuição do psíquico, e mais geralmente do vital, que sem dúvida a inteligência transporia e traduziria, mas que por esse fato não deixaria de ultrapassar a inteligência. Por outras palavras, haveria uma intuição supraintelectual. Se essa intuição existe, então é possível uma tomada de posse do espírito por si mesmo, e não já apenas um conhecimento exterior e fenomênico. Mais ainda: se temos uma intuição desse gênero, quer dizer, ultraintelectual, a intuição sensível está com certeza em continuidade com ela por meio de certos intermediários, tal como o infravermelho com o ultravioleta. Portanto, a intuição sensível vai elevar-se. Já não captará simplesmente o fantasma de uma inatingível coisa em si. É mais uma vez (desde que se façam certas correções indispensáveis) no absoluto que ela nos vai introduzir. Enquanto se via nela a única matéria da nossa ciência, recaía sobre toda ciência algo da relatividade que limita um conhecimento científico do espírito; e a partir de então a percepção dos corpos, que é o início da ciência dos corpos, aparecia ela própria como relativa. Portanto, a intuição sensível parecia também ser relativa. Mas o mesmo já não acontece se se fizerem distinções entre as diversas ciências, e se se vir no conhecimento científico do espírito (tal como do vital, consequentemente) a extensão mais ou menos artificial de uma certa maneira de conhecer que, aplicada aos corpos, não era absolutamente nada simbólica. Vamos mais longe: se há assim duas intuições de ordem diferente (obtendo-se, aliás, a segunda por meio de uma inversão do sentido da primeira), e se é para o lado da segunda que a inteligência naturalmente se inclina, não existe diferença essencial entre a inteligência e essa mesma intuição. As barreiras caem entre a matéria do conhecimento sensível e a sua forma, tal como entre as "formas puras" da sensibilidade e as categorias do entendimento. Veem-se a matéria e a forma do conhecimento intelectual (restrita ao seu próprio objeto) engendrarem-se uma à outra por uma adaptação recíproca, modelando-se a inteligência pela corporeidade e a corporeidade pela inteligência.

Mas Kant não queria nem podia admitir esta dualidade da intuição. Seria preciso, para admiti-la, ver na duração a própria matéria da realidade e, consequentemente, distinguir entre a duração substancial das coisas e o tempo fragmentado em espaço. Seria preciso ver no próprio espaço, e na geometria que lhe é imanente, um termo ideal na direção do qual as coisas materiais se desenvolvem, mas onde elas não são desenvolvidas. Nada mais contrário, ao rigor, e talvez também ao espírito, da *Crítica da razão pura*. É certo que o conhecimento nos é aqui apresentado como uma lista sempre em aberto, e a experiência como um brotar de fatos que prossegue indefinidamente. Mas segundo Kant esses fatos vão-se dispersando em um plano; são exteriores uns aos outros e exteriores ao espírito. De um conhecimento pelo interior, que os captaria no próprio momento em que brotam em vez de apanhá-los já depois de brotados, que passaria assim por baixo do espaço e do tempo espacializado, é coisa de que nunca fala. E, contudo, é realmente nesse plano que a nossa consciência nos coloca; é essa a verdadeira duração.

Nesse aspecto Kant está mais uma vez bastante próximo dos seus antecessores. Entre o intemporal e o tempo disperso em momentos distintos, Kant não admite meio-termo. E como não há uma intuição que possa nos transportar para o intemporal, sucede assim que toda intuição é sensível, por definição. Mas entre a existência física, que está dispersa no espaço, e uma existência intemporal, que só poderia ser uma existência conceitual e lógica, como aquela de que falava o dogmatismo metafísico, não haverá lugar para a consciência e para a vida? Sim, incontestavelmente. Descobre-se isso logo que se toma lugar na duração, para daí ir até os momentos, em vez de partir dos momentos para os ligar em duração.

Todavia, foi para o lado de uma intuição intemporal que se orientaram os sucessores imediatos de Kant, para fugir ao relativismo kantiano. É certo que as ideias de devir, de progresso, de evolução parecem ocupar um lugar importante na sua filosofia. Mas a duração desempenhará nelas verdadeiramente um papel? A duração real é aquela em que cada forma deriva das formas anteriores, acrescentando-lhes alguma coisa, e explica-se em razão delas na medida em que pode ser explicada. Mas deduzir essa forma, diretamente, do Ser global que se supõe que ela manifeste, é voltar ao spinozismo. É, tal como Leibniz e Spinoza, negar à duração toda e qualquer ação eficaz. A filosofia pós-kantiana, apesar de ter sido muito severa para com as teorias mecanicistas, aceita a ideia mecanicista de uma ciência una, a mesma para toda espécie de realidade. E está mais próxima dessa doutrina do que imagina; pois se, ao considerar a matéria, a vida e o pensamento, substitui os graus sucessivos de complicação, supostos pelo mecanicismo, por graus de realização de uma Ideia ou por graus de objetivação de uma Vontade, continua a falar de graus, que seriam como que os degraus de uma escada, percorrida pelo ser em sentido único. Em resumo, distingue na natureza as mesmas articulações nesta distinguidas pelo mecanicismo; mantém todo o desenho geral do mecanicismo; limita-se apenas a substituir as cores dele. Mas o que é preciso substituir é o desenho propriamente dito, ou pelo menos metade dele.

Para tanto seria necessário, é certo, renunciar ao método de construção, que foi o que os sucessores de Kant utilizaram. Seria preciso apelar para a experiência – para uma experiência depurada, quer dizer, desligada, nos pontos em que isso é necessário, dos quadros que a nossa inteligência constituiu paralelamente aos progressos da nossa ação sobre as coisas. Uma experiência desse gênero não é uma experiência intemporal. Procura apenas, para além do tempo espacializado em que julgamos descortinar contínuos rearranjos entre as partes, a duração concreta na qual incessantemente se opera uma radical refundição do todo. Segue o real em todas as suas sinuosidades. Não nos conduz, como o método de construção, a generalidades cada vez mais elevadas, andares sobrepostos de um magnífico edifício. Pelo menos não abandona o jogo entre as explicações que nos sugere e os objetos que importa explicar. O que ela pretende esclarecer são os pormenores do real, e já não apenas o conjunto.

Não resta dúvida de que o pensamento do século XIX exigiu uma filosofia desse gênero, liberta do arbitrário, capaz de descer aos pormenores dos fatos particulares. É também incontestável ter sentido que essa filosofia se deveria instalar naquilo a que chamamos a duração concreta. O aparecimento das ciências morais, os progressos da psicologia, a importância cada vez maior da embriologia no quadro das ciências biológicas, tudo isso devia sugerir a ideia de uma realidade que dura interiormente, que é a própria duração. Por isso, quando apareceu um pensador anunciando uma doutrina de evolução, em que seria traçado o progresso da matéria em direção à perceptibilidade, ao mesmo tempo que a marcha do espírito em direção à racionalidade, em que a complicação das correspondências entre o externo e o interno seria seguida passo a passo, em que a mudança finalmente se tornaria a própria substância das coisas, todos os olhares se voltaram para ele. É daí que vem a força da atração que o evolucionismo spenceriano exerceu sobre o pensamento contemporâneo. Por mais afastado de Kant que Spencer pareça estar, por menos que ele, aliás, conhecesse o kantismo, nem por isso ele deixou de sentir, logo ao primeiro contato que teve com as ciências biológicas, qual a direção que a filosofia poderia continuar a seguir, levando em conta a crítica kantiana.

Mas Spencer parou logo, pouco depois de se ter posto a caminho. Tinha prometido delinear uma gênese, e passou a fazer coisa totalmente diferente. A sua doutrina tinha o nome de evolucionismo; pretendia subir e voltar a descer o curso do devir universal. Na realidade, não tratava nem do devir nem da evolução.

Não é necessário empreender um exame em profundidade dessa filosofia. Digamos simplesmente que o *artifício mais comum do método de Spencer consiste em reconstituir a evolução com fragmentos do evoluído*. Colando uma figura em um cartão e recortando depois o cartão em diversos pedaços, poderei, agrupando adequadamente os cartõezinhos, reproduzir a figura. E a criança que assim brinca com as peças de um quebra-cabeça, que justapõe fragmentos informes de uma figura e acaba por chegar a um belo desenho colorido, com certeza está convencida de ter *produzido* o desenho e a cor. Todavia, o ato de desenhar e de pintar não tem nada a ver com o de reunir os fragmentos de uma figura previamente desenhada, previamente pintada. De modo semelhante, combinando entre si os resultados mais simples da evolução, conseguir-se-á imitar mais ou menos os efeitos mais complexos; mas com isso não se terá traçado a gênese nem de uns nem de outros, e essa adição do evoluído ao evoluído não terá nada a ver com o movimento de evolução propriamente dito.

Contudo é essa a ilusão de Spencer. Considera a realidade sob a sua forma atual; quebra-a, a desfaz em fragmentos que lança ao vento; e depois ele "integra" esses fragmentos e "dissipa o movimento" deles. Depois de ter imitado o Todo com um trabalho de mosaico, imagina ter feito o seu retrato e ter-lhe traçado a gênese.

Trata-se da matéria? Os elementos difusos que ele integra em corpos visíveis e tangíveis têm todo o ar de serem as próprias partículas dos corpos simples, que ele supõe inicialmente disseminadas pelo espaço. De qualquer modo são "pontos materiais" e, portanto, pontos invariáveis, verdadeiros pequenos sólidos: como se a solidez, sendo aquilo que há de mais próximo de nós e de mais manipulável para nós, se pudesse situar na própria origem da materialidade! Quanto mais a física progride, mais ela mostra a impossibilidade de obter uma representação das propriedades do éter ou da eletricidade, base provável de todos os corpos, sobre o modelo das propriedades da matéria que percebemos. Mas a filosofia vai ainda mais longe que o éter, que é uma simples figuração esquematizada das relações captadas pelos nossos sentidos entre os fenômenos. Ela sabe muito bem que o que há de visível e de tangível nas coisas representa a nossa ação possível sobre elas. Não é dividindo o evoluído que se chegará ao princípio daquilo que evolui. Não é recompondo o evoluído consigo mesmo que se reproduzirá a evolução de que ele é o termo.

Trata-se do espírito? Por meio da composição do reflexo com o reflexo, Spencer julga engendrar alternadamente o instinto e a vontade racional. Não se apercebe de que o reflexo especializado, sendo um ponto terminal da evolução, a título idêntico ao da vontade consolidada, não poderia ser suposto inicialmente. É muito provável que o primeiro dos dois termos tenha atingido mais depressa que o outro a sua forma definitiva; mas tanto um como o outro são resultados do movimento evolutivo, e o próprio movimento evolutivo não pode ser expresso apenas em função do primeiro, nem unicamente em função do segundo. Seria preciso começar por misturar o reflexo e o voluntário. Depois seria preciso ir em busca da realidade fluida que se precipita sob essa dupla forma e que, com certeza, participa de ambos sem ser nenhum dos dois. No grau mais baixo da escala animal, nos seres vivos que se reduzem a uma massa protoplásmica indiferenciada, a reação à excitação ainda não faz funcionar um mecanismo determinado, como no reflexo; ainda não pode escolher entre diversos mecanismos determinados, como no ato voluntário; portanto não é voluntária nem reflexa e, contudo, anuncia ambas as coisas. Experimentamos em nós mesmos algo da verdadeira atividade original, quando executamos movimentos semivoluntários e semiautomáticos para fugir a um perigo imediato; mas isso é ainda uma imitação muito imperfeita do processo primitivo, pois aí estamos perante uma mistura de duas atividades já constituídas e localizadas em um cérebro ou em uma medula, ao passo que a atividade primeira é uma coisa simples, que se diversifica pela própria produção de mecanismos semelhantes aos da medula e do cérebro. Mas Spencer fecha os olhos a tudo isso, pois é da essência do seu método recompor o consolidado com o consolidado, em vez de encontrar o trabalho gradual de consolidação, que é a própria evolução.

Trata-se, finalmente, da correspondência entre o espírito e a matéria? Spencer tem razão em definir a inteligência por essa correspondência. Tem razão em ver nela o termo de uma evolução. Mas quando passa a retraçar essa evolução, continua a integrar o evoluído com o evoluído, sem se dar conta de que está tendo um trabalho inútil: ao considerar os menores fragmentos do atualmente evoluído, formula o todo do evoluído atual e, a partir daí, em vão pretenderia delinear a sua gênese.

Para Spencer, com efeito, os fenômenos que se sucedem na natureza projetam no espírito humano imagens que os representam. Às relações entre os fenômenos correspondem portanto, simetricamente, relações entre as representações. E das leis mais gerais da natureza, nas quais se condensam as relações entre os fenômenos, se originam assim os princípios diretores do pensamento, nos quais se integraram as relações entre as representações. Portanto, a natureza reflete-se no espírito. A estrutura íntima do nosso pensamento corresponde, peça por peça, à própria ossatura das coisas. De acordo; mas, para que o espírito humano possa se representar relações entre os fenômenos é preciso que haja fenômenos, quer dizer, fatos distintos, recortados na continuidade do devir. E quando se formula esse modo especial de decomposição, tal como hoje o encaramos, formula-se também a inteligência, tal qual ela é hoje, pois é em relação a ela, e somente em relação a ela, que o real se decompõe dessa maneira. Acaso se pensa que o mamífero e o inseto percebem os mesmos aspectos da natureza, traçam nela as mesmas divisões, que desarticulam o todo da mesma maneira? E, todavia, o inseto, enquanto inteligente, tem já algo da nossa inteligência. Cada ser decompõe o mundo material de acordo com as linhas que a sua ação nele deverá seguir: são essas linhas de *ação possível* que, entrecruzando-se, desenham a rede da experiência, cujas malhas são cada qual um fato. Não há dúvida de que uma cidade é composta exclusivamente por casas, sendo as ruas da cidade apenas os intervalos entre as casas; do mesmo modo é lícito dizer-se que a natureza contém apenas fatos, e que, uma vez formulados os fatos, as relações são simplesmente as linhas que correm entre os fatos. Mas em uma cidade foi o loteamento gradual do terreno que determinou ao mesmo tempo a localização das casas, a sua configuração e a direção das ruas; é em virtude desse loteamento que podemos compreender o modo particular de subdivisão que faz cada casa estar onde está, cada rua seguir por onde segue. Ora, o erro fundamental de Spencer consiste em considerar a experiência já loteada, quando o verdadeiro problema consiste em saber como foi que se deu esse loteamento. Concordo que as leis do pensamento são apenas a integração das relações entre os fatos. Mas, quando formulo os fatos com a configuração que hoje têm para mim, suponho as minhas faculdades de percepção e de intelecção tais quais são hoje em mim, pois são elas que fazem o loteamento do real, que recortam os fatos no todo da realidade. A partir daí, em vez de dizer que as relações entre os fatos engendraram as leis do pensamento, posso igualmente pretender que foi a forma do pensamento que determinou a configuração dos fatos percebidos, e consequentemente as suas relações entre si.

As duas maneiras de se exprimir são equivalentes. No fundo ambas dizem a mesma coisa. É certo que com a segunda se renuncia a falar de evolução. Mas com a primeira apenas se fala dela, não se pensa mais nela que com a outra. Porque um evolucionismo autêntico propor-se-ia investigar por qual *modus vivendi* gradualmente obtido a inteligência adotou o seu plano de estrutura, e a matéria o seu modo de subdivisão. Essa estrutura e essa subdivisão estão engrenadas uma na outra. Elas são complementares entre si e devem ter progredido juntas. E quer se afirme a estrutura atual do espírito, quer se formule a subdivisão atual da matéria, em ambos os casos não se sai do domínio do evoluído: nada nos é dito daquilo que evolui, nem tampouco da evolução.

Todavia essa evolução é aquilo que se deveria procurar. Já no domínio da física propriamente dita, os sábios que levam mais longe o desenvolvimento da sua ciência tendem a acreditar que não se pode raciocinar sobre as partes da mesma maneira que se raciocina sobre o todo, que não se podem aplicar os mesmos princípios à origem e ao termo de uma progressão, que nem a criação, nem o aniquilamento, por exemplo, são inadmissíveis quando se trata dos corpúsculos constitutivos do átomo. Tendem assim a colocar-se na duração concreta, a única onde existe geração, e não apenas composição de partes. É certo que a criação e o aniquilamento de que eles falam dizem respeito ao movimento ou à energia, e não ao meio imponderável por meio do qual a energia e o movimento circulariam. Mas que pode restar da matéria depois de se eliminar dela tudo o que a determina, ou seja, precisamente a energia e o movimento? O filósofo deve ir mais longe que o sábio. Fazendo tábula rasa de tudo o que não passa de símbolo imaginativo, ele verá o mundo material resolver-se em um simples fluxo, uma continuidade de escoamento, um devir. E preparar-se-á assim para reencontrar a duração real onde é mais útil reencontrá-la, no domínio da vida e da consciência. Pois, no que diz respeito à matéria bruta, não se pode desprezar o escoamento sem cometer um erro grave: a matéria, já o dissemos, é lastrada de geometria, e só dura, ela que é uma realidade que *desce*, em virtude da sua solidariedade com aquilo que *sobe*. Mas a vida e a consciência são precisamente essa subida. Depois de se ter captado ambas na sua essência, adotando o seu movimento, compreende-se como o resto da realidade deriva delas. Surge a evolução e, no seio dessa evolução, a determinação progressiva da materialidade e da intelectualidade pela consolidação gradual de uma e de outra. Mas então é no movimento evolutivo que nos inserimos, para segui-lo até os seus resultados atuais, em vez de recompor artificialmente esses resultados com fragmentos deles mesmos. Essa nos parece ser a função própria da filosofia. Assim entendida, a filosofia não é apenas o regresso do espírito a si mesmo, a coincidência da consciência humana com o princípio vivo do qual ela emana, uma tomada de contato com o esforço criador. É o aprofundamento do devir em geral, o verdadeiro evolucionismo e, consequentemente, o verdadeiro prolongamento da ciência – desde que por esta última palavra se entenda um conjunto de verdades constatadas e demonstradas, e não uma certa nova escolástica que se desenvolveu durante a segunda metade do século XIX em torno da física de Galileu, tal como a antiga em volta da de Aristóteles.

Referências bibliográficas

Obras citadas

ARISTÓTELES. *De Anima*.
ARISTÓTELES. *De Cælo*.
ARISTÓTELES. *Física*.
BERGSON, H. *Ensaio sobre os dados imediatos da consciência*. Lisboa: Edições 70, 1988.
BERGSON, H. *Matéria e memória:* ensaio sobre a relação do corpo com o espírito. São Paulo: WMF Martins Fontes, 2010.
DU BOIS-REYMOND, E. H. *Über die Grenzen des Naturerkennens*. Leipzig: [s. n.], 1892.
DUNAN, C. Le problème de la vie. *Revue philosophique de la France e de l'étranger*, t.XXXIII, n.1, p.1-35, jan. 1892; n.2, p.136-63, fev. 1892; n.5, p.519-48, mai. 1892.
EVELLIN, F. *Infini et quantité*. Paris: [s. n.], 1880.
HUXLEY, T. H. The Natural History of Creation. In: HAECKEL, Ernst. *The Academy*. t.I, 1868.
KANT, I. *Crítica da razão pura*. 2.ed. Rio de Janeiro: Jorge Zahar, 2010.
LALANDE, A. *La dissolution opposée à l'évolution*. Paris: Félix Alcan, 1899.
LAPLACE, P. S. *Introduction à la théorie analytique des probabilités. Oeuvres complètes*. Paris: [s. n.], 1886. v.VII, p.VI.

PLOTINO. *Ennéades*. IV, III, 9-11 e III, VI, 17-18.
SERKOVSKI. Memorial [em russo]. In: *Ano biológico*, 1898.
VON LINDEN, M. L'assimilation de l'acide carbonique par les chrysalides de Lépidoptères. *C. R. de la Soc. de biologie*, 1905.
WILSON, E. B. *The Cell in Development and Inheritance*. New York: Macmillan, 1897.

Obras do autor

Salvo menção especial, as obras de Bergson foram todas publicadas em Paris por Félix Alcan (de 1945 para cá: Presses Universitaires de France) na Bibliothèque de Philosophie Contemporaine.

1882. LA SPÉCIALITÉ (A especialidade). *Discurso pronunciado, na qualidade de professor de Filosofia, por ocasião da entrega de prêmios do Liceu de Angers, em 3 de agosto de 1882. Angers, impr. de Lachèze et Dolbeau.*

1884. EXTRAITS DE LUCRÈCE (Excertos de Lucrécio). *Com um comentário e um estudo sobre a filosofia, a física, o texto e a língua de Lucrécio. Paris, C. Delagrave.*

1885. DISCOURS SUR LA POLITESSE (Discurso sobre a polidez). *Pronunciado por ocasião da entrega dos prêmios no Liceu de Clermont-Ferrand, em 5 de agosto de 1885. Retrato do autor por Jeanne Bergson. Paris, Éditions Colbert.*

1889. QUID ARISTOTELES DE LOCO SENSERIT (O que Aristóteles entendia por *topos*). *Tese da Faculdade de Letras da Universidade de Paris.*

ESSAI SUR LES DONNÉS IMMÉDIATES DE LA CONSCIENCE (Ensaios sobre os dados imediatos da consciência). *Tese de doutoramento, apresentada na Faculdade de Letras de Paris. Outra edição com prefácio de Albert Thibaudet e retrato de Berthold Mahn. Paris, G. Grès. 1927. (Les Arts et le Livre. Collection L'Intelligence, n.7.)*

1896. MATIÈRE ET MÉMOIRE (Matéria e memória). Ensaio sobre a relação corpo-espírito. *Nova edição com introdução inédita: 1910.*

1900. LE RIRE (O riso). *Ensaio sobre a significação do cômico. Publicado antes na* Revue de Paris.

1901. LE RÊVE (O sonho). *Conferência realizada no Instituto Internacional de Psicologia, em 26 de março de 1901. Reproduzida em* L'Énergie Spirituelle *(ver abaixo). Extrato do Boletim do Instituto Internacional de Psicologia, maio de 1901.*

1907. L'ÉVOLUTION CRÉATRICE (A evolução criadora).

1910. CHOIX DE TEXTES (Textos escolhidos). *Com um estudo do sistema filosófico por René Gillouin, retratos e autógrafos.*

1911. LA PERCEPTION DU CHANGEMENT (A percepção da mudança). *Conferências. Oxford, The Clarendon Press.*

1914. DISCOURS A L'OCCASION DE LA MORT DE CHARLES WADDINGTON (Discurso por ocasião da morte de Charles Waddington). *Lido, na sessão de 21 de março de 1914. Paris, Institut de France, Académie des Sciences Morales et Politiques.*

1915. LA SIGNIFICATION DE LA GUERRE (O significado da guerra). *Reunião de dois discursos pronunciados na Academia de Ciências Morais e Políticas em 12 de dezembro de 1914 e 11 de janeiro de 1915, e de um artigo no* Bulletin des Armes de la République, *de 4 de novembro de 1914.*

LA PHILOSOPHIE (A filosofia). *Paris, Larousse (La Science française).*

1918. DISCOURS DE RÉCEPTION À L'ACADÉMIE (Discurso de recepção na Academia). *24 de janeiro de 1914. Elogio de Émile Ollivier e resposta de René Doumic. Paris, impr. de Firmin Didot. 1ª edição em livraria. Paris, Perrin et Cie.*

1919. L'ÉNERGIE SPIRITUELLE (A energia espiritual). *Ensaios e conferências.*

1922. DURÉE ET SIMULTANÉITÉ (Duração e simultaneidade). *A propósito da teoria de Einstein.*

1927. L'INTUITION PHILOSOPHIQUE (A intuição filosófica). *Discurso pronunciado no Congresso Filosófico de Bolonha. Paris, Helleu et Sergent.*

1932. LEX DEUX SOURCES DE LA MORALE ET DE LA RELIGION (As duas fontes da moral e da religião).

1933. LA PENSÉE ET LE MOUVANT (O pensamento e o movente). *Ensaios e conferências.*

1947. LE BON SENS ET LES ÉTUDES CLASSIQUES (O bom-
-senso e os estudos clássicos). *Clermont-Ferrand, Éditions de l'Épervier.*
(*Opuscules, I*).

Obras escolhidas e obras completas

1941. BERGSON. *Vida e obra, com uma explicação de sua filosofia por André Cresson.*
1945. *Œuvres complètes* (Obras completas).
1946. *Seis volumes.* Genève, A. Skira.
1957. MÉMOIRE ET VIE (Memória e vida). *Textos escolhidos por Gilles Deleuze. Paris, PUF.*
1957. ÉCRITS ET PAROLES (Escritos e discursos).
1958. Textos reunidos por Rose-Marie Bastide. Precedidos de uma carta-prefácio de Edouard Le Roy e de um prefácio de Henri Gouhier.

SOBRE O LIVRO

Formato: 14 x 21 cm
Mancha: 23 x 44 paicas
Tipologia: Venetian 301 12,5/16
Papel: Pólen Soft 80 g/m² (miolo)
Cartão Supremo 250 g/m² (capa)
1ª *edição*: 2010

EQUIPE DE REALIZAÇÃO

Capa
Andrea Yanaguita

Edição de Texto
Angela das Neves (copidesque)
Elisa Andrade Buzzo (preparação)
Aracelli de Lima (revisão)

Editoração Eletrônica
Eduardo Seiji Seki (Diagramação)

Rua Xavier Curado, 388 • Ipiranga - SP • 04210 100
Tel.: (11) 2063 7000 • Fax: (11) 2061 8709
rettec@rettec.com.br • www.rettec.com.br